中国建筑业统计年鉴

CHINA STATISTICAL YEARBOOK ON CONSTRUCTION

国家统计局固定资产投资统计司 编

Compiled by the Department of Investment and Construction Statistics, National Bureau of Statistics

2017

图书在版编目（CIP）数据

中国建筑业统计年鉴 = China Statistical Yearbook on Construction. 2017 / 国家统计局固定资产投资统计司编 . -- 北京 : 中国统计出版社 , 2017.11
ISBN 978-7-5037-8423-1

Ⅰ . ①中 … Ⅱ . ①国 … Ⅲ . ①建筑业－统计资料－中国－ 2017 －年鉴 Ⅳ . ① F426.9-66

中国版本图书馆 CIP 数据核字 (2017) 第 283049 号

中国建筑业统计年鉴—2017

作　　者 / 国家统计局固定资产投资统计司
责任编辑 / 郭　栋
封面设计 / 李雪燕
版式设计 / 张　冰
出版发行 / 中国统计出版社
通信地址 / 北京市丰台区西三环南路甲 6 号　邮政编码 /100073
电　　话 / 邮购（010）63376909　书店（010）68783171
网　　址 / http://www.zgtjcbs.com/
印　　刷 / 河北鑫兆源印刷有限公司
经　　销 / 新华书店
开　　本 /890mm×1240mm　1/16
字　　数 /628 千字
印　　张 /20.5
版　　别 /2017 年 11 月第 1 版
版　　次 /2017 年 11 月第 1 次印刷
定　　价 /160.00 元

如有印装差错，由本社发行部调换。

《中国建筑业统计年鉴—2017》

说 明

《中国建筑业统计年鉴—2017》是一部全面反映中国建筑业发展情况的权威资料。本书收集了全国和各省、自治区、直辖市2016年度有关建筑业发展方面的统计数据。

《中国建筑业统计年鉴—2017》资料直接由2016年全国建筑业统计报表基层数据库加工形成。为保证本年鉴数据与历史数据的可比性，2017年建筑业统计年鉴的范围是具有资质等级的所有独立核算的建筑业企业。具体包括：总承包建筑业企业、专业承包建筑业企业和劳务分包建筑业企业。

本年鉴资料分为五个部分：一、综合；二、按经济类型分组的建筑业企业；三、中央和地方建筑业企业；四、按资质等级分组的建筑业企业；五、各行业建筑业企业。每部分资料的编排，根据制度和实际工作要求，既有按经济类型的分组，又有按行业的分组。在各分组中又分别设置了反映建筑业总产值、各种用途的房屋建筑竣工面积、技术装备、实收资本、资产和负债、利润和税金等方面情况的表式。

使用本年鉴资料时请注意以下几点：

1. 本年鉴资料的统计数据除第四部分以外，均不包括劳务分包建筑业企业数据。
2. 本年鉴资料各项相加不等于总计均由于四舍五入的缘故。
3. 本年鉴资料由国家统计局固定资产投资统计司编制并负责解释。
4. 本年鉴各表中的"空格"表示该项统计指标数据不详或无该项数据。

咨询电话：010-68782617
邮箱：tzjzc@gj.stats.cn

由于编辑时间比较仓促，本书难免存在一些不妥之处，欢迎广大读者批评指正。

目　录

一、综　合

二、按经济类型分组的建筑业企业

三、中央和地方建筑业企业

四、按资质等级分组的建筑业企业

五、各行业建筑业企业

一、综　合

1-1 历年建筑业企业概况

年 份	总 计	国有企业	集体企业	港澳台商投资企业	外商投资企业	其 他
企业单位数(个)						
1990	13327	4275	9052			
1995	24133	7531	15348	329	312	613
2000	47518	9030	24756	635	319	12778
2001	45893	8264	19096	622	274	17637
2002	47820	7536	13177	632	279	26196
2003	48688	6638	10425	535	287	30803
2004	59018	6513	8959	511	386	42649
2005	58750	6007	8090	516	388	43749
2006	60166	5555	7051	479	370	46711
2007	62074	5319	6614	482	365	49294
2008	71095	5315	5843	474	363	59100
2009	70817	5009	5352	444	351	59661
2010	71863	4810	5026	416	331	61280
2011	72280	4642	4847	393	303	62095
2012	75280	4602	4640	385	295	65358
2013	78919	3847	3728	390	272	70682
2014	81141	3753	3589	369	261	73169
2015	80911	3603	3318	343	249	73398
2016	83017	3593	3154	326	222	75722
从业人员(万人)						
1990	1010.7	621.0	389.7			
1995	1497.9	824.3	631.9	5.0	5.4	31.3
2000	1994.3	635.6	887.5	8.2	4.4	458.6
2001	2110.7	590.7	739.9	7.7	4.3	768.1
2002	2245.2	543.8	579.2	7.4	4.5	1110.4
2003	2414.3	524.3	505.6	7.0	6.0	1371.3
2004	2500.3	467.4	386.4	6.8	8.1	1631.6
2005	2699.9	480.0	361.6	8.6	10.8	1838.9
2006	2878.2	467.6	332.0	8.9	8.1	2061.6
2007	3133.7	470.1	317.0	9.8	11.4	2325.4
2008	3315.0	472.1	266.8	10.5	9.2	2556.4
2009	3672.6	518.9	246.8	10.9	10.2	2885.7
2010	4160.4	576.9	246.5	12.2	9.8	3315.1
2011	3852.5	444.9	220.4	11.3	9.9	3166.0
2012	4267.2	457.8	216.2	13.0	10.3	3570.0
2013	4528.4	387.7	187.1	16.5	10.1	3927.0
2014	4537.0	371.2	175.0	15.4	8.6	3966.7
2015	5093.7	417.6	169.0	17.9	9.2	4480.0
2016	5184.5	438.1	168.2	16.1	8.7	4553.4
建筑业总产值(亿元)						
1990	1345.01	935.19	409.82			
1995	5793.75	3670.25	1899.47	33.60	33.19	157.24
2000	12497.60	5053.79	4035.84	99.18	67.49	3241.30
2001	15361.56	5362.81	3775.89	102.55	73.06	6047.25
2002	18527.18	5582.86	3338.50	113.87	91.38	9400.57
2003	23083.87	6060.23	3270.73	123.71	129.39	13499.81
2004	29021.45	7325.61	2756.12	137.03	202.46	18600.23
2005	34552.10	8432.03	2815.20	2815.20	249.03	22883.30
2006	41557.16	9218.56	2904.48	240.52	274.87	28918.73
2007	51043.71	10630.90	3153.65	281.95	396.32	36580.90
2008	62036.81	12231.66	3216.43	321.07	387.14	45880.52
2009	76807.74	15190.05	3281.75	334.59	415.17	57586.19
2010	96031.13	18148.59	3655.27	443.96	439.68	73343.64
2011	116463.32	20436.81	4306.49	612.68	658.17	90449.18
2012	137217.86	22930.19	4919.00	649.74	476.99	108241.94
2013	160366.06	20739.02	4524.68	621.96	607.72	133872.68
2014	176713.42	22069.45	4681.80	661.67	643.20	148657.29
2015	180757.47	21767.07	4364.40	693.34	606.24	153326.42
2016	193566.78	23849.02	4388.75	683.99	525.21	164119.81

注：1.本表1985年至1992年数据为全民和集体所有制建筑业企业数据，1993年至1995年数据为各种经济成分的建制镇以上建筑业企业数据，1996年至2001年数据为资质等级(旧资质)四级及四级以上建筑业企业数据，2002年及以后数据为所有具有资质等级的施工总承包、专业承包建筑业企业(不含劳务分包建筑业企业)数据。不同口径数据不可比，以下各表同。

2.从业人员数1993年至1997年为年平均人数，1998年以后为期末从业人员数。

1-2 各地区历年建筑业总产值

单位：万元

地　　区	2010	2011	2012	2013	2014	2015	2016
全国总计	**960311338**	**1164633207**	**1372178580**	**1603660633**	**1767134162**	**1807574736**	**1935667774**
北　京	51960173	60462182	65882953	74643608	82097957	84367296	88411905
天　津	24244933	29864545	32585701	36944362	41234862	44889031	48918102
河　北	32314632	39726620	48650907	52449010	56257460	52525685	55176920
山　西	21434591	23249108	26681679	30343656	31034918	29312627	33184739
内蒙古	11255772	13946780	14409969	15711619	14029344	11234710	12208089
辽　宁	46903131	62175226	75473898	86291908	78511248	54137623	39267133
吉　林	13487785	16266485	19904251	22114408	25209990	22163142	22835626
黑龙江	17696969	20291604	23739606	24719359	21507487	16803928	17166070
上　海	43001906	42982774	48434396	52059216	54999411	56524682	60461948
江　苏	124059167	151228450	184235512	219936099	245929317	247858134	257917605
浙　江	120078857	149074191	173327449	202000242	226681864	239805916	249893700
安　徽	28649619	35972621	42304412	49655149	54829260	56959353	60472899
福　建	29359436	36926157	44245439	54617501	66892117	76058135	85314477
江　西	16900217	20954692	27895708	34699763	41226336	46024920	51790284
山　东	54965861	64829000	72813321	84676747	93134585	93817165	100874251
河　南	44006082	52793558	60090765	70032014	79118891	80476477	88079865
湖　北	43452006	55864461	70434219	84652690	100595890	105928564	118623973
湖　南	31617292	39150173	44079197	52838426	60209689	66308249	73042164
广　东	47154569	57740058	65144293	78639046	83565022	88656844	96523073
广　西	12223126	15530712	18670580	22898810	26089057	29534213	34491858
海　南	1994842	2554722	2831087	2863073	2763289	2786308	3077648
重　庆	25343574	33288252	39756696	47312167	55522069	62569430	70358133
四　川	41630743	52566461	62403298	72099080	80666569	87682363	99596805
贵　州	6229565	8247195	10392175	13791526	16402443	19477443	23629517
云　南	15109582	18684014	23836606	29066031	30546749	32689286	38672163
西　藏	1220732	1244723	864044	769961	712462	1069180	1112848
陕　西	30636106	29083000	35293886	40003635	45577098	47526147	53292345
甘　肃	7519879	9258410	13646284	17208628	18145239	18490185	19472432
青　海	2796060	3194161	3257576	4137110	4329067	4095059	4106249
宁　夏	3426943	4279174	4669527	5689201	6251634	5245276	5112543
新　疆	9637189	13203699	16223145	20796588	23062840	22557365	22582411

1-3 各地区历年建筑业增加值

单位：万元

地 区	2010	2011	2012	2013	2014	2015	2016
全国总计	**189835420**	**220709789**	**265833118**	**330715095**	**352701493**	**360646592**	**376268194**
北 京	5787051	7684808	8455591	8882603	11556743	12374185	11992728
天 津	3022160	3810030	4434651	6103410	6773566	6633673	5819291
河 北	5248930	6557397	7330468	7828774	7703232	7549635	7698960
山 西	3391079	3572106	3928679	4296490	4932394	4613403	4802403
内蒙古	3260788	3760028	3487830	4209568	3277060	2524242	2705942
辽 宁	9897495	11213212	13798131	16450578	13436094	10653841	7386056
吉 林	2632453	3216260	3837962	3728284	3948020	3741626	3555705
黑龙江	5070564	3260269	3631982	3342731	2857191	2471102	2513823
上 海	5831049	6772969	7155228	7091417	7919425	8341694	8351462
江 苏	26980524	34214250	43365335	53721598	59075446	59965223	62777870
浙 江	23041235	28144275	36475974	41908146	46535584	47131356	48072275
安 徽	6839623	8101048	9008371	11804336	12584516	12065110	12483526
福 建	8742502	10413396	13812188	17298340	19964916	22708762	23337047
江 西	2928344	3489463	5121627	6600618	7696058	8412210	8581142
山 东	12318902	13029984	15263559	20555089	21594913	20785208	22093044
河 南	10039228	10338387	11170082	14416686	15537090	16183629	22717205
湖 北	7679793	9753665	12344343	16723655	16943867	19603679	20658923
湖 南	5850949	6524823	7694186	12475763	12658939	12771357	13215044
广 东	9534681	11096309	14496424	18191008	18910440	19627225	20960249
广 西	2274656	2601685	3028638	4110712	5102975	5351872	5837382
海 南	216058	293769	419433	532658	522172	529872	567181
重 庆	6345491	6903107	7437832	10844204	12658540	15012469	15729911
四 川	8162436	9436351	11030457	13196437	13057357	13737916	13920073
贵 州	1212945	1543010	1863504	2544521	2720597	2748978	3479562
云 南	2436986	2723818	3715905	5758699	5514584	5516539	6463148
西 藏	276857	249086	199643	180677	189116	237366	254695
陕 西	6065105	6084540	5589472	8385847	8944771	9032737	9977874
甘 肃	1565648	1800243	2649077	3184643	3375392	3280338	3458439
青 海	538075	587061	713605	805281	823585	795363	885271
宁 夏	715620	942241	986566	982544	1067396	919356	925282
新 疆	1928195	2592201	3386374	4559780	4819516	5326625	5046678

1-4 各地区历年建筑业企业利税总额

单位：万元

地 区	2010	2011	2012	2013	2014	2015	2016
全国总计	**67603869**	**80326121**	**91650257**	**113011138**	**119542527**	**121246415**	**129634961**
北 京	3732603	4213539	4519673	5844844	6875732	7349600	8917102
天 津	1441201	1732510	1946890	2590580	2777399	2799689	1893774
河 北	2118790	2543420	2924228	3242959	3350020	3168841	3154539
山 西	1187107	1203412	1508774	1820183	1920827	1791482	1875183
内蒙古	1307471	1577208	1391319	1692996	1249338	876431	1041437
辽 宁	3411522	4406630	5041639	5990333	4861814	3555861	2457749
吉 林	951062	1486739	1414761	1648728	1986631	1699015	1706209
黑龙江	1781420	1321917	1338823	1320366	1139018	1009930	1033061
上 海	2981970	3235023	3188506	3609429	3830527	3850587	3979520
江 苏	8753942	10507771	12832832	15627231	17197193	17412582	18152927
浙 江	7111196	8446268	9491741	10991236	11978895	11860231	12251854
安 徽	2099798	2388143	2747434	3395413	3591232	3605796	3920993
福 建	1908536	2585482	3073914	3781422	4666004	5239494	5617680
江 西	1160294	1284587	1887482	2483173	2966238	3243655	3694775
山 东	4539876	4982185	5489015	6954610	7140505	6965335	7255596
河 南	3234415	3813920	4377000	5643611	5898465	6076899	8323331
湖 北	3358791	4340945	5325901	7094715	7321789	8581829	8723892
湖 南	2288754	2670291	3072326	3926595	4290182	4546480	5029670
广 东	3923954	4681641	5153304	6489116	6595583	6825711	7225411
广 西	697699	763425	922608	1164273	1330585	1480038	1674973
海 南	100771	152954	191257	224759	204953	209769	251251
重 庆	2087534	2684015	2931725	3912970	4483103	5046994	5556924
四 川	2753426	3509512	4180712	4908532	4758121	4773725	5308407
贵 州	340152	450259	524406	808721	897638	1048181	1240056
云 南	1055913	1209705	1586479	2122145	2157574	2192726	2675437
西 藏	149218	96188	71782	74995	73675	117347	151126
陕 西	1671907	2231137	2106642	2774949	2841450	2857946	3219250
甘 肃	553898	629559	959885	1167134	1249420	1223100	1282825
青 海	154766	195250	232512	274375	267847	266768	302159
宁 夏	210388	258211	291077	314680	417739	370798	415244
新 疆	535498	724273	925611	1116070	1223033	1199575	1302610

1-5　各地区历年建筑业企业劳动生产率

按建筑业增加值计算　　　　　单位：元/人

地　区	2010	2011	2012	2013	2014	2015	2016
全国总计	**40319**	**43951**	**57427**	**65794**	**63396**	**64650**	**65507**
北　京	28382	41691	95018	107462	71839	76173	72419
天　津	46160	58343	75162	74731	66835	73271	58633
河　北	38342	43060	52919	63505	52665	54225	52996
山　西	35172	33776	41544	40773	46302	46372	42777
内蒙古	43838	51098	63707	78435	64249	62191	65514
辽　宁	36647	32233	54886	68417	55510	62350	56604
吉　林	33297	48304	59774	66887	48919	42420	44409
黑龙江	52547	35408	36194	32796	33355	33577	37500
上　海	46744	53051	62817	60020	60016	65978	66225
江　苏	45044	56411	61866	68655	71324	71960	74220
浙　江	41067	50651	57790	62243	62698	60256	61843
安　徽	42372	51802	56179	67150	71972	72219	73643
福　建	46991	38061	69046	70353	71402	77335	72500
江　西	32508	41990	51576	58780	56834	50767	50951
山　东	35733	42401	49478	67455	64949	66787	68488
河　南	41900	43899	53486	57148	60364	57859	83333
湖　北	47494	45627	71933	96315	82105	84197	79898
湖　南	35838	40143	48902	63207	59840	57718	57671
广　东	49938	50621	79374	89082	84859	87455	91045
广　西	39528	42998	45601	57864	57656	54246	51167
海　南	18981	42776	65607	74453	71926	68399	69846
重　庆	43878	36359	49010	67564	69164	75063	72351
四　川	29121	25524	45412	48665	42903	46342	42926
贵　州	38196	44379	57246	65912	54563	49351	48705
云　南	31046	30486	40714	58138	51174	48562	48873
西　藏	47429	44931	60656	72029	66319	68448	76692
陕　西	53380	66948	56362	69536	64507	70915	72976
甘　肃	31193	35558	50478	54731	52442	53868	55052
青　海	42700	48452	55378	61133	58492	62128	61281
宁　夏	31019	39302	53050	46129	44827	46773	48425
新　疆	35979	44295	52133	58180	59124	67092	66006

1-6 各地区历年建筑业企业利润总额

单位：万元

地区	2010	2011	2012	2013	2014	2015	2016
全国总计	**34090741**	**41682014**	**47761416**	**60792546**	**64071299**	**64512325**	**69860467**
北京	1986183	2167770	2434013	3497480	4359641	4793765	6753169
天津	660541	795439	959364	1431440	1585585	1594082	975834
河北	1049307	1269976	1471745	1655376	1631303	1556748	1546509
山西	483810	492236	693319	897318	939166	938078	972077
内蒙古	826671	1053728	862190	1094841	732513	466159	606330
辽宁	1739642	2243114	2560777	3146240	2546761	1687885	1211374
吉林	460595	890268	744665	910687	1103577	969580	911451
黑龙江	564931	589187	617830	669765	508877	465291	512383
上海	1597878	1666874	1626865	1932910	2000895	1944607	2177425
江苏	4966263	5958651	7273779	8993262	9804439	9853946	9926289
浙江	3482170	4115722	4596818	5304842	5762559	5508776	5737787
安徽	982470	1271248	1508867	1877388	1933931	1868732	2036222
福建	873488	1264702	1512126	1853834	2341151	2631144	2794527
江西	561901	623721	948041	1282397	1564530	1628910	1868010
山东	2663968	2917723	3186855	4167033	4248640	4071327	4152766
河南	1615139	2000910	2329006	3120944	3210117	3374644	4385270
湖北	1808377	2314637	2785518	3796429	3910209	4726061	4757195
湖南	1047943	1247697	1496487	1905149	2081834	2163387	2303014
广东	2049391	2516868	2834588	3636718	3725486	3848750	4182841
广西	257595	262368	342674	444218	506360	543178	677543
海南	47796	64449	104329	128077	114985	114026	121232
重庆	1201834	1553431	1627276	2297778	2741950	3069254	3265730
四川	1256013	1771901	2101350	2504299	2311696	2214991	2664357
贵州	105635	143920	164725	324210	352333	456094	601084
云南	505251	618811	849340	1198003	1209599	1235338	1470239
西藏	91531	57535	39714	48405	45911	78414	115781
陕西	583007	1043804	1002895	1397940	1293256	1286412	1634188
甘肃	259960	293320	484956	588756	637693	621023	643716
青海	62520	83480	112724	146330	139149	141696	155138
宁夏	89235	112525	131135	121468	211386	178708	199499
新疆	209698	276000	357447	419012	515769	481322	501491

1-7　按经济类型划分的建筑业企业主要经济指标

指　标	单位	合计	内资企业		
				#国有	#集体
企业个数	(个)	83017	82469	3593	3154
从业人员	(万人)	5184.54	5159.83	438.09	168.20
自有固定资产原价	(亿元)	18979.84	18818.94	3044.58	448.74
自有固定资产净价	(亿元)	10655.56	10561.12	1569.02	268.14
自有施工机械设备总台数	(万台)	957.93			
自有施工机械设备净值	(亿元)	5602.11			
自有施工机械设备总功率	(万千瓦)	25365.25			
建筑业总产值	(亿元)	193566.78	192357.58	23849.02	4388.75
建筑业增加值	(亿元)	37626.82			
#本年固定资产折旧	(亿元)	1177.98	1166.96	180.73	23.55
#应付职工薪酬	(亿元)	22929.84	22782.72	2264.19	606.77
房屋施工面积	(万平方米)	1264216.27	1257347.33	134362.00	31213.25
房屋竣工面积	(万平方米)	422382.27	420690.90	26978.85	15804.74
利润总额	(亿元)	6986.05	6919.06	620.25	171.83
税金总额	(亿元)	5977.45	5942.74	665.64	194.89
劳动生产率					
按总产值计算	(元/人)	336991	336462	466056	242965
按增加值计算	(元/人)	65507			
技术装备率	(元/人)	10805			
动力装备率	(千瓦/人)	4.9			
房屋竣工率	(%)	33.4	33.5	20.1	50.6
产值利润率	(%)	3.6	3.6	2.6	3.9
产值利税率	(%)	6.7	6.7	5.4	8.4

1-7 续表

指　标	单位	港澳台商投资企业	#港澳台商独资企业	外商投资企业	#外商独资企业
企业个数	(个)	326	79	222	77
从业人员	(万人)	16.06	2.56	8.65	2.26
自有固定资产原价	(亿元)	112.65	53.40	48.24	11.57
自有固定资产净价	(亿元)	67.54	32.77	26.90	5.94
自有施工机械设备总台数	(万台)				
自有施工机械设备净值	(亿元)				
自有施工机械设备总功率	(万千瓦)				
建筑业总产值	(亿元)	683.99	127.11	525.21	253.44
建筑业增加值	(亿元)				
#本年固定资产折旧	(亿元)	7.70	3.20	3.33	0.69
#应付职工薪酬	(亿元)	91.54	15.76	55.58	19.04
房屋施工面积	(万平方米)	4547.87	175.53	2321.06	1130.61
房屋竣工面积	(万平方米)	924.02	63.04	767.35	404.97
利润总额	(亿元)	35.20	10.20	31.79	25.96
税金总额	(亿元)	20.51	4.74	14.20	5.49
劳动生产率					
按总产值计算	(元/人)	382378	452495	582757	948684
按增加值计算	(元/人)				
技术装备率	(元/人)				
动力装备率	(千瓦/人)				
房屋竣工率	(%)	20.3	35.9	33.1	35.8
产值利润率	(%)	5.1	8.0	6.1	10.2
产值利税率	(%)	8.1	11.8	8.8	12.4

1-8　建筑业企业主要经济指标完成情况

指　标	单位	2016年	2015年	2016年比2015年增减(%)
建筑业企业个数	个	83017	80911	2.6
从事建筑业活动的平均人数	万人	5744.0	5578.5	3.0
签订合同额	亿元	372158.3	337835.9	10.2
#本年新签合同额	亿元	211496.8	184338.6	14.7
建筑业总产值	亿元	193566.8	180757.5	7.1
建筑工程产值	亿元	171864.2	160267.9	7.2
安装工程产值	亿元	15775.0	14991.8	5.2
其他产值	亿元	5927.5	5497.8	7.8
竣工产值	亿元	112881.6	110096.8	2.5
建筑业增加值	亿元	37626.8	36064.7	4.3
#本年固定资产折旧	亿元	1178.0	1198.1	-1.7
#应付职工薪酬	亿元	22929.8	21805.4	5.2
房屋施工面积	万平方米	1264216.3	1239717.6	2.0
房屋竣工面积	万平方米	422382.3	420784.9	0.4
年末自有施工机械设备净值	亿元	5602.1	5662.0	-1.1
年末自有施工机械设备总功率	万千瓦	25365.3	26736.8	-5.1
实收资本	亿元	32602.5	28500.3	14.4
资产合计	亿元	182482.1	164226.3	11.1
#流动资产	亿元	144471.4	130592.9	10.6
#固定资产	亿元	13650.2	14436.6	-5.4
负债合计	亿元	121505.3	110114.4	10.3
#流动负债	亿元	109658.5	98744.2	11.1
利润总额	亿元	6986.0	6451.2	8.3
税金总额	亿元	5977.4	5673.4	5.4
按建筑业总产值计算的劳动生产率	元/人	336991	324026	
按建筑业增加值计算的劳动生产率	元/人	65507	64650	
技术装备率	元/人	10805	11116	
动力装备率	千瓦/人	4.9	5.2	
人均利税	元/人	22569	21735	
房屋竣工率	%	33.4	33.9	
资产负债率	%	66.6	67.1	
产值利润率	%	3.6	3.6	
产值利税率	%	6.7	6.7	

1-9 各地区建筑业企业签订合同情况

单位：万元

地　区	签订合同额	上年结转合同额	本年新签合同额
全国总计	**3721583188**	**1606615204**	**2114967985**
北　京	263645470	128753109	134892361
天　津	109285459	51459054	57826405
河　北	95787608	39184422	56603186
山　西	74495455	32761633	41733822
内蒙古	21033686	8723624	12310062
辽　宁	79506540	37699500	41807040
吉　林	35860144	14176439	21683705
黑龙江	25923453	9095375	16828078
上　海	171388902	84753964	86634938
江　苏	395899382	164652612	231246770
浙　江	402182070	167014190	235167880
安　徽	106461310	45819316	60641994
福　建	155703705	61755466	93948240
江　西	92395410	39906209	52489201
山　东	175491352	63685847	111805505
河　南	157197092	62200924	94996167
湖　北	251406354	102934317	148472038
湖　南	158519793	74905310	83614484
广　东	237304660	115087651	122217010
广　西	63430071	25748286	37681785
海　南	7300809	4003503	3297306
重　庆	108012990	46245588	61767402
四　川	190940799	86690682	104250117
贵　州	60246325	26456064	33790260
云　南	77660112	31548745	46111367
西　藏	1704872	544091	1160782
陕　西	115327774	47932233	67395541
甘　肃	32816094	12296502	20519592
青　海	9248934	5232873	4016061
宁　夏	8122396	2708226	5414170
新　疆	37284167	12639448	24644719

1-10 各地区建筑业企业承包工程完成情况

单位：万元

地 区	直接从建设单位承揽工程完成的产值			从建设单位以外承揽工程完成的产值
		自行完成施工产值	分包出去工程的产值	
全国总计	**1912295458**	**1860406462**	**51888996**	**75261311**
北 京	91202807	75463489	15739318	12948416
天 津	48821029	47118209	1702820	1799894
河 北	54298322	54018450	279873	1158471
山 西	32904944	32718370	186575	466370
内 蒙 古	12138759	12101605	37154	106485
辽 宁	39217942	38753477	464465	513656
吉 林	22687817	22496475	191342	339151
黑 龙 江	17220616	16974759	245857	191311
上 海	61782051	53576208	8205844	6885740
江 苏	243957941	243002983	954958	14914622
浙 江	246294548	243194609	3099939	6699092
安 徽	59669625	58958854	710772	1514046
福 建	83598838	83347014	251824	1967463
江 西	50441606	49694443	747163	2095841
山 东	100287718	99461608	826110	1412643
河 南	86948788	86095712	853076	1984153
湖 北	117902957	116468536	1434420	2155437
湖 南	72047338	71774320	273018	1267843
广 东	102056531	92142411	9914121	4380663
广 西	34106739	33795989	310751	695869
海 南	3060690	3028395	32295	49253
重 庆	69364805	67861386	1503419	2496747
四 川	96340906	94748557	1592349	4848248
贵 州	23544549	23432715	111834	196802
云 南	38077428	37780435	296993	891728
西 藏	1123223	1043685	79538	69163
陕 西	52374846	51065717	1309129	2226628
甘 肃	19350185	19240804	109381	231628
青 海	3681544	3581792	99753	524457
宁 夏	5215681	5084921	130760	27622
新 疆	22574685	22380536	194149	201874

1-11　各地区建筑业总产值和竣工产值

单位：万元

地　区	建筑业总产值	#装饰装修产值	#在外省完成的产值
全国总计	**1935667774**	**112951749**	**664436457**
北　京	88411905	11468783	60025339
天　津	48918102	1069030	20152533
河　北	55176920	2485677	16053823
山　西	33184739	1203077	12538037
内蒙古	12208089	292020	703131
辽　宁	39267133	2961343	7810094
吉　林	22835626	846369	2597165
黑龙江	17166070	688210	2528332
上　海	60461948	6870651	29441011
江　苏	257917605	14171918	119243679
浙　江	249893700	16123337	128513834
安　徽	60472899	2224790	13924535
福　建	85314477	3655248	34848854
江　西	51790284	2466900	18531365
山　东	100874251	6410742	17437798
河　南	88079865	4283887	21830173
湖　北	118623973	5254731	44133613
湖　南	73042164	3304367	24940730
广　东	96523073	14078534	20513568
广　西	34491858	1751495	5760673
海　南	3077648	196447	78725
重　庆	70358133	2145962	10555686
四　川	99596805	3414980	20461013
贵　州	23629517	544471	5249049
云　南	38672163	1405683	2754651
西　藏	1112848	63575	11476
陕　西	53292345	2436767	17212967
甘　肃	19472432	520896	3160886
青　海	4106249	61124	1563966
宁　夏	5112543	90101	388336
新　疆	22582411	460638	1471416

1-11　续表　　　　单位：万元

地　区	按构成分组			竣工产值
	建筑工程产值	安装工程产值	其他产值	
全国总计	**1718642306**	**157750000**	**59275468**	**1128816393**
北　京	83573439	3957721	880745	43236242
天　津	43269178	4265138	1383786	22164476
河　北	45857282	5874951	3444687	28884271
山　西	28780169	3475946	928624	12785480
内蒙古	9946273	1043170	1218647	6951007
辽　宁	32245875	5519989	1501269	20469842
吉　林	19105856	2389131	1340639	15416606
黑龙江	13689050	2870261	606760	10764287
上　海	50802928	8483791	1175228	32997100
江　苏	242683602	13437851	1796152	212704134
浙　江	225754129	18543520	5596051	158332469
安　徽	51657503	4527651	4287745	33297165
福　建	78699633	5738754	876091	50129732
江　西	45229149	3823301	2737835	30280426
山　东	85929973	12397490	2546787	53633051
河　南	76953460	7870920	3255484	49411330
湖　北	106122509	9226512	3274953	63438742
湖　南	63189677	5010909	4841578	45812100
广　东	81921528	11375468	3226078	47553954
广　西	29681403	2952523	1857932	18416454
海　南	2625819	309124	142705	1891916
重　庆	64592912	3384341	2380880	36162757
四　川	87127254	8669498	3800052	49586057
贵　州	20848646	1554417	1226455	8407788
云　南	34537213	2640494	1494456	21126914
西　藏	981180	68100	63569	660056
陕　西	47456032	4014959	1821354	22800123
甘　肃	16839826	1900190	732416	10607144
青　海	3297201	505015	304033	1652655
宁　夏	4671993	358165	82385	3781873
新　疆	20571615	1560702	450094	15460245

1-12 各地区建筑业企业房屋建筑面积

地　区	房屋施工面积(万平方米)	#本年新开工	#实行投标承包面积	房屋竣工面积(万平方米)	房屋竣工率(%)
全国总计	**1264216.3**	**479554.4**	**961727.4**	**422382.3**	**33.4**
北　京	61097.5	15777.1	58947.3	10703.5	17.5
天　津	17036.2	4930.2	14706.8	3428.7	20.1
河　北	34616.1	13008.2	27504.5	11145.1	32.2
山　西	14620.6	4532.2	12567.2	3353.3	22.9
内蒙古	6296.0	2918.1	4727.3	2538.6	40.3
辽　宁	20390.7	7921.1	12424.5	6852.5	33.6
吉　林	10634.4	5408.7	7245.3	5211.4	49.0
黑龙江	5404.1	3345.0	3931.1	2746.9	50.8
上　海	36019.7	9581.3	31503.2	7481.2	20.8
江　苏	221493.6	84035.7	197903.3	74990.3	33.9
浙　江	198401.2	73323.2	150373.4	68818.5	34.7
安　徽	40126.4	16180.8	26620.4	14590.7	36.4
福　建	62920.7	20742.2	44039.5	18121.2	28.8
江　西	28446.2	14257.1	17409.8	14835.8	52.2
山　东	72090.6	31778.4	57868.1	23721.3	32.9
河　南	55784.0	22378.4	42370.1	19425.8	34.8
湖　北	72835.1	32702.2	42549.4	28613.5	39.3
湖　南	50329.0	19810.6	42927.7	18629.2	37.0
广　东	54358.3	18060.5	29996.3	15661.7	28.8
广　西	26531.9	8160.3	21898.3	7998.0	30.1
海　南	2085.4	563.1	1776.9	652.4	31.3
重　庆	32077.1	13790.2	16956.6	13751.6	42.9
四　川	54048.3	23142.4	33128.1	21089.3	39.0
贵　州	19354.6	5185.0	11291.3	4112.1	21.2
云　南	17052.9	7990.0	11206.0	7102.0	41.6
西　藏	244.2	155.9	142.7	144.0	59.0
陕　西	24528.3	8685.4	20187.4	6758.9	27.6
甘　肃	10422.4	4524.1	6895.4	3915.2	37.6
青　海	886.8	365.0	581.2	301.9	34.0
宁　夏	2771.3	1053.6	2283.0	1017.8	36.7
新　疆	11312.6	5248.3	9765.5	4669.9	41.3

1-13 各地区按主要用途分的建筑业企业房屋竣工面积

单位：万平方米

地区	总计	住宅房屋	商业及服务用房屋	商厦房屋(批发和零售用房)	宾馆用房屋(住宿用房)	餐饮用房屋(餐饮用房)
全国总计	**422382.3**	**284028.8**	**30318.4**	**14254.4**	**3222.5**	**1052.3**
北京	10703.5	6026.7	2110.1	1413.5	233.0	1.7
天津	3428.7	2228.3	285.0	194.0	4.7	16.0
河北	11145.1	8111.7	422.3	224.4	21.2	12.3
山西	3353.3	2366.2	146.2	45.0	18.0	3.5
内蒙古	2538.6	1848.1	108.0	18.9	7.5	2.1
辽宁	6852.5	4711.8	473.6	222.2	29.9	10.6
吉林	5211.4	3841.9	254.1	120.3	31.0	8.5
黑龙江	2746.9	2069.0	99.9	35.8	13.5	1.9
上海	7481.2	4068.8	1032.0	275.2	293.2	5.2
江苏	74990.3	54532.7	3254.9	1421.1	445.3	215.9
浙江	68818.5	39447.3	5944.3	2731.7	642.6	311.4
安徽	14590.7	9975.8	938.4	505.7	43.2	20.5
福建	18121.2	11987.4	1175.0	560.2	62.0	19.0
江西	14835.8	9734.0	1150.9	520.9	69.1	53.6
山东	23721.3	16370.8	1884.2	1232.8	56.9	33.1
河南	19425.8	13914.6	961.7	335.4	151.4	50.6
湖北	28613.5	20047.1	2240.6	1093.1	378.9	34.7
湖南	18629.2	13066.3	1345.4	626.9	125.5	11.5
广东	15661.7	10596.8	906.3	353.2	127.3	15.8
广西	7998.0	4841.1	589.4	282.6	72.3	17.6
海南	652.4	381.1	101.5	46.8	2.9	6.6
重庆	13751.6	9888.0	940.8	427.9	39.4	36.5
四川	21089.3	15850.1	1640.0	663.6	96.7	59.8
贵州	4112.1	2556.0	251.3	94.3	17.0	6.5
云南	7102.0	4272.9	714.8	224.6	117.7	32.6
西藏	144.0	102.1	6.6	2.9	0.3	0.0
陕西	6758.9	4966.5	476.9	222.2	20.4	16.8
甘肃	3915.2	2662.5	268.0	94.6	42.0	10.0
青海	301.9	158.2	45.8	11.6	4.4	0.4
宁夏	1017.8	599.4	122.7	73.5	3.1	5.2
新疆	4669.9	2805.4	427.7	179.5	52.2	32.3

1-13 续表 1 单位：万平方米

地 区	商务会展用房屋	其他商业及服务用房屋(居民服务业用房)	办公用房屋	科研、教育和医疗用房屋	科学研究用房屋	教育用房屋
全国总计	**1834.6**	**9954.5**	**23539.4**	**17692.0**	**1750.5**	**12161.5**
北 京	188.7	273.3	888.1	420.5	145.2	206.1
天 津	0.6	69.6	97.0	129.8	23.6	81.6
河 北	18.3	146.0	450.5	558.8	55.8	359.5
山 西	32.9	46.9	265.0	233.2	55.7	128.0
内蒙古	12.8	66.7	114.9	89.6	3.8	69.0
辽 宁	3.1	207.7	289.7	151.0	8.6	121.7
吉 林	12.6	81.7	242.7	116.6	6.0	84.6
黑龙江	7.8	40.9	124.4	73.8	14.3	47.9
上 海	191.4	267.0	571.8	245.7	51.9	139.8
江 苏	543.6	629.1	3525.1	2200.4	249.1	1337.3
浙 江	312.4	1946.2	4622.7	2153.4	376.2	1323.8
安 徽	40.3	328.6	810.3	650.0	38.8	502.5
福 建	27.1	506.8	1032.8	541.3	24.2	423.6
江 西	25.7	481.7	801.8	736.0	53.7	553.1
山 东	28.7	532.7	1272.7	981.3	66.0	716.4
河 南	41.1	383.2	1266.9	1099.7	67.7	845.0
湖 北	84.6	649.2	1621.9	1168.4	126.5	676.2
湖 南	32.6	548.9	1104.0	1085.2	47.0	744.4
广 东	24.4	385.6	802.5	587.3	78.4	418.7
广 西	13.5	203.4	659.8	812.9	58.4	558.2
海 南	1.4	43.8	34.1	65.4	2.6	59.0
重 庆	56.8	380.1	566.3	476.2	24.5	355.1
四 川	46.8	773.1	667.8	701.8	54.8	493.3
贵 州	13.6	120.0	224.3	594.1	15.6	501.5
云 南	39.8	300.0	453.8	701.1	13.5	585.2
西 藏	0.4	2.9	13.8	9.4	0.0	7.3
陕 西	13.6	203.8	389.4	401.3	40.7	282.1
甘 肃	5.0	116.4	196.2	280.9	23.2	205.7
青 海	0.1	29.4	31.4	36.6	0.1	32.2
宁 夏	1.3	39.6	48.7	100.8	1.9	76.3
新 疆	13.7	150.1	348.8	289.4	22.9	226.4

1-13　续表 2　　　　　　　　　　　　　　　　　　单位：万平方米

地　区	医疗用房屋（卫生医疗用房）	文化、体育和娱乐用房屋	厂房及建筑物	#厂　房	仓　库	其他未列明的房屋建筑物
全国总计	**3780.0**	**4242.9**	**49928.2**	**33313.2**	**2805.0**	**9827.5**
北　京	69.2	384.9	449.5	382.2	65.4	358.3
天　津	24.6	4.3	455.2	239.0	56.1	173.0
河　北	143.6	66.5	1048.1	757.3	55.3	431.9
山　西	49.5	25.3	246.7	154.4	11.3	59.3
内蒙古	16.8	11.8	115.9	64.2	4.5	245.8
辽　宁	20.8	61.2	873.6	450.0	27.5	264.1
吉　林	26.0	80.9	392.8	260.2	45.7	236.7
黑龙江	11.6	7.5	257.3	101.4	62.6	52.4
上　海	54.0	90.6	1212.4	745.0	59.8	200.1
江　苏	614.1	646.4	9363.5	7062.0	637.4	829.9
浙　江	453.4	682.5	14264.5	10372.8	428.6	1275.2
安　徽	108.6	70.2	1794.9	1068.2	91.5	259.6
福　建	93.4	97.0	3055.2	1294.7	125.5	106.9
江　西	129.2	244.2	1731.9	1121.9	136.4	300.5
山　东	198.8	202.8	2445.0	1542.2	187.9	376.6
河　南	187.0	122.7	1466.4	762.8	219.0	374.8
湖　北	365.7	287.0	2682.5	1740.3	76.6	489.4
湖　南	293.9	212.1	1407.2	913.0	112.7	296.2
广　东	90.3	133.8	2043.0	1335.4	78.0	514.1
广　西	196.3	205.2	559.8	386.5	35.8	294.2
海　南	3.8	16.3	18.9	12.1	0.1	35.0
重　庆	96.5	77.2	1002.3	514.0	56.4	744.4
四　川	153.7	118.2	1385.9	919.1	94.2	631.3
贵　州	77.0	70.1	164.5	115.8	21.4	230.3
云　南	102.3	99.6	521.9	351.4	43.5	294.4
西　藏	2.1	2.6	0.8	0.1	0.1	8.5
陕　西	78.6	71.6	289.8	195.9	23.0	140.3
甘　肃	52.0	59.2	212.8	129.1	5.7	229.8
青　海	4.4	4.8	7.0	4.6	0.1	18.1
宁　夏	22.7	9.6	45.7	30.9	1.7	89.2
新　疆	40.2	76.6	413.3	286.5	41.2	267.6

1-14 各地区按主要用途分的建筑业企业房屋竣工价值

单位：万元

地　区	总计	住宅房屋	商业及服务用房屋	商厦房屋(批发和零售用房)	宾馆用房屋(住宿用房)	餐饮用房屋(餐饮用房)
全国总计	**694626644**	**461088439**	**55834692**	**25793065**	**6412416**	**1855837**
北　京	26116173	12435089	5242011	3016051	669406	6485
天　津	6808533	4219301	519844	263022	22411	38906
河　北	17577567	11947002	788366	417138	46626	28332
山　西	5480485	3563838	240466	70850	28134	5778
内蒙古	3924195	2661344	188636	61979	16377	9800
辽　宁	9792864	6625097	756758	368908	40468	20674
吉　林	8266406	5855095	477402	210910	38272	10471
黑龙江	4341811	3255192	184502	71518	22998	2475
上　海	17169875	8563020	2885816	784265	706742	20488
江　苏	141563158	103312398	6480507	2648063	1026931	465220
浙　江	113068687	68302126	10899226	5182836	1286540	525538
安　徽	19118567	13138038	1414980	828697	90222	31378
福　建	29938800	20343930	2130394	1012018	130102	29549
江　西	20946054	13484596	1672933	679579	119225	114458
山　东	34787211	22921148	3124151	1950284	116504	48663
河　南	25046233	17843208	1265634	433162	186595	60063
湖　北	43700066	29282541	4318292	2193619	614652	47619
湖　南	27974511	19074514	2292277	1047018	196149	17930
广　东	25778042	17727472	1481898	552398	201859	26175
广　西	12167637	7236545	979227	505874	116119	25168
海　南	1223469	726944	200643	76990	5442	18178
重　庆	22008878	15723957	1704264	833950	58463	53900
四　川	32303982	24184485	2672083	1073328	186224	100645
贵　州	5525009	2965760	363558	132171	25753	10822
云　南	11293689	6801408	1153709	342619	230940	29167
西　藏	332443	229289	16558	7161	298	88
陕　西	11562471	8025395	802255	389733	30037	28053
甘　肃	6878234	4685909	523407	184788	91940	20932
青　海	551632	279287	93878	21993	7077	721
宁　夏	1723155	1020334	249433	134385	7956	15999
新　疆	7656809	4654179	711585	297760	91953	42164

1-14 续表 1

单位：万元

地 区	商务会展用房屋	其他商业及服务用房屋(居民服务业用房)	办公用房屋	科研、教育和医疗用房屋	科学研究用房屋	教育用房屋
全国总计	**4777450**	**16995924**	**43736712**	**32784431**	**3745940**	**21370555**
北 京	881498	668571	3018899	1380130	452082	736340
天 津	1145	194359	184470	443258	112519	206658
河 北	42156	254116	713764	940249	145030	528516
山 西	61517	74187	495377	476824	59358	273847
内蒙古	21340	79141	230354	213382	12682	144952
辽 宁	7452	319257	451490	206673	17567	161685
吉 林	22873	194876	450079	231110	18083	161228
黑龙江	16217	71295	219631	134197	25630	85062
上 海	634731	739591	1656567	771098	172399	383113
江 苏	1314155	1026138	7436386	4940366	687931	2820199
浙 江	765561	3138752	8187638	4099036	621108	2527303
安 徽	50954	413729	1065139	812767	53982	640251
福 建	63625	895100	1704806	1009992	47544	739610
江 西	35157	724513	1116851	1157890	73509	875075
山 东	50582	958118	2703273	1704003	119279	1172400
河 南	54636	531178	1680874	1478524	94746	1063368
湖 北	283351	1179051	2770958	2096140	299152	1138954
湖 南	80594	950586	1968749	1790926	48752	1144664
广 东	49039	652427	1460381	1128941	230114	733204
广 西	18156	313909	1029027	1329967	87690	896485
海 南	2500	97533	51251	120363	4778	109537
重 庆	84531	673421	1005983	844302	43746	656008
四 川	74530	1237356	1043457	1154813	105985	796855
贵 州	25187	169625	360242	1044764	28990	877481
云 南	64811	486173	648021	1228415	27651	1008510
西 藏	2289	6722	34797	21582	10	15530
陕 西	22859	331573	806787	758518	64848	519817
甘 肃	13409	212338	403991	515866	43670	373289
青 海	176	63910	51389	72723	179	65760
宁 夏	2951	88142	106518	202970	4877	150161
新 疆	29469	250238	679565	474642	42048	364694

1-14 续表 2

单位：万元

地　　区	医疗用房屋(卫生医疗用房)	文化、体育和娱乐用房屋	厂房及建筑物	#厂　房	仓　库	其他未列明的房屋建筑物
全国总计	**7667937**	**9221398**	**70528240**	**46755961**	**4186285**	**17246447**
北　京	191708	1337941	1213261	1100057	178690	1310152
天　津	124081	11068	731002	402225	137921	561668
河　北	266703	133369	1984966	1523756	65058	1004793
山　西	143619	65064	470317	349276	23220	145379
内蒙古	55748	30327	184815	120061	4990	410348
辽　宁	27421	65010	1289520	568363	55362	342953
吉　林	51798	117451	637665	381505	66259	431347
黑龙江	23505	20373	371006	121142	67587	89323
上　海	215586	370908	2275776	1477363	127968	518724
江　苏	1432236	1628703	14922297	11109656	1107831	1734670
浙　江	950625	1327837	17666963	12445329	563938	2021923
安　徽	118533	118115	2030364	1193583	121763	417401
福　建	222837	197598	4195991	1900654	174954	181135
江　西	209307	338393	2567396	1674060	210920	397075
山　东	412324	517709	2845801	1753805	213092	758034
河　南	320410	180060	1806716	863505	253833	537384
湖　北	658035	594752	3679525	2451978	100029	857831
湖　南	597511	363010	1902690	1291562	163976	418369
广　东	165624	263758	2904759	1698119	121632	689201
广　西	345793	363885	730595	499047	60060	438331
海　南	6049	26679	43223	21655	316	54050
重　庆	144548	152083	1486813	828132	61250	1030226
四　川	251972	191570	1945200	1299188	109876	1002498
贵　州	138293	79679	257756	195584	29105	424146
云　南	192254	158276	774349	484820	66051	463460
西　藏	6042	7845	1524	201	145	20702
陕　西	173853	305390	520805	349235	36085	307238
甘　肃	98906	103464	410089	204436	7491	228017
青　海	6784	7772	14784	10720	420	31379
宁　夏	47932	19667	74303	55085	2583	47348
新　疆	67899	123644	587971	381862	53880	371343

1-15　各地区建筑业企业施工机械设备情况

地　区	年末自有施工机械设备总台数(台)	年末自有施工机械设备总功率(千瓦)	年末自有施工机械设备净值(万元)	技术装备率(元/人)	动力装备率(千瓦/人)
全国总计	**9579327**	**253652526**	**56021121**	**10805**	**4.9**
北　京	99195	3667950	1017195	17494	6.3
天　津	102521	5216140	3087463	41928	7.1
河　北	534662	10287838	1727109	13196	7.9
山　西	197334	6970480	1468913	19473	9.2
内蒙古	79421	1987969	516154	17377	6.7
辽　宁	239608	10111986	1380051	10941	8.0
吉　林	66187	2558434	1301010	22815	4.5
黑龙江	123106	3240972	756200	20243	8.7
上　海	91674	2699869	1188780	11429	2.6
江　苏	1288929	36717779	7679973	10056	4.8
浙　江	1059151	21884366	4750087	6167	2.8
安　徽	373741	7536959	1529421	9104	4.5
福　建	303503	10475908	2394418	7361	3.2
江　西	226671	5316065	1207296	7913	3.5
山　东	756682	21769626	3524828	12022	7.4
河　南	645460	22632635	3297928	12640	8.7
湖　北	595474	12337072	2743724	10175	4.6
湖　南	601502	10095461	3756515	17079	4.6
广　东	630938	16668801	3385476	14811	7.3
广　西	147483	2918358	603776	5031	2.4
海　南	10061	308576	45791	6170	4.2
重　庆	197190	4563266	1212845	5801	2.2
四　川	332951	10148406	2255062	7972	3.6
贵　州	82477	3414748	613800	9089	5.1
云　南	176254	5086573	1324397	11454	4.4
西　藏	5788	198408	49768	17526	7.0
陕　西	280961	7164971	1619645	13689	6.1
甘　肃	182572	3721774	721530	12753	6.6
青　海	41916	1089951	223652	19548	9.5
宁　夏	26713	529697	124946	12577	5.3
新　疆	79202	2331488	513370	13364	6.1

1-16 各地区建筑业企业建筑材料消耗情况

地 区	钢材（吨）	木材（立方米）	水泥（吨）	玻璃		铝材（吨）
				重量箱	平方米	
全国总计	**846261917**	**448864135**	**2128685619**	**184771834**	**1234128531**	**55750444**
北 京	21234043	4091488	32708223	1745027	7239150	194455
天 津	8426570	1165073	25596940	1215740	4224605	813735
河 北	46347965	8859561	50938966	3943057	39208663	1057908
山 西	10734987	2621578	33098231	857464	6570249	225623
内 蒙 古	6415947	2936556	17064614	1355635	96226025	1200384
辽 宁	22155081	8941586	49320818	3238980	21594809	600454
吉 林	6472736	10284807	15406840	1419154	14962287	900786
黑 龙 江	4098313	2120803	12819490	769267	5794214	101747
上 海	14497601	3586945	18333259	1581016	9584012	357500
江 苏	90562639	44157707	241763822	20947231	155367444	4293637
浙 江	106031978	46228927	360813134	42942040	190213372	5412899
安 徽	21911604	8154570	68779488	5014258	36761278	1278989
福 建	46873581	28347884	179738357	28238641	119720712	3493797
江 西	19897466	17660394	66308762	2993656	28143779	2360421
山 东	32132357	23263169	91255715	7265561	70394816	1871839
河 南	30766062	31914987	106862044	5549917	41127671	3199204
湖 北	102232321	37837857	181759124	12179176	72938482	7444970
湖 南	35299096	24311199	80400709	9711250	59448332	3328886
广 东	25808704	16028775	63802887	8591132	50649850	2132470
广 西	12147107	20376815	41188028	2227826	16517586	2259855
海 南	943936	681346	2321020	320022	1959931	163248
重 庆	21660286	12550139	63379372	3403438	29108991	1482392
四 川	45544276	45797211	118955240	8066899	56181991	7688400
贵 州	56704264	8961638	67357304	2134364	26941361	1495786
云 南	13716841	12109320	35610378	1602612	13195954	420658
西 藏	225841	6916004	761517	51085	317850	58470
陕 西	24565519	12405540	59507793	4583691	28380621	1137909
甘 肃	11785004	2697338	17992494	954449	7196979	418032
青 海	954202	233674	3616777	147842	2172471	88680
宁 夏	1335230	1228377	5622338	341401	1843500	176865
新 疆	4780360	2392867	15601935	1380003	20141546	90445

1-17　各地区建筑业企业主要生产效益指标

地　　区	建筑业企业个数(个)	从事建筑业活动的平均人数(人)	按总产值计算的劳动生产率(元/人)	人均竣工产　值(元/人)	人均施工面　积(平方米/人)	人均竣工面　积(平方米/人)
全国总计	**83017**	**57439726**	**336991**	**196522**	**220.1**	**73.5**
北　京	2858	1656027	533880	261084	368.9	64.6
天　津	1500	992498	492879	223320	171.6	34.5
河　北	2467	1452731	379815	198827	238.3	76.7
山　西	2532	1122660	295590	113886	130.2	29.9
内蒙古	870	413030	295574	168293	152.4	61.5
辽　宁	5238	1304872	300927	156872	156.3	52.5
吉　林	2191	800668	285207	192547	132.8	65.1
黑龙江	1566	670351	256076	160577	80.6	41.0
上　海	2662	1261066	479451	261660	285.6	59.3
江　苏	8770	8458396	304925	251471	261.9	88.7
浙　江	6174	7773316	321476	203687	255.2	88.5
安　徽	2929	1695139	356743	196427	236.7	86.1
福　建	3608	3218887	265043	155736	195.5	56.3
江　西	1873	1684190	307509	179792	168.9	88.1
山　东	6013	3225835	312707	166261	223.5	73.5
河　南	5123	2726083	323100	181254	204.6	71.3
湖　北	3368	2585664	458776	245348	281.7	110.7
湖　南	2067	2291464	318758	199925	219.6	81.3
广　东	4437	2302182	419268	206560	236.1	68.0
广　西	1139	1140840	302337	161429	232.6	70.1
海　南	155	81205	378997	232980	256.8	80.3
重　庆	2577	2174119	323617	166333	147.5	63.3
四　川	3809	3242830	307129	152910	166.7	65.0
贵　州	891	714416	330753	117688	270.9	57.6
云　南	2544	1322449	292428	159756	128.9	53.7
西　藏	173	33210	335094	198752	73.5	43.4
陕　西	2114	1367274	389771	166756	179.4	49.4
甘　肃	1323	628213	309965	168846	165.9	62.3
青　海	371	144460	284248	114402	61.4	20.9
宁　夏	531	191076	267566	197925	145.0	53.3
新　疆	1144	764575	295359	202207	148.0	61.1

1-18 各地区建筑业企业资产构成

单位：万元

地 区	资产合计	流动资产合计	#存 货	非流动资产合计	#固定资产合计
全国总计	**1824820658**	**1444713557**	**292552750**	**380107101**	**136502394**
北 京	202636726	142797444	21792216	59839282	4562280
天 津	60167213	48350671	8720663	11816542	4472928
河 北	49726839	40504133	9100643	9222706	4994963
山 西	48453897	40457188	5516261	7996709	2958614
内蒙古	19758626	15770245	2368983	3988381	1798598
辽 宁	59845041	48644600	8090035	11200442	4627420
吉 林	24185056	19719678	2469714	4465378	2241983
黑龙江	19576338	15101356	2274467	4474981	1845966
上 海	90496425	77102566	17491763	13393859	3875415
江 苏	178352447	146795844	34336216	31556603	15514897
浙 江	120878776	99630717	26512204	21248059	9912686
安 徽	54963345	43268267	7198757	11695078	4435056
福 建	47584471	38422033	8382392	9162438	4938244
江 西	34474766	26638168	5163102	7836599	3294318
山 东	111358708	92035566	18291824	19323143	10145305
河 南	70435847	55792461	12089594	14643386	8785069
湖 北	98533062	78561670	19850953	19971392	8849706
湖 南	46319249	35649210	7707882	10670039	4365712
广 东	122000895	98997527	18163540	23003367	7704606
广 西	18981517	15386098	3394497	3595419	2035627
海 南	2515039	2150099	265635	364940	123005
重 庆	53259373	43448572	10219557	9810801	4464732
四 川	98587197	66742289	16635590	31844908	5253965
贵 州	35439953	29205187	6352599	6234766	1226072
云 南	45905599	33658501	5418148	12247098	3993392
西 藏	1957588	1371446	114615	586142	223500
陕 西	53441687	43898352	7663394	9543334	4012101
甘 肃	18634425	14196936	2775696	4437489	2612765
青 海	5680858	4536726	826566	1144133	798887
宁 夏	7476294	6530080	1050805	946214	570204
新 疆	23193403	19349930	2314442	3843474	1864382

1-19　各地区建筑业企业固定资产情况

单位：万元

地　区	固定资产合计	固定资产原价	固定资产折旧	#本年折旧	在建工程
全国总计	**136502394**	**189798367**	**83242742**	**11779841**	**16209124**
北　京	4562280	8187029	4245452	541183	667011
天　津	4472928	7473936	3586103	514177	405657
河　北	4994963	6940238	3032842	390716	556724
山　西	2958614	4806771	2368768	333113	339431
内蒙古	1798598	2556834	1035093	111460	203360
辽　宁	4627420	7240006	3670823	408004	447917
吉　林	2241983	2989859	1237250	162438	269919
黑龙江	1845966	2898135	1287659	118766	112807
上　海	3875415	6638373	3416309	351394	462400
江　苏	15514897	20054186	8308851	1184227	1900561
浙　江	9912686	14840584	6441366	938708	700850
安　徽	4435056	6007715	2441209	316343	425992
福　建	4938244	6141856	2380624	378791	416800
江　西	3294318	3986719	1407243	227071	375709
山　东	10145305	14151214	6061985	874729	806061
河　南	8785069	11362258	4715704	787678	866230
湖　北	8849706	11974444	5066714	818197	1204674
湖　南	4365712	5920935	2539188	360419	598559
广　东	7704606	10826468	4929223	669718	1349612
广　西	2035627	2645899	993707	146522	294971
海　南	123005	131607	69006	10286	51353
重　庆	4464732	4977351	2048769	334230	822974
四　川	5253965	6830129	3273100	429974	1031946
贵　州	1226072	1461863	662115	94968	258655
云　南	3993392	5217200	2153987	350733	505742
西　藏	223500	255851	75661	8749	9620
陕　西	4012101	6052073	2896683	466260	460653
甘　肃	2612765	2934531	947648	126165	283750
青　海	798887	939849	444829	83037	37844
宁　夏	570204	859952	348483	47213	44114
新　疆	1864382	2494504	1156349	194574	297232

1-20 各地区建筑业企业负债及所有者权益

单位：万元

地区	负债合计	#流动负债	#应付账款	所有者权益	#实收资本
全国总计	**1215052794**	**1096584781**	**423885338**	**609464379**	**326025048**
北京	141414079	127794439	52585336	61222647	27096095
天津	46069115	42831381	19330184	14097988	8925843
河北	33287055	30979758	12687310	16439784	8898375
山西	37819762	34841097	15947427	10634135	7240168
内蒙古	12435597	11665424	3117481	7323029	3807890
辽宁	41354099	36209599	12995082	18344797	9829608
吉林	15170024	13370423	4989813	9015032	4993849
黑龙江	13541238	11700511	4511211	6035100	4264875
上海	70193410	66946200	28679980	20287366	11970462
江苏	102776463	96124618	35615630	75518320	29036571
浙江	71031230	65850270	22059663	49847546	24332145
安徽	37224351	32735546	10846126	17708096	9181933
福建	25278104	23131704	7239104	22298840	13603143
江西	19188519	16625079	5730818	15286248	9684233
山东	78698098	72160230	27515041	32660611	18693124
河南	44184671	40318407	14718774	26235475	16364835
湖北	67447341	57803203	28724567	31085721	13971818
湖南	28491369	23855383	9997913	17827380	9073431
广东	82926291	73592822	24176254	39046853	19432929
广西	12470834	11110061	2956016	6510683	4089426
海南	1559975	1370447	625069	955065	590789
重庆	37822406	33103227	12276778	15436968	7943638
四川	58679557	52212380	17541673	39906101	30203458
贵州	26064271	20986315	7165131	9375682	3574986
云南	30641815	26223005	10204224	15263784	9078236
西藏	1018085	799377	204902	939503	522566
陕西	38865697	36018744	17199898	14575989	9925821
甘肃	12599422	11661858	4002494	6035003	3674160
青海	3844030	3525559	1653145	1836829	1114928
宁夏	5222094	5029153	2143625	2254200	1403370
新疆	17733793	16008563	6444674	5459610	3502344

1-21　各地区建筑业企业实收资本

单位：万元

地　区	合计	国家资本	集体资本	法人资本	个人资本	港澳台资本	外商资本
全国总计	**326025048**	**73672965**	**12223168**	**98641320**	**139872453**	**1055399**	**559743**
北　京	27096095	8586150	379397	13052280	4874278	98126	105864
天　津	8925843	2801702	180721	2912531	3013738	6643	10508
河　北	8898375	1601551	454686	2777195	4059070	5473	400
山　西	7240168	1903678	215990	2502053	2617947		500
内蒙古	3807890	791306	109446	941199	1965939		
辽　宁	9829608	1877952	605411	2921417	4178152	224941	21735
吉　林	4993849	364049	198562	1686495	2730709	14021	14
黑龙江	4264875	738456	336248	1355205	1831219	1902	1845
上　海	11970462	2055300	448807	5572485	3619751	150183	123938
江　苏	29036571	1941812	836688	8278225	17721385	79539	178923
浙　江	24332145	1004090	497120	6646502	16126535	53577	4321
安　徽	9181933	1305775	331356	2780411	4758322	6068	1
福　建	13603143	1053385	333244	2976127	9199929	30862	9597
江　西	9684233	1171845	399806	2732481	5345975	6366	27760
山　东	18693124	3183397	1470246	4813254	9198414	20759	7054
河　南	16364835	2658302	793986	5029816	7873800	4820	4111
湖　北	13971818	4635383	484552	2587292	6204378	51631	8583
湖　南	9073431	2658804	523601	2437655	3447297	6074	
广　东	19432929	3091397	990197	8290148	6941506	100406	19277
广　西	4089426	1110036	263274	1070045	1645040	30	1000
海　南	590789	128233	31265	234856	196351	84	
重　庆	7943638	1383817	238819	2220575	3909390	189047	1990
四　川	30203458	18392119	484122	4570897	6751909	2097	2315
贵　州	3574986	1655014	183383	970599	765501	489	
云　南	9078236	3819313	272136	2075863	2908363	1060	1500
西　藏	522566	62538	24500	236770	198758		
陕　西	9925821	1792986	621334	3885577	3622642	744	2539
甘　肃	3674160	688433	248043	1358706	1378216	400	363
青　海	1114928	199509	47289	442270	425861		
宁　夏	1403370	175420	23117	280362	899170		25300
新　疆	3502344	841213	195824	1002030	1462911	60	306

1-22 各地区建筑业企业收入情况

单位：万元

地区	主营业务收入	#主营业务成本	#主营业务税金及附加	其他业务收入	#其他业务成本	#其他业务利润
全国总计	**1794213211**	**1600402782**	**38110030**	**23494293**	**39211037**	**1559750**
北京	116158939	107695390	962466	573582	416978	148088
天津	40846338	36900108	412085	615922	1035029	43892
河北	50163825	45323275	1080988	522637	953564	44450
山西	33029335	29379325	477373	310728	814288	33556
内蒙古	11931983	10375070	275646	226725	327720	11063
辽宁	38912048	33627209	731975	1762813	2543626	33532
吉林	21127474	17813819	536903	573341	1238463	26651
黑龙江	15227747	13615255	347900	108731	187631	8520
上海	78842386	72707332	990123	375337	287921	80396
江苏	222561983	197617884	5910758	1412261	1798500	174396
浙江	188362278	172816604	4275561	871732	933418	148841
安徽	53527553	46992188	1201956	411779	1438328	25108
福建	73089660	64692752	1983895	490228	1566678	41895
江西	46251544	40545489	1376544	2540927	3354958	21334
山东	97281802	85868179	2044574	1261988	2235048	79242
河南	82925327	71517789	2358831	1469616	2033238	89797
湖北	115342001	102379512	2517096	1256623	1674971	62720
湖南	68065510	60821353	1920703	2004978	2357085	29209
广东	106290156	94075519	1856825	1053924	2763731	162080
广西	28813854	25795994	592199	695363	1393273	26350
海南	3026518	2761216	65494	14306	11445	2535
重庆	59110583	50676675	1560630	842715	1843000	52829
四川	77101054	67701205	1742734	1577812	2801146	67523
贵州	23829724	20951590	330130	243399	1385164	20190
云南	33208124	29063143	700460	578578	827359	35057
西藏	1141611	948394	23782	19615	28672	2395
陕西	55651123	50869276	908468	449193	703978	28995
甘肃	18410298	15814398	383726	308032	1125353	27607
青海	4757470	4206496	60657	377091	451025	5567
宁夏	6529430	5902680	109186	63533	110262	10057
新疆	22695538	20947664	370364	480785	569188	15877

1-23　各地区建筑业企业费用情况

单位：万元

地　区	管理费用	#税　金	销售费用	财务费用	#利息收入	#利息支出
全国总计	**56863408**	**2426763**	**6614668**	**11660453**	**3178395**	**11322141**
北　京	4279883	47436	392373	685716	902470	1487290
天　津	1758107	35924	87866	281513	104104	379882
河　北	1437034	56983	122673	302820	29432	215094
山　西	1565024	29166	97429	214893	110566	241255
内蒙古	508246	23547	21888	142645	3169	111263
辽　宁	1995068	117530	122796	314186	53545	232333
吉　林	719945	49096	53784	151628	12013	97526
黑龙江	580647	26695	53883	51273	10763	47572
上　海	3108623	43524	218762	187162	165805	261304
江　苏	6309085	274330	831109	1516266	156837	1190853
浙　江	3885920	168813	454048	1164196	121613	1064699
安　徽	1721724	73535	239621	387136	99696	335542
福　建	2019755	112119	241781	291385	70643	217313
江　西	1221439	104993	230283	221271	22407	158604
山　东	3119598	168573	318445	771789	159317	676246
河　南	2964418	243310	437842	559022	125023	570604
湖　北	3797084	135961	670762	837896	173286	676474
湖　南	2081007	102898	305749	290118	86439	296112
广　东	3657160	122377	395529	716217	113504	678646
广　西	797471	32671	62265	209080	16348	188491
海　南	63532	2537	2409	5393	922	4401
重　庆	1807403	103088	238902	506426	93856	406617
四　川	2543733	131492	506547	660352	186530	580832
贵　州	541163	19029	23275	203756	43242	249979
云　南	1208452	54639	207909	372533	83169	328183
西　藏	56384	1565	2714	6035	748	4671
陕　西	1540621	72590	148061	259167	135706	288302
甘　肃	545721	33258	77002	136704	16427	103659
青　海	226825	8830	8335	22937	12103	29285
宁　夏	187945	8653	13332	49723	1877	30485
新　疆	614393	21603	27296	141219	66838	168626

1-24 各地区建筑业企业利润及税金情况

单位：万元

地 区	利润总额	#应交所得税	税金总额	主营业务税金及附加	管理费用中的税金	应交增值税
全国总计	**69860467**	**15128624**	**59774494**	**38110030**	**2426763**	**19237702**
北 京	6753169	596845	2163933	962466	47436	1154030
天 津	975834	226600	917941	412085	35924	469931
河 北	1546509	400740	1608031	1080988	56983	470059
山 西	972077	161498	903106	477373	29166	396567
内蒙古	606330	124051	435108	275646	23547	135916
辽 宁	1211374	404305	1246374	731975	117530	396870
吉 林	911451	288725	794758	536903	49096	208759
黑龙江	512383	130196	520678	347900	26695	146082
上 海	2177425	373942	1802095	990123	43524	768449
江 苏	9926289	2235417	8226637	5910758	274330	2041550
浙 江	5737787	1413511	6514067	4275561	168813	2069694
安 徽	2036222	402882	1884771	1201956	73535	609280
福 建	2794527	882390	2823153	1983895	112119	727139
江 西	1868010	445993	1826764	1376544	104993	345227
山 东	4152766	882509	3102830	2044574	168573	889683
河 南	4385270	928222	3938062	2358831	243310	1335921
湖 北	4757195	1161031	3966698	2517096	135961	1313641
湖 南	2303014	469337	2726657	1920703	102898	703055
广 东	4182841	975704	3042570	1856825	122377	1063368
广 西	677543	214764	997430	592199	32671	372561
海 南	121232	70170	130019	65494	2537	61988
重 庆	3265730	616271	2291194	1560630	103088	627477
四 川	2664357	601894	2644050	1742734	131492	769824
贵 州	601084	131691	638972	330130	19029	289813
云 南	1470239	303870	1205198	700460	54639	450099
西 藏	115781	9106	35346	23782	1565	9999
陕 西	1634188	290558	1585062	908468	72590	604004
甘 肃	643716	121015	639109	383726	33258	222125
青 海	155138	24355	147020	60657	8830	77534
宁 夏	199499	87051	215744	109186	8653	97905
新 疆	501491	153980	801118	370364	21603	409151

1-25　各地区建筑业企业应收工程款及企业亏损情况

地　区	应收工程款 (万元)	企业个数 (个)	#亏损企业个数	亏损企业的比重 (%)
全国总计	**425049013**	**83017**	**12310**	**14.8**
北　京	27886249	2858	648	22.7
天　津	15571239	1500	302	20.1
河　北	13632326	2467	313	12.7
山　西	16047908	2532	569	22.5
内蒙古	5314485	870	148	17.0
辽　宁	14690349	5238	1169	22.3
吉　林	8013170	2191	331	15.1
黑龙江	5332402	1566	349	22.3
上　海	19201405	2662	556	20.9
江　苏	55211913	8770	544	6.2
浙　江	25898750	6174	804	13.0
安　徽	13491956	2929	334	11.4
福　建	8985773	3608	485	13.4
江　西	7459947	1873	159	8.5
山　东	30934101	6013	768	12.8
河　南	15450264	5123	551	10.8
湖　北	21741324	3368	397	11.8
湖　南	10380049	2067	205	9.9
广　东	24693597	4437	759	17.1
广　西	3750678	1139	202	17.7
海　南	641402	155	24	15.5
重　庆	14027142	2577	328	12.7
四　川	17465580	3809	540	14.2
贵　州	5758363	891	207	23.2
云　南	11897141	2544	451	17.7
西　藏	437163	173	19	11.0
陕　西	14494881	2114	371	17.5
甘　肃	5000536	1323	239	18.1
青　海	1268524	371	111	29.9
宁　夏	2865845	531	139	26.2
新　疆	7504554	1144	288	25.2

1-26 各地区建筑业企业主要经济效益指标

地　区	产值利润率(%)	产值利税率(%)	资本利润率(%)	资本利税率(%)	人均利润(元/人)	人均利税(元/人)	资产负债率(%)
全国总计	**3.6**	**6.7**	**21.4**	**39.8**	**12162**	**22569**	**66.6**
北　京	7.6	10.1	24.9	32.9	40779	53846	69.8
天　津	2.0	3.9	10.9	21.2	9832	19081	76.6
河　北	2.8	5.7	17.4	35.5	10646	21715	66.9
山　西	2.9	5.7	13.4	25.9	8659	16703	78.1
内蒙古	5.0	8.5	15.9	27.3	14680	25215	62.9
辽　宁	3.1	6.3	12.3	25.0	9283	18835	69.1
吉　林	4.0	7.5	18.3	34.2	11384	21310	62.7
黑龙江	3.0	6.0	12.0	24.2	7643	15411	69.2
上　海	3.6	6.6	18.2	33.2	17267	31557	77.6
江　苏	3.8	7.0	34.2	62.5	11735	21461	57.6
浙　江	2.3	4.9	23.6	50.4	7381	15761	58.8
安　徽	3.4	6.5	22.2	42.7	12012	23131	67.7
福　建	3.3	6.6	20.5	41.3	8682	17452	53.1
江　西	3.6	7.1	19.3	38.2	11091	21938	55.7
山　东	4.1	7.2	22.2	38.8	12873	22492	70.7
河　南	5.0	9.4	26.8	50.9	16086	30532	62.7
湖　北	4.0	7.4	34.0	62.4	18398	33739	68.5
湖　南	3.2	6.9	25.4	55.4	10050	21950	61.5
广　东	4.3	7.5	21.5	37.2	18169	31385	68.0
广　西	2.0	4.9	16.6	41.0	5939	14682	65.7
海　南	3.9	8.2	20.5	42.5	14929	30940	62.0
重　庆	4.6	7.9	41.1	70.0	15021	25559	71.0
四　川	2.7	5.3	8.8	17.6	8216	16370	59.5
贵　州	2.5	5.2	16.8	34.7	8414	17358	73.5
云　南	3.8	6.9	16.2	29.5	11118	20231	66.7
西　藏	10.4	13.6	22.2	28.9	34863	45506	52.0
陕　西	3.1	6.0	16.5	32.4	11952	23545	72.7
甘　肃	3.3	6.6	17.5	34.9	10247	20420	67.6
青　海	3.8	7.4	13.9	27.1	10739	20916	67.7
宁　夏	3.9	8.1	14.2	29.6	10441	21732	69.8
新　疆	2.2	5.8	14.3	37.2	6559	17037	76.5

二、按经济类型分组的建筑业企业

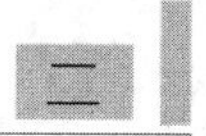

2-1 各地区国有建筑业企业签订合同情况

单位：万元

地区	签订合同额		
		上年结转合同额	本年新签合同额
全国总计	**612858671**	**287891638**	**324967033**
北京	54657509	25463863	29193646
天津	13460206	6704812	6755394
河北	13179496	5614821	7564675
山西	8301991	3126481	5175510
内蒙古	3736327	1481046	2255282
辽宁	10039633	4813085	5226548
吉林	3446204	1845412	1600792
黑龙江	7161140	2738523	4422617
上海	25509119	13793003	11716115
江苏	19210613	10180757	9029856
浙江	7643978	3879515	3764463
安徽	21291120	10411905	10879215
福建	14424804	7690848	6733955
江西	8094350	3488603	4605747
山东	31021315	13789942	17231373
河南	13379317	6463839	6915479
湖北	70576767	29496004	41080763
湖南	37182316	17118553	20063764
广东	64978937	31334590	33644347
广西	28628614	13884361	14744253
海南	1165278	715553	449725
重庆	16668284	8602229	8066056
四川	39045401	22626798	16418603
贵州	31523117	13804442	17718676
云南	23029601	9943488	13086113
西藏	301553	83768	217785
陕西	22891669	10127157	12764513
甘肃	8272370	2913815	5358555
青海	5033520	2688805	2344715
宁夏	2101671	794096	1307576
新疆	6902449	2271526	4630923

2-2 各地区国有建筑业企业承包工程完成情况

单位：万元

地区	直接从建设单位承揽工程完成的产值	自行完成施工产值	分包出去工程的产值	从建设单位以外承揽工程完成的产值
全国总计	**238887765**	**228340348**	**10547417**	**10149827**
北京	17059026	14216136	2842890	2249131
天津	6539469	6496764	42705	411105
河北	6921163	6916841	4321	295528
山西	4937007	4797055	139952	90310
内蒙古	1369326	1368042	1285	34141
辽宁	4379916	4161171	218745	55297
吉林	1597123	1456257	140866	95938
黑龙江	4355631	4136389	219242	128953
上海	9165930	8813151	352779	173823
江苏	8365157	8033061	332097	483830
浙江	2675335	2380421	294914	110289
安徽	9911237	9809186	102051	351579
福建	4948563	4906513	42050	244938
江西	3703319	3588335	114984	145060
山东	13662722	13546268	116454	253474
河南	6509332	6385122	124210	394710
湖北	22326056	22135296	190761	301177
湖南	14887280	14798106	89174	423792
广东	22171797	17655362	4516435	683696
广西	12092229	12089319	2911	357904
海南	542581	540086	2495	159
重庆	6217579	5906186	311393	499164
四川	14449908	14332614	117295	1232372
贵州	11660835	11649842	10994	5992
云南	6601283	6556032	45251	54297
西藏	224026	180320	43706	25885
陕西	10539485	10473558	65927	529250
甘肃	4397053	4380988	16066	33933
青海	1723043	1677575	45469	468783
宁夏	1424209	1424209		1025
新疆	3530144	3530144		14295

2-3 各地区国有企业建筑业总产值和竣工产值

单位：万元

地 区	建筑业总产值	#装饰装修产值	#在外省完成的产值	按构成分组 建筑工程产值	安装工程产值	其他产值	竣工产值
全国总计	**238490176**	**5926905**	**96134455**	**208816045**	**22874655**	**6799476**	**105886065**
北 京	16465267	1137973	11929454	15476915	856817	131535	7893504
天 津	6907868	5200	5050931	6270505	416316	221047	1773550
河 北	7212369	219614	2852677	6038506	943300	230564	2379732
山 西	4887365	117224	919464	4229754	568713	88898	2234824
内蒙古	1402183	43179	340088	1077673	132295	192214	256903
辽 宁	4216468	45280	1356863	3242731	691910	281827	1791228
吉 林	1552195	7121	607643	1215971	303233	32992	549183
黑龙江	4265342	15574	899736	2801566	1429179	34597	1952936
上 海	8986974	375855	6756583	7730756	1166547	89671	3313781
江 苏	8516891	26107	3652873	8050837	363702	102352	5249781
浙 江	2490709	61050	828387	2096116	313729	80865	1601500
安 徽	10160765	33115	4507406	9162472	727999	270294	6319776
福 建	5151451	105658	1297704	4571777	508118	71556	2652079
江 西	3733395	89785	1441972	3016919	605159	111318	2266731
山 东	13799742	577897	4292096	11517301	2101467	180974	6059986
河 南	6779832	422965	1846786	5522510	1124489	132832	2536658
湖 北	22436472	170438	14427510	20043691	1688708	704073	8438726
湖 南	15221898	306032	7372964	12942143	1553042	726712	7937105
广 东	18339058	1100282	5485864	16356647	1461248	521163	9746236
广 西	12447223	85510	2695537	10900312	1074509	472403	5676442
海 南	540245	26432		515387	15025	9833	459418
重 庆	6405350	9650	2920546	5743774	223452	438125	1562282
四 川	15564986	114260	4318160	13873115	1326173	365698	6156214
贵 州	11655833	179876	2539093	10007479	1006620	641734	3459131
云 南	6610329	57667	885154	6121622	361440	127267	3098984
西 藏	206205	21539		142894	14786	48525	140908
陕 西	11002808	471829	3989529	10374396	530075	98337	4379137
甘 肃	4414921	87695	946615	3791735	515134	108051	2212430
青 海	2146358		1524667	1589217	318065	239075	620317
宁 夏	1425235	126	185570	1223959	182285	18991	989629
新 疆	3544439	11974	262586	3167361	351122	25956	2176955

2-4 各地区国有建筑业企业房屋建筑面积

地 区	房屋施工面积(万平方米)	#本年新开工	#实行投标承包面积	房屋竣工面积(万平方米)	房屋竣工率(%)
全国总计	**134362.0**	**34722.7**	**103788.3**	**26978.9**	**20.1**
北 京	12550.7	3479.9	12536.1	1923.0	15.3
天 津	1471.2	523.8	1346.4	189.3	12.9
河 北	3532.5	1061.9	3405.0	661.7	18.7
山 西	2983.8	682.2	2882.5	649.3	21.8
内蒙古	475.1	110.7	466.2	41.6	8.8
辽 宁	823.4	291.6	655.9	276.7	33.6
吉 林	219.5	104.5	173.4	82.7	37.7
黑龙江	1057.2	471.5	911.7	325.0	30.7
上 海	1158.9	285.1	942.6	351.5	30.3
江 苏	3859.2	1161.8	3620.1	851.2	22.1
浙 江	366.8	45.7	285.5	114.8	31.3
安 徽	6920.7	1586.5	6068.2	951.9	13.8
福 建	2935.6	514.5	2772.6	811.1	27.6
江 西	1453.1	675.8	948.7	654.7	45.1
山 东	5950.1	1822.8	5829.8	1160.9	19.5
河 南	2495.4	791.4	1880.7	459.0	18.4
湖 北	14282.7	3774.8	2110.7	2127.9	14.9
湖 南	8792.7	2008.4	7941.7	2155.3	24.5
广 东	14734.3	4149.7	10473.5	2696.1	18.3
广 西	10305.1	1815.6	10009.6	1984.1	19.3
海 南	226.0	42.1	192.5	89.9	39.8
重 庆	812.0	334.3	624.3	255.6	31.5
四 川	12133.6	3020.1	8870.6	2718.5	22.4
贵 州	10253.0	1728.4	6099.9	1683.2	16.4
云 南	3612.9	990.4	3221.2	978.3	27.1
西 藏	49.4	20.0	43.4	34.3	69.5
陕 西	5896.4	1528.9	5599.1	1284.8	21.8
甘 肃	2449.2	767.8	1530.2	604.1	24.7
青 海	91.9	42.0	82.5	19.9	21.6
宁 夏	743.8	176.7	572.9	264.4	35.5
新 疆	1725.6	713.5	1690.7	578.3	33.5

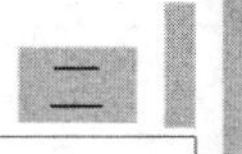

2-5　各地区按主要用途分的国有建筑业企业房屋竣工面积

单位：万平方米

地　区	总　计	住宅房屋	商业及服务用房屋	商厦房屋(批发和零售用房)	宾馆用房屋(住宿用房)	餐饮用房屋(餐饮用房)
全国总计	**26978.9**	**18352.7**	**2513.7**	**1443.5**	**223.5**	**55.9**
北　京	1923.0	1106.0	322.1	237.3	6.3	
天　津	189.3	139.8	0.2		0.2	
河　北	661.7	406.3	6.8	1.6	0.1	
山　西	649.3	454.4	27.4	4.4	6.4	2.7
内蒙古	41.6	1.2	5.0		5.0	
辽　宁	276.7	176.6	32.1	30.1		2.0
吉　林	82.7	69.1				
黑龙江	325.0	231.6	13.9	2.8	9.4	
上　海	351.5	284.2	31.4	14.4	5.4	2.1
江　苏	851.2	568.6	17.8	2.8	0.1	0.9
浙　江	114.8	65.4	7.8			7.7
安　徽	951.9	653.9	205.1	152.9		
福　建	811.1	637.2	30.8	22.8		2.2
江　西	654.7	470.1	51.7	37.4	3.1	0.3
山　东	1160.9	640.8	273.6	201.0		
河　南	459.0	347.1	13.8	12.7		0.6
湖　北	2127.9	1043.4	362.5	235.7	37.1	0.5
湖　南	2155.3	1525.2	129.6	43.9	26.5	
广　东	2696.1	2052.4	131.0	24.0	16.0	0.0
广　西	1984.1	1285.0	176.4	108.3	8.1	0.6
海　南	89.9	34.7	33.1	4.1	0.4	
重　庆	255.6	203.8	20.2	0.4		
四　川	2718.5	2246.1	177.0	92.4	3.3	8.5
贵　州	1683.2	1119.9	31.4	15.5	5.3	
云　南	978.3	672.5	88.9	20.1	65.4	
西　藏	34.3	29.4	0.2			
陕　西	1284.8	911.0	147.1	112.1	5.1	1.9
甘　肃	604.1	471.2	74.0	26.4	8.4	3.1
青　海	19.9	8.5	1.0	0.0	0.0	0.0
宁　夏	264.4	145.8	25.8	23.1		
新　疆	578.3	351.5	76.0	17.3	11.9	22.8

2-5 续表 1　　单位：万平方米

地　区	商务会展用房屋	其他商业及服务用房屋(居民服务业用房)	办公用房屋	科研、教育和医疗用房屋	科学研究用房屋	教育用房屋
全国总计	**76.7**	**714.0**	**1450.0**	**1521.4**	**174.8**	**954.5**
北　京		78.4	189.6	113.1	33.1	51.0
天　津						
河　北	0.4	4.7	20.8	25.6	0.7	4.7
山　西	0.1	13.7	44.9	58.0	2.0	46.5
内蒙古			10.5	4.5	1.0	3.5
辽　宁			13.7	13.8		13.1
吉　林			3.5	5.0		5.0
黑龙江		1.6	16.5	15.6	7.7	4.1
上　海	1.6	7.9	5.9	20.7		20.7
江　苏	14.0		116.3	56.4		28.6
浙　江		0.1	7.2	13.8	2.2	5.5
安　徽	0.3	51.9	26.5	18.5		15.6
福　建	2.3	3.5	15.2	34.2		28.9
江　西		10.9	12.0	38.2	0.8	36.8
山　东		72.6	66.4	56.9		24.5
河　南		0.5	14.1	20.5	4.3	16.0
湖　北	2.9	86.3	261.5	122.4	33.3	65.4
湖　南		59.3	104.9	106.0	22.1	22.1
广　东	4.7	86.4	96.9	97.5	20.4	74.2
广　西	0.6	58.8	65.4	153.0	0.4	123.2
海　南		28.6	6.1	8.3	0.5	7.7
重　庆	8.4	11.4	13.2	1.0		1.0
四　川	25.1	47.7	91.4	46.5	8.7	36.3
贵　州	3.1	7.5	68.4	240.9	5.0	189.9
云　南		3.4	36.7	55.3	0.9	29.0
西　藏		0.2	4.7	0.0		
陕　西	1.1	26.8	51.3	108.3	29.4	39.0
甘　肃	1.2	34.9	14.4	15.2	0.7	9.8
青　海	0.0	1.0	1.0	3.9	0.0	3.7
宁　夏		2.7	15.1	48.0	1.5	32.0
新　疆	11.0	13.1	55.8	20.4		16.5

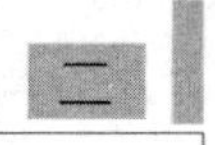

2-5 续表 2 单位：万平方米

地 区	医疗用房屋(卫生医疗用房)	文化、体育和娱乐用房屋	厂房及建筑物	#厂 房	仓 库	其他未列明的房屋建筑物
全国总计	**392.1**	**282.7**	**2077.0**	**1660.4**	**164.6**	**616.8**
北 京	28.9	31.4	50.1	50.1	20.6	90.1
天 津			1.0		13.2	35.1
河 北	20.3	4.2	139.8	123.7	15.5	42.7
山 西	9.5	8.2	43.9	41.9	0.6	12.0
内蒙古		1.2	19.3	18.1		
辽 宁	0.7	2.9	33.7	10.5		3.8
吉 林			5.1			
黑龙江	3.8	0.5	34.5	25.6	4.6	7.8
上 海		3.3	3.6	3.6	1.3	0.9
江 苏	27.8	20.0	57.9	39.7	12.8	1.4
浙 江	6.0	0.6	4.7	1.8	2.0	13.5
安 徽	2.9	0.4	26.9	13.8	11.6	8.9
福 建	5.3	3.0	84.2	77.0	1.5	5.0
江 西	0.6	1.8	76.2	75.0	0.2	4.4
山 东	32.4	2.7	94.8	75.9	3.5	22.2
河 南	0.2		42.9	29.2	11.7	8.9
湖 北	23.6	40.9	292.8	202.4	3.4	1.0
湖 南	61.8	14.9	249.6	242.6	20.5	4.5
广 东	2.9	21.5	243.5	164.1	5.9	47.5
广 西	29.4	22.2	170.7	144.7	4.9	106.5
海 南		1.2	5.7	4.4		0.8
重 庆		1.0	11.4	11.4	2.4	2.7
四 川	1.5	14.2	71.6	54.1	21.8	49.9
贵 州	45.9	50.0	59.8	55.9	1.9	110.9
云 南	25.4	7.8	117.1	104.9		0.0
西 藏	0.0					
陕 西	39.8	21.1	41.9	40.3	1.4	2.8
甘 肃	4.7	3.4	16.3	7.7	2.5	7.0
青 海	0.3	0.6	3.5	3.0	0.0	1.5
宁 夏	14.4	3.5	24.8	18.0	0.5	0.9
新 疆	3.9	0.2	49.6	20.9	0.4	24.3

2-6 各地区按主要用途分的国有建筑业企业房屋竣工价值

单位：万元

地区	总计	住宅房屋	商业及服务用房屋	商厦房屋(批发和零售用房)	宾馆用房屋(住宿用房)	餐饮用房屋(餐饮用房)
全国总计	**49517185**	**30777009**	**5184485**	**2856695**	**522240**	**109450**
北京	4440607	2209193	588014	387857	14530	
天津	682246	355020	200		200	
河北	1356629	556139	18449	2108	196	
山西	1126318	672296	55587	9165	12857	4732
内蒙古	99368	4550	11562		11562	
辽宁	419507	263844	45298	41734		3564
吉林	153601	128531				
黑龙江	532154	383704	25565	3821	17343	
上海	792730	561577	130498	46795	41170	15530
江苏	1379832	873057	60606	2999	100	1235
浙江	262373	152121	20316			19996
安徽	1476456	864483	396664	331536		
福建	1678106	1240505	77617	47375		4396
江西	1112229	768147	61823	39801	7126	297
山东	2055557	977440	573168	405389		
河南	654931	473629	8054	6552		709
湖北	4737956	2189442	970476	611240	106311	600
湖南	3344470	2210185	243629	97869	52034	
广东	5511030	4247483	259870	50901	23071	6
广西	3326804	1875626	407779	266295	22338	1013
海南	220564	76923	84179	10226	710	
重庆	384071	288086	35175	626		
四川	4725241	3689268	310137	134435	12886	15165
贵州	2116857	1045331	55061	22120	7415	
云南	1541017	1092605	170349	11095	152723	
西藏	72404	61717	345			
陕西	2451587	1637035	241820	185856	6508	2223
甘肃	1290434	1006897	143024	59586	15124	5580
青海	53466	15342	4915	2	2	2
宁夏	512638	277324	46716	42660		
新疆	1006005	579509	137591	38651	18035	34402

2-6 续表 1

单位：万元

地　区	商务会展用房屋	其他商业及服务用房屋(居民服务业用房)	办公用房屋	科研、教育和医疗用房屋	科学研究用房屋	教育用房屋
全国总计	**192472**	**1503628**	**3269031**	**3408299**	**434243**	**2048546**
北　京		185627	511251	331821	121354	141185
天　津						
河　北	2114	14031	41238	42293	1529	6625
山　西	160	28673	112766	140152	5258	109563
内蒙古			30082	8990	2102	6888
辽　宁			29969	7661		6431
吉　林			7675	6090		6090
黑龙江		4401	16903	28221	15126	7182
上　海	11623	15380	29890	31351		31351
江　苏	56272		211550	86308		42696
浙　江		320	13569	34406	5095	17308
安　徽	592	64537	43298	33070		23372
福　建	10047	15799	51592	100271		77371
江　西		14600	13768	65562	150	64826
山　东		167779	167059	118847		40516
河　南		793	28563	30218	6564	23265
湖　北	2582	249743	627992	331573	100783	158947
湖　南		93726	258738	204459	13453	60983
广　东	13405	172486	217227	271354	76634	184248
广　西	1751	116381	135455	346945	520	258997
海　南		73243	15184	17895	1083	16812
重　庆	9769	24780	23590	2911		2911
四　川	40224	107427	174769	118445	21531	90845
贵　州	12805	12721	91163	518320	15237	398977
云　南		6531	45839	107760	590	57918
西　藏		345	10265	77		
陕　西	4769	42464	165689	227109	41605	78912
甘　肃	2232	60502	29692	49115	1519	30529
青　海	2	4907	2016	18009	1	17447
宁　夏		4056	31574	103221	4111	65905
新　疆	24126	22377	130665	25845		20445

2-6 续表 2

单位：万元

地　区	医疗用房屋(卫生医疗用房)	文化、体育和娱乐用房屋	厂房及建筑物	#厂　房	仓　库	其他未列明的房屋建筑物
全国总计	**925510**	**750369**	**3768284**	**3004010**	**305300**	**2054407**
北　京	69282	150977	152412	152412	75056	421885
天　津			5803		43108	278114
河　北	34139	28554	386219	320770	14532	269204
山　西	25331	28302	85021	80959	279	31916
内蒙古		2713	41471	32909		
辽　宁	1230	6013	59017	23961		7705
吉　林			11305			
黑龙江	5912	1455	48239	37204	6065	22001
上　海		16915	14242	14242	3780	4477
江　苏	43612	23962	105295	74305	18405	650
浙　江	12003	4268	8552	3234	3268	25873
安　徽	9698	1020	51460	13934	20902	65559
福　建	22900	10900	179198	169243	4589	13434
江　西	587	2630	195350	194131	456	4494
山　东	78331	9881	181679	145910	3974	23509
河　南	389		74837	59494	30862	8767
湖　北	71843	93032	518933	369364	5072	1437
湖　南	130023	35875	348168	339208	23962	19454
广　东	10473	74855	352637	241219	12184	75421
广　西	87428	93640	248826	215818	6716	211816
海　南		2672	22454	9675		1258
重　庆		2000	22429	22429	3753	6128
四　川	6069	26835	148207	111100	11304	246275
贵　州	104106	27261	127683	122364	7139	244900
云　南	49252	6364	118024	86979		75
西　藏	77					
陕　西	106592	78502	90427	86525	3956	7049
甘　肃	17068	11399	39780	11589	1486	9041
青　海	561	1737	5415	4110	5	6028
宁　夏	33204	7859	43239	33293	606	2100
新　疆	5400	749	81965	27630	3844	45838

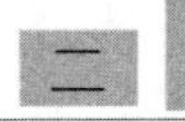

2-7 各地区国有建筑业企业主要生产效益指标

地区	建筑业企业个数（个）	从事建筑业活动的平均人数（人）	按总产值计算的劳动生产率（元/人）	人均竣工产值（元/人）	人均施工面积（平方米/人）	人均竣工面积（平方米/人）
全国总计	**3593**	**5117200**	**466056**	**206922**	**262.6**	**52.7**
北京	115	280903	586155	281005	446.8	68.5
天津	74	129742	532431	136698	113.4	14.6
河北	115	85728	841308	277591	412.1	77.2
山西	143	148146	329902	150853	201.4	43.8
内蒙古	18	19023	737099	135049	249.7	21.9
辽宁	188	119829	351874	149482	68.7	23.1
吉林	64	34418	450984	159563	63.8	24.0
黑龙江	130	160709	265408	121520	65.8	20.2
上海	75	82207	1093213	403102	141.0	42.8
江苏	198	173138	491913	303214	222.9	49.2
浙江	82	62979	395483	254291	58.2	18.2
安徽	110	190552	533228	331656	363.2	50.0
福建	76	138804	371131	191066	211.5	58.4
江西	97	97225	383995	233143	149.5	67.3
山东	311	221903	621882	273092	268.1	52.3
河南	138	170047	398703	149174	146.7	27.0
湖北	217	204372	1097825	412910	698.9	104.1
湖南	183	357139	426218	222241	246.2	60.3
广东	265	407610	449917	239107	361.5	66.1
广西	103	354834	350790	159975	290.4	55.9
海南	16	13359	404405	343902	169.2	67.3
重庆	92	118888	538772	131408	68.3	21.5
四川	183	466152	333904	132065	260.3	58.3
贵州	98	336828	346047	102697	304.4	50.0
云南	95	193369	341850	160263	186.8	50.6
西藏	16	5523	373357	255129	89.5	62.2
陕西	141	236885	464479	184863	248.9	54.2
甘肃	80	103499	426566	213763	236.6	58.4
青海	40	48046	446730	129109	19.1	4.1
宁夏	57	50049	284768	197732	148.6	52.8
新疆	73	105294	336623	206750	163.9	54.9

2-8 各地区国有建筑业企业资产构成

单位：万元

地区	资产合计	流动资产合计	#存货	非流动资产合计	#固定资产合计
全国总计	**311970938**	**246051433**	**50823071**	**65919505**	**19808547**
北京	40447255	31998700	5418675	8448555	1038626
天津	7424233	6410296	849826	1013937	394719
河北	6635210	5441195	1195391	1194014	379556
山西	10201650	7579656	1230417	2621995	404947
内蒙古	2964442	2578281	617277	386161	247577
辽宁	8263564	6952855	1574541	1310708	632458
吉林	1483063	1166294	232192	316769	232697
黑龙江	4448894	3752907	619210	695986	397159
上海	12444691	10167148	2583338	2277543	1020737
江苏	11718212	10194922	2263289	1523290	640957
浙江	3372703	2876653	606322	496050	301876
安徽	10998886	8932159	1992202	2066727	594838
福建	5452277	3944407	587457	1507870	582286
江西	3993995	3203444	447516	790551	335342
山东	20101714	17342571	3890421	2759143	1486976
河南	8691272	7178340	1322117	1512931	925674
湖北	32173634	23448487	6672361	8725148	2748061
湖南	11984621	8538603	1933768	3446018	951877
广东	21408212	15946364	3624423	5461849	1337064
广西	7271895	5965602	1631437	1306293	829007
海南	434409	357321	19465	77088	47432
重庆	8375060	6611247	1425633	1763813	694772
四川	16851370	13469523	4748050	3381847	779817
贵州	17923159	14762500	2035293	3160659	351781
云南	14967492	9210452	501797	5757040	487476
西藏	136964	112915	19493	24048	14131
陕西	10332847	8491601	1360078	1841246	573205
甘肃	3447768	2635475	392932	812294	539241
青海	2872342	2339750	510149	532592	438632
宁夏	1366358	1191936	164570	174421	90826
新疆	3782748	3249828	353433	532921	308799

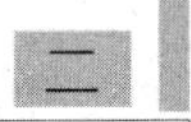

2-9 各地区国有建筑业企业固定资产情况

单位：万元

地 区	固定资产合计	固定资产原价	固定资产折旧	#本年折旧	在建工程
全国总计	**19808547**	**30445823**	**14755635**	**1807317**	**2500080**
北 京	1038626	1751852	871667	23559	184729
天 津	394719	858200	481402	60564	14418
河 北	379556	740292	383985	42845	11636
山 西	404947	593481	267609	36508	44031
内 蒙 古	247577	380463	168250	29383	33092
辽 宁	632458	1236158	676786	56829	40722
吉 林	232697	343877	119810	14914	2440
黑 龙 江	397159	799577	428568	30056	13589
上 海	1020737	1898834	1072965	79736	187725
江 苏	640957	1159090	619699	77469	58535
浙 江	301876	494457	221381	27657	27655
安 徽	594838	1203264	656139	69441	26301
福 建	582286	672341	218777	36766	118253
江 西	335342	455073	169694	21416	19653
山 东	1486976	2308090	1089828	126174	91489
河 南	925674	1135040	561816	74805	70139
湖 北	2748061	3705921	1515299	252411	446117
湖 南	951877	1642785	835339	91281	91665
广 东	1337064	1812180	887428	131112	337587
广 西	829007	1191600	438548	53563	67915
海 南	47432	19216	11311	580	39521
重 庆	694772	910577	474614	82953	225663
四 川	779817	1167246	625865	78645	116894
贵 州	351781	553066	305172	32302	28433
云 南	487476	615291	248024	31700	103681
西 藏	14131	17319	6464	443	235
陕 西	573205	1195256	725036	127245	48025
甘 肃	539241	545624	180479	23729	10065
青 海	438632	456254	256194	55342	6451
宁 夏	90826	166519	85710	6771	4057
新 疆	308799	416880	151777	31117	29365

2-10 各地区国有建筑业企业负债及所有者权益

单位：万元

地区	负债合计	#流动负债	#应付账款	所有者权益	#实收资本
全国总计	**243009376**	**213856572**	**85279442**	**68951887**	**36962151**
北京	32067562	29749310	10847386	8379693	4561756
天津	6009027	5385185	2743918	1415206	832180
河北	5312049	5008851	1630194	1323160	1068860
山西	8555767	6847700	2589298	1645884	863658
内蒙古	1985925	1900770	623639	978517	660751
辽宁	6484623	6163112	2125938	1777953	1142525
吉林	1130650	1090561	480018	352413	260750
黑龙江	3767772	3611218	1388237	681122	710298
上海	10048706	9285172	5036161	2399847	1364652
江苏	8867086	8005557	3617145	2846649	1390910
浙江	2472584	2313827	814920	900119	528179
安徽	8909672	7957872	2673173	2082054	960222
福建	4009780	3255825	1005186	1442497	705365
江西	3149637	2796692	783127	844358	662792
山东	16354853	14522549	6417433	3746861	2196489
河南	6670026	6077042	2305605	2021245	1140231
湖北	24233676	18697310	8987121	7939958	2283724
湖南	8774028	6879995	2665119	3210093	1738922
广东	16415701	15049077	5918510	4992661	2751375
广西	5638918	4868643	1325802	1632977	1076809
海南	325443	283020	114155	108966	79233
重庆	6827908	6041696	2351554	1547152	852461
四川	13437924	12401767	4828619	3412883	1892719
贵州	13865804	10324259	3137712	4057355	1378062
云南	10647973	9377504	3686127	4319519	3312784
西藏	97857	77333	35890	39107	18147
陕西	7931474	7294360	3499024	2401373	1205348
甘肃	2640802	2539863	771109	806967	453073
青海	2211903	2064830	1032318	660439	250973
宁夏	1112433	1105232	550441	253924	174017
新疆	3051813	2880444	1294562	730936	444889

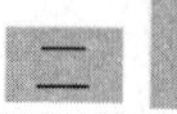

2-11 各地区国有建筑业企业实收资本

单位：万元

地　区	合　计	国家资本	集体资本	法人资本	个人资本	港澳台资本	外商资本
全国总计	**36962151**	**27102579**	**400123**	**9265011**	**194129**	**11**	**298**
北　京	4561756	2380941		2180815			
天　津	832180	633652		198528			
河　北	1068860	908661	-28835	189034			
山　西	863658	752052	3635	98053	9918		
内蒙古	660751	581401		79350			
辽　宁	1142525	1010549	35231	96072	653	10	10
吉　林	260750	178979	1872	79613	271	1	14
黑龙江	710298	445443	589	236050	28216		
上　海	1364652	464049	10100	890503			
江　苏	1390910	1069021	42894	268467	10529		
浙　江	528179	454047	500	63572	10060		
安　徽	960222	637935	99	322188			
福　建	705365	484556	5600	212963	2245		
江　西	662792	432706	6047	218420	5619		
山　东	2196489	1912164	13986	261058	9099		182
河　南	1140231	918847	20112	200237	943		92
湖　北	2283724	2171216	28670	77738	6101		
湖　南	1738922	1337067	23108	361155	17593		
广　东	2751375	1860555	163837	712593	14390		
广　西	1076809	913528	10571	151833	877		
海　南	79233	45633		33600			
重　庆	852461	546960	5900	289599	10002		
四　川	1892719	1014195	21668	825448	31408		
贵　州	1378062	1084671	2685	290407	300		
云　南	3312784	2990623	250	307287	14624		
西　藏	18147	7614	2550	7846	136		
陕　西	1205348	807355	1554	390537	5902		
甘　肃	453073	396332	14051	33690	9000		
青　海	250973	114527	2100	134340	6		
宁　夏	174017	171325	921	901	870		
新　疆	444889	375977	10429	53115	5367		

2-12 各地区国有建筑业企业收入情况

单位：万元

地 区	主营业务收入	#主营业务成本	#主营业务税金及附加	其他业务收入	#其他业务成本	#其他业务利润
全国总计	**244685781**	**221568946**	**3339571**	**4412896**	**7715209**	**240035**
北 京	20159200	18703465	166051	77676	56458	19805
天 津	5727179	5197665	56957	52373	39017	14143
河 北	6533344	6091152	117810	49980	49188	1421
山 西	4904793	4481832	72394	46903	36458	12578
内 蒙 古	1377364	1212992	13231	8092	6273	540
辽 宁	4799469	4312726	68467	109433	137093	6230
吉 林	1434255	1141626	19188	69058	226415	1314
黑 龙 江	3699341	3454388	60998	12634	45310	2757
上 海	10778295	9804667	113559	44344	37359	4036
江 苏	9327715	8425452	159243	323564	421934	9205
浙 江	2619776	2365961	28766	18016	11513	4898
安 徽	8632474	7853259	115794	143926	205191	6528
福 建	4749580	3940160	65931	60784	541380	8738
江 西	3083950	2584200	74414	165168	398779	3336
山 东	14689401	13424528	212501	242535	250420	15709
河 南	7446696	6497695	129556	65661	70781	5951
湖 北	25831462	23201571	313063	201068	327572	32004
湖 南	15333337	14089606	287163	1582383	1517982	6616
广 东	22613331	21207293	303206	87183	109877	25895
广 西	11246230	10257208	148254	132083	490222	10834
海 南	502734	464240	8894	3855	3671	411
重 庆	5758311	5258237	109789	21828	24594	1319
四 川	12890252	11549909	178006	113000	313035	3535
贵 州	11352861	9516706	139623	50470	1129119	8232
云 南	6385835	5967432	51833	280783	182144	9022
西 藏	168792	145196	2511	2133	9746	1026
陕 西	11255838	10449401	192483	70132	59844	8783
甘 肃	4033501	3170300	60270	131177	781010	7218
青 海	2555294	2311723	14119	89956	93916	3198
宁 夏	1475855	1387960	18786	18194	15344	2515
新 疆	3319318	3100397	36711	138505	123562	2239

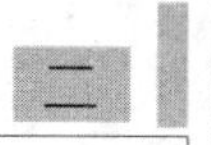

2-13 各地区国有建筑业企业费用情况

单位：万元

地　区	管理费用	#税　金	销售费用	财务费用	#利息收入	#利息支出
全国总计	**8659733**	**211718**	**459747**	**1674752**	**713791**	**2226369**
北　京	884982	8403	28260	128061	207490	315597
天　津	304950	3444	6914	4611	10736	24050
河　北	248046	7756	2934	27181	2200	26274
山　西	210860	4022	4559	76059	20579	79275
内蒙古	76142	1554	774	23581	2173	24583
辽　宁	257839	15824	5594	48935	8562	42712
吉　林	61361	1262	1153	3519	1398	4232
黑龙江	123670	2402	6605	4557	923	7943
上　海	521206	4388	28769	51104	47295	70853
江　苏	313999	5875	21925	20608	14854	46655
浙　江	133086	3019	2770	5656	4166	11718
安　徽	297199	7382	10419	99625	16407	105016
福　建	148232	3775	3190	27053	10726	21828
江　西	125367	5614	4945	25156	1139	15716
山　东	513647	16557	16749	124085	21227	111366
河　南	381652	29905	22244	38427	14045	159105
湖　北	1019944	14643	146702	293091	71087	297488
湖　南	521436	11152	19241	73784	35214	118932
广　东	569367	10065	17241	92698	22426	98474
广　西	230865	6754	10420	120290	10802	107204
海　南	11636	201	388	481	43	540
重　庆	187197	10382	5507	19868	7763	28901
四　川	428061	9171	55981	101501	47283	133634
贵　州	216867	3303	3059	124117	33103	153352
云　南	183869	3952	5718	70660	48424	104539
西　藏	5254	395	89	14	19	37
陕　西	311303	9266	22490	33023	27503	55670
甘　肃	100277	2727	2984	14033	3981	12882
青　海	125128	3632	372	5793	11650	20553
宁　夏	46337	2015	705	3986	360	3938
新　疆	99957	2879	1049	13196	10215	23305

2-14 各地区国有建筑业企业利润及税金情况

单位：万元

地区	利润总额	#应交所得税	税金总额	主营业务税金及附加	管理费用中的税金	应交增值税
全国总计	**6202457**	**1322543**	**6656393**	**3339571**	**211718**	**3105105**
北京	611405	75058	459476	166051	8403	285023
天津	164132	32111	182931	56957	3444	122530
河北	44383	21235	172884	117810	7756	47318
山西	85939	16123	154380	72394	4022	77964
内蒙古	49056	6276	26927	13231	1554	12143
辽宁	86051	31453	135791	68467	15824	51499
吉林	28493	6755	40022	19188	1262	19571
黑龙江	37514	11665	92397	60998	2402	28997
上海	299550	61696	223457	113559	4388	105509
江苏	271969	56379	230730	159243	5875	65612
浙江	69856	27468	66575	28766	3019	34789
安徽	189989	33351	209308	115794	7382	86133
福建	94080	32556	117656	65931	3775	47951
江西	46850	15350	100123	74414	5614	20094
山东	395664	101320	420351	212501	16557	191293
河南	333435	84076	326056	129556	29905	166595
湖北	851647	175523	758852	313063	14643	431147
湖南	331083	75013	486916	287163	11152	188601
广东	522704	127457	504028	303206	10065	190757
广西	164067	33785	324674	148254	6754	169666
海南	16104	9858	14034	8894	201	4939
重庆	185731	34226	180255	109789	10382	60084
四川	340639	51482	309231	178006	9171	122054
贵州	245345	52134	288993	139623	3303	146067
云南	221101	46001	117333	51833	3952	61548
西藏	6937	1447	4309	2511	395	1403
陕西	265969	48419	372899	192483	9266	171151
甘肃	40962	9849	99607	60270	2727	36611
青海	97636	12563	71081	14119	3632	53330
宁夏	20830	8626	43381	18786	2015	22579
新疆	83336	23289	121737	36711	2879	82147

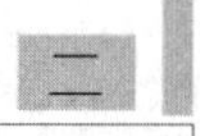

2-15 各地区国有建筑业企业应收工程款及企业亏损情况

地区	应收工程款（万元）	企业个数（个）	#亏损企业个数	亏损企业的比重（%）
全国总计	**62501132**	**3593**	**521**	**14.5**
北京	5058569	115	21	18.3
天津	1826692	74	10	13.5
河北	1998562	115	17	14.8
山西	2627780	143	29	20.3
内蒙古	643337	18	4	22.2
辽宁	2055205	188	38	20.2
吉林	346411	64	16	25.0
黑龙江	1617715	130	29	22.3
上海	2729237	75	6	8.0
江苏	2735161	198	11	5.6
浙江	556275	82	4	4.9
安徽	2796197	110	8	7.3
福建	719285	76	8	10.5
江西	745472	97	13	13.4
山东	5260386	311	51	16.4
河南	1894501	138	18	13.0
湖北	4007232	217	18	8.3
湖南	2261450	183	17	9.3
广东	3650544	265	40	15.1
广西	1297695	103	23	22.3
海南	70224	16	4	25.0
重庆	1783027	92	8	8.7
四川	3634054	183	29	15.8
贵州	2523324	98	21	21.4
云南	3729725	95	18	18.9
西藏	36166	16	2	12.5
陕西	2920714	141	18	12.8
甘肃	910750	80	18	22.5
青海	513480	40	6	15.0
宁夏	530760	57	8	14.0
新疆	1021202	73	8	11.0

2-16 各地区国有建筑业企业主要经济效益指标

地　　区	产值利润率(%)	产值利税率(%)	资本利润率(%)	资本利税率(%)	人均利润(元/人)	人均利税(元/人)	资产负债率(%)
全国总计	**2.6**	**5.4**	**16.8**	**34.8**	**12121**	**25129**	**77.9**
北　京	3.7	6.5	13.4	23.5	21766	38123	79.3
天　津	2.4	5.0	19.7	41.7	12651	26750	80.9
河　北	0.6	3.0	4.2	20.3	5177	25344	80.1
山　西	1.8	4.9	10.0	27.8	5801	16222	83.9
内蒙古	3.5	5.4	7.4	11.5	25788	39943	67.0
辽　宁	2.0	5.3	7.5	19.4	7181	18513	78.5
吉　林	1.8	4.4	10.9	26.3	8279	19907	76.2
黑龙江	0.9	3.0	5.3	18.3	2334	8084	84.7
上　海	3.3	5.8	22.0	38.3	36438	63621	80.7
江　苏	3.2	5.9	19.6	36.1	15708	29035	75.7
浙　江	2.8	5.5	13.2	25.8	11092	21663	73.3
安　徽	1.9	3.9	19.8	41.6	9970	20955	81.0
福　建	1.8	4.1	13.3	30.0	6778	15254	73.5
江　西	1.3	3.9	7.1	22.2	4819	15117	78.9
山　东	2.9	5.9	18.0	37.2	17830	36773	81.4
河　南	4.9	9.7	29.2	57.8	19608	38783	76.7
湖　北	3.8	7.2	37.3	70.5	41671	78802	75.3
湖　南	2.2	5.4	19.0	47.0	9270	22904	73.2
广　东	2.9	5.6	19.0	37.3	12824	25189	76.7
广　西	1.3	3.9	15.2	45.4	4624	13774	77.5
海　南	3.0	5.6	20.3	38.0	12054	22560	74.9
重　庆	2.9	5.7	21.8	42.9	15622	30784	81.5
四　川	2.2	4.2	18.0	34.3	7307	13941	79.7
贵　州	2.1	4.6	17.8	38.8	7284	15864	77.4
云　南	3.3	5.1	6.7	10.2	11434	17502	71.1
西　藏	3.4	5.5	38.2	62.0	12561	20363	71.4
陕　西	2.4	5.8	22.1	53.0	11228	26970	76.8
甘　肃	0.9	3.2	9.0	31.0	3958	13582	76.6
青　海	4.5	7.9	38.9	67.2	20321	35116	77.0
宁　夏	1.5	4.5	12.0	36.9	4162	12830	81.4
新　疆	2.4	5.8	18.7	46.1	7915	19476	80.7

2-17 各地区集体建筑业企业签订合同情况

单位：万元

地 区	签订合同额	上年结转合同额	本年新签合同额
全国总计	**62250339**	**20046102**	**42204237**
北 京	2558192	1184306	1373886
天 津	2497595	776261	1721334
河 北	2375375	361600	2013774
山 西	613788	214801	398987
内蒙古	179908	830	179078
辽 宁	1790357	500493	1289865
吉 林	169579	21234	148346
黑龙江	1154593	204337	950256
上 海	374961	158431	216530
江 苏	1723216	371142	1352074
浙 江	4327952	1348035	2979917
安 徽	1038115	237709	800407
福 建	2462553	1679064	783489
江 西	4047003	1440796	2606207
山 东	5108768	1519951	3588817
河 南	2267338	697265	1570074
湖 北	840737	158049	682688
湖 南	3464736	1158907	2305829
广 东	8068263	3294217	4774047
广 西	2953057	889903	2063154
海 南	336067	122430	213637
重 庆	1615829	313915	1301914
四 川	4822135	1255800	3566335
贵 州	915312	358584	556727
云 南	1815523	399884	1415639
西 藏	22658	10657	12001
陕 西	2597119	796690	1800428
甘 肃	1560283	408747	1151537
青 海	211256	57207	154049
宁 夏	150849	60015	90834
新 疆	187224	44845	142378

2-18 各地区集体建筑业企业承包工程完成情况

单位：万元

地　区	直接从建设单位承揽工程完成的产值	自行完成施工产值	分包出去工程的产值	从建设单位以外承揽工程完成的产值
全国总计	**43578703**	**43274532**	**304171**	**612925**
北　京	1398805	1349544	49260	52410
天　津	1565191	1563658	1533	23184
河　北	1267175	1264049	3126	23000
山　西	406921	406921		1583
内蒙古	179431	179431		
辽　宁	1347034	1346609	425	6886
吉　林	159328	156970	2358	6548
黑龙江	1067949	1066641	1308	6419
上　海	254844	248120	6725	15723
江　苏	1372634	1352275	20359	36643
浙　江	2605496	2604773	723	41479
安　徽	888283	863330	24953	24941
福　建	1004229	988203	16026	
江　西	3096961	3071317	25644	28354
山　东	4040309	4023912	16397	41663
河　南	1924887	1917942	6945	67419
湖　北	767347	760385	6961	18769
湖　南	2577227	2570970	6257	18458
广　东	4239845	4215584	24261	28598
广　西	2159787	2155697	4090	11572
海　南	254505	253544	961	13231
重　庆	1394481	1392062	2418	6625
四　川	3886108	3852026	34082	46975
贵　州	498092	494617	3475	12990
云　南	1498015	1492137	5878	7590
西　藏	23722	23722		
陕　西	2135443	2115779	19664	40271
甘　肃	1195822	1184646	11176	19883
青　海	147593	139461	8132	11395
宁　夏	82597	82597		
新　疆	138646	137611	1035	318

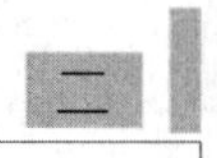

2-19　各地区集体企业建筑业总产值和竣工产值

单位：万元

地　区	建筑业总产值	#装饰装修产值	#在外省完成的产值	按构成分组			竣工产值
				建筑工程产值	安装工程产值	其他产值	
全国总计	**43887457**	**1989647**	**4262658**	**37584049**	**4681296**	**1622112**	**30902945**
北　京	1401954	153902	53910	1375658	23725	2571	914159
天　津	1586842	143632	84548	1015601	382396	188845	896614
河　北	1287049	122250	179757	1101715	158776	26558	664697
山　西	408504	7297		283928	77677	46899	219061
内蒙古	179431			164094	1361	13977	179247
辽　宁	1353494	36250	2544	886292	347829	119374	851240
吉　林	163518	5428	184	69101	89097	5321	132731
黑龙江	1073060	21251	1541	900181	147162	25717	847534
上　海	263843	53422	13352	197668	63392	2783	190005
江　苏	1388918	93840	313621	1327941	52953	8024	1215941
浙　江	2646252	23141	1291369	2303506	328320	14425	2166784
安　徽	888270	16860	301583	383159	280114	224998	823364
福　建	988203	25372	364957	943243	44960		701957
江　西	3099671	150015	239950	2938723	113537	47412	2153264
山　东	4065575	209937	139302	3689830	313720	62025	2935734
河　南	1985361	74050	18589	1642244	170424	172694	1237222
湖　北	779155	10025	2375	673844	98280	7030	622050
湖　南	2589428	186502	236886	2225851	263351	100226	2042778
广　东	4244182	273740	225645	3744825	381603	117753	3182252
广　西	2167269	115305	11078	1982314	97739	87215	1367443
海　南	266775	3614		224756	22303	19717	203581
重　庆	1398687	30471	31296	1342446	34049	22192	948762
四　川	3899001	106596	645583	3051892	711673	135437	2504447
贵　州	507608	42167		465852	25759	15996	330149
云　南	1499727	35556		1390456	46402	62870	1188846
西　藏	23722	1500		21522		2200	10663
陕　西	2156051	24033	10874	1899054	209069	47928	1246508
甘　肃	1204529	23494	93715	1051772	137807	14949	865738
青　海	150855			128102	12292	10462	99103
宁　夏	82597			80640	1957		69063
新　疆	137929			77844	43570	16515	92009

2-20 各地区集体建筑业企业房屋建筑面积

地　　区	房　　屋 施工面积 (万平方米)	#本年新开工	#实行投标 承包面积	房　　屋 竣工面积 (万平方米)	房屋竣工率 (%)
全国总计	**31213.2**	**16796.6**	**19933.0**	**15804.7**	**50.6**
北　　京	998.1	217.4	763.4	166.1	16.6
天　　津	587.5	212.2	416.5	222.1	37.8
河　　北	881.6	481.1	640.2	347.8	39.5
山　　西	198.0	100.8	66.7	86.2	43.5
内 蒙 古	108.8	105.1	62.8	108.5	99.8
辽　　宁	733.4	411.3	488.6	420.6	57.4
吉　　林	70.0	67.2	52.1	12.8	18.2
黑 龙 江	416.0	364.7	215.8	258.7	62.2
上　　海	84.8	28.2	53.8	39.6	46.6
江　　苏	716.9	407.5	478.2	384.5	53.6
浙　　江	2511.9	1446.3	791.8	1009.7	40.2
安　　徽	394.7	267.5	336.7	321.3	81.4
福　　建	1234.7	347.9	967.0	331.6	26.9
江　　西	2196.2	1331.4	1569.6	1430.3	65.1
山　　东	3752.8	2114.2	2867.4	1848.3	49.3
河　　南	1513.6	889.7	1269.5	882.1	58.3
湖　　北	545.3	371.4	312.4	400.6	73.5
湖　　南	2526.8	1453.8	1926.7	1506.9	59.6
广　　东	4124.3	1594.6	2061.4	1685.7	40.9
广　　西	1758.9	964.6	1164.3	872.7	49.6
海　　南	149.1	117.2	62.1	135.6	91.0
重　　庆	570.2	280.1	179.4	347.5	61.0
四　　川	1790.0	1200.7	1005.4	1114.2	62.2
贵　　州	444.0	276.9	247.8	200.8	45.2
云　　南	695.1	473.7	377.2	473.4	68.1
西　　藏	11.6	1.9	1.7	6.7	58.0
陕　　西	1302.6	717.4	956.6	718.9	55.2
甘　　肃	786.7	493.5	525.4	411.5	52.3
青　　海	30.1	19.9	14.0	22.6	75.3
宁　　夏	63.4	24.4	44.3	31.2	49.3
新　　疆	16.4	14.0	14.0	6.0	36.9

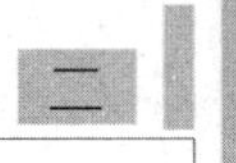

2-21 各地区按主要用途分的集体建筑业企业房屋竣工面积

单位：万平方米

地区	总计	住宅房屋	商业及服务用房屋			
				商厦房屋(批发和零售用房)	宾馆用房屋(住宿用房)	餐饮用房屋(餐饮用房)
全国总计	**15804.7**	**10896.8**	**1017.0**	**385.5**	**108.7**	**56.3**
北京	166.1	104.1	36.3	18.4		0.9
天津	222.1	178.9	9.2	1.9		
河北	347.8	264.1	30.8	9.6	8.3	3.5
山西	86.2	73.7	1.2			
内蒙古	108.5	58.9	5.5			
辽宁	420.6	309.3	10.6	5.2	0.9	0.1
吉林	12.8	10.8				
黑龙江	258.7	146.0	1.2	0.6	0.4	
上海	39.6	17.4	4.2	4.2		
江苏	384.5	250.2	8.6	5.7		1.4
浙江	1009.7	725.8	43.6	9.2		3.9
安徽	321.3	212.6	9.8	3.3	0.5	0.2
福建	331.6	263.0	14.7			
江西	1430.3	964.5	181.9	74.3	4.4	0.6
山东	1848.3	1479.9	112.5	46.9	12.5	1.1
河南	882.1	604.3	63.8	12.3	21.9	17.8
湖北	400.6	307.3	38.6	32.6	2.5	2.5
湖南	1506.9	1013.1	54.9	23.4	7.3	2.6
广东	1685.7	999.2	98.4	49.8	21.5	4.8
广西	872.7	486.2	43.4	10.6	3.0	0.1
海南	135.6	80.1	11.3	8.1	1.4	
重庆	347.5	248.5	41.6	21.7		
四川	1114.2	863.6	82.0	32.5	3.4	1.5
贵州	200.8	111.6	16.6	0.9	3.4	0.7
云南	473.4	285.6	39.2	1.9	11.4	7.1
西藏	6.7	6.7				
陕西	718.9	538.6	32.7	7.5	1.9	6.5
甘肃	411.5	255.1	20.7	4.8	3.9	0.9
青海	22.6	12.0	0.2			
宁夏	31.2	22.0	1.8			
新疆	6.0	3.6	1.9			

2-21 续表 1 单位：万平方米

地区	商务会展用房屋	其他商业及服务用房屋(居民服务业用房)	办公用房屋	科研、教育和医疗用房屋	科学研究用房屋	教育用房屋
全国总计	**33.6**	**432.8**	**783.6**	**1018.4**	**62.2**	**817.9**
北京		16.9	11.2	4.1		3.7
天津		7.3	13.3	12.8	1.1	11.7
河北		9.4	8.5	16.0		16.0
山西	0.0	1.2	0.4	2.9		2.4
内蒙古		5.5	1.4	7.8		1.6
辽宁	1.1	3.4	8.0	31.8	1.7	30.1
吉林			0.9			
黑龙江		0.1	23.6	7.3		5.5
上海			2.4	3.6		3.6
江苏		1.5	6.2	10.9		10.9
浙江	10.0	20.5	38.1	13.9		13.8
安徽	1.4	4.3	37.7	28.2	1.4	23.9
福建		14.7	33.2	8.3		8.3
江西	8.0	94.6	50.1	70.8	11.9	46.6
山东	1.6	50.4	27.7	59.6	1.4	57.3
河南	5.3	6.5	54.8	64.6	4.3	49.1
湖北	0.0	1.1	8.0	15.8	0.0	14.8
湖南	3.0	18.5	120.7	137.5	4.4	108.1
广东	1.2	21.2	88.0	121.0	24.4	76.9
广西	0.7	29.0	67.6	159.0	1.0	143.1
海南		1.8	6.5	23.0		20.1
重庆		19.9	1.6	7.4		5.7
四川	0.0	44.6	41.3	38.0	2.1	23.9
贵州		11.5	15.1	30.9	2.7	25.2
云南	1.3	17.5	22.5	45.1	4.6	36.8
西藏						
陕西	0.1	16.8	50.7	42.9	1.1	35.0
甘肃	0.1	11.0	39.8	49.0	0.1	38.6
青海		0.2	1.9	3.7		2.9
宁夏		1.8	2.4	1.7		1.7
新疆		1.9		0.5		0.5

2-21 续表 2 单位：万平方米

地 区	医疗用房屋(卫生医疗用房)	文化、体育和娱乐用房屋	厂房及建筑物	#厂 房	仓 库	其他未列明的房屋建筑物
全国总计	**138.2**	**141.4**	**1346.1**	**828.6**	**110.8**	**490.8**
北 京	0.4	0.9	9.1	5.7	0.0	0.4
天 津		0.1	4.7	4.0	2.8	0.4
河 北			11.4	10.3	6.8	10.1
山 西	0.5		7.5	5.2	0.1	0.3
内 蒙 古	6.2		2.8	2.8		32.1
辽 宁	0.1	0.6	51.6	32.5	1.3	7.3
吉 林			1.0			
黑 龙 江	1.9		53.8	4.4	12.0	14.9
上 海			11.8	0.0	0.1	
江 苏		0.9	93.3	69.7	10.6	3.9
浙 江	0.1	12.9	163.8	150.2	0.3	11.5
安 徽	2.9	0.2	25.9	20.8	1.0	5.8
福 建		0.8	6.2	0.4	1.7	3.7
江 西	12.3	4.5	123.5	85.8	14.1	20.9
山 东	1.0	2.5	137.0	49.7	14.3	14.8
河 南	11.2	5.3	60.3	38.2	11.8	17.3
湖 北	1.0	0.2	26.6	16.8	0.0	4.0
湖 南	25.0	15.9	92.8	22.2	11.1	60.9
广 东	19.7	17.7	267.5	184.9	11.6	82.2
广 西	14.9	19.6	30.0	17.8	2.7	64.2
海 南	2.9	2.4	0.4			11.8
重 庆	1.7	2.0	24.4	24.2	0.2	21.8
四 川	11.9	30.2	48.0	27.0	5.3	5.7
贵 州	3.0	1.6	3.3	1.8	0.7	21.1
云 南	3.7	5.5	54.3	37.2	1.2	19.9
西 藏						
陕 西	6.8	3.3	21.8	10.1	0.8	28.1
甘 肃	10.3	12.9	9.5	4.3	0.2	24.3
青 海	0.8	1.4	0.4	0.2	0.0	3.1
宁 夏			3.3	2.4		
新 疆						

2-22 各地区按主要用途分的集体建筑业企业房屋竣工价值

单位：万元

地区	总计	住宅房屋	商业及服务用房屋	商厦房屋(批发和零售用房)	宾馆用房屋(住宿用房)	餐饮用房屋(餐饮用房)
全国总计	**21629879**	**14991106**	**1570308**	**603856**	**147252**	**74319**
北京	394742	241813	83336	38080		3466
天津	460322	356187	21294	4739		
河北	486298	361553	57682	15566	18873	8048
山西	86530	74926	3186			
内蒙古	175880	88775	2200			
辽宁	505286	381316	17219	9255	2067	344
吉林	17512	14508				
黑龙江	390904	229189	2384	1118	1000	
上海	72029	30950	5150	5150		
江苏	502013	348558	15213	9478		3005
浙江	1716443	1269320	120428	13547		12017
安徽	338467	233716	10751	3509	475	279
福建	606618	444857	45129			
江西	1805623	1285419	221404	76304	5067	728
山东	2179633	1732248	160650	85330	9728	1041
河南	973202	687920	67677	13381	23038	19085
湖北	463902	350140	55736	48609	2437	3469
湖南	1687720	1145272	71206	30945	8265	2889
广东	2549579	1598477	179485	108883	29058	5678
广西	1078411	605768	53809	11292	3814	242
海南	182895	107891	21732	17254	2360	
重庆	582253	399394	58583	37335		
四川	1492311	1132019	129418	50895	6446	2329
贵州	261269	148612	21406	897	4104	861
云南	767480	438044	53394	3291	19467	1732
西藏	9993	9993				
陕西	1030321	776143	47895	9907	2460	7228
甘肃	716693	440649	36696	9092	8594	1880
青海	42712	21634	3600			
宁夏	44330	30159	1510			
新疆	8509	5659	2136			

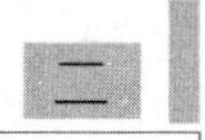

2-22 续表 1

单位：万元

地区	商务会展用房屋	其他商业及服务用房屋(居民服务业用房)	办公用房屋	科研、教育和医疗用房屋	科学研究用房屋	教育用房屋
全国总计	**51498**	**693382**	**1094172**	**1391033**	**117979**	**1079496**
北京		41790	29065	18571		16357
天津		16555	34812	35306	2850	32456
河北		15195	14270	23055		23055
山西	30	3156	250	3287		2855
内蒙古		2200	1187	20200		1116
辽宁	2300	3253	12167	26558	3846	22612
吉林			1557			
黑龙江		266	41031	16544		11635
上海			2705	10252		10252
江苏		2730	6230	13360		13360
浙江	22731	72133	59754	25530		25347
安徽	1634	4854	38485	26142	1903	22240
福建		45129	77645	16401		16401
江西	11589	127717	55364	76986	15099	46245
山东	832	63720	32023	73445	998	71539
河南	5042	7131	63895	61685	3604	47922
湖北	10	1211	7835	17744	93	16536
湖南	2617	26490	107081	158130	5402	122428
广东	1871	33996	130104	195224	66212	96040
广西	753	37709	88554	213679	2388	192709
海南		2118	7681	28745		24075
重庆		21248	3963	9448		6940
四川	68	69680	55525	57606	2437	38754
贵州		15544	17120	42276	2921	35021
云南	1837	27067	45184	76791	8301	62474
西藏						
陕西	40	28260	73537	52402	1658	42323
甘肃	144	16986	79095	78659	270	67607
青海		3600	3302	8308		6500
宁夏		1510	4753	3987		3987
新疆		2136		714		714

2-22 续表 2

单位：万元

地 区	医疗用房屋(卫生医疗用房)	文化、体育和娱乐用房屋	厂房及建筑物	#厂 房	仓 库	其他未列明的房屋建筑物
全国总计	**193558**	**184291**	**1575988**	**955508**	**116988**	**705994**
北 京	2214	1886	17840	10593	92	2138
天 津		240	10036	7883	1997	450
河 北			16390	13089	8889	4459
山 西	433		4396	3052	155	330
内蒙古	19084		1160	1160		62358
辽 宁	100	859	55258	34362	1598	10312
吉 林			1447			
黑龙江	4909		69070	6556	16704	15981
上 海			22726	25	247	
江 苏		1148	100020	78055	8254	9231
浙 江	183	21945	203630	187162	362	15474
安 徽	2000	354	22039	19324	1137	5843
福 建		1169	7936	930	1823	11658
江 西	15642	9764	130624	87229	12321	13741
山 东	909	3096	150057	54213	12942	15172
河 南	10159	3951	57744	37976	10178	20152
湖 北	1116	129	28425	17475	15	3878
湖 南	30301	15627	105415	27461	12289	72700
广 东	32972	15609	294834	206044	12159	123687
广 西	18583	22074	32962	19598	5339	56226
海 南	4670	4197	355			12295
重 庆	2509	2950	23818	23708	202	83895
四 川	16415	41918	61746	29547	5506	8573
贵 州	4334	1674	3503	1832	885	25793
云 南	6017	7481	107255	68397	1843	37489
西 藏						
陕 西	8421	4934	29462	12346	1682	44266
甘 肃	10782	22286	13444	4538	297	45569
青 海	1807	1002	473	301	71	4323
宁 夏			3922	2653		
新 疆						

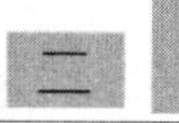

2-23 各地区集体建筑业企业主要生产效益指标

地区	建筑业企业个数(个)	从事建筑业活动的平均人数(人)	按总产值计算的劳动生产率(元/人)	人均竣工产值(元/人)	人均施工面积(平方米/人)	人均竣工面积(平方米/人)
全国总计	**3154**	**1806327**	**242965**	**171082**	**172.8**	**87.5**
北京	126	34172	410264	267517	292.1	48.6
天津	46	29077	545738	308359	202.0	76.4
河北	76	41761	308194	159167	211.1	83.3
山西	82	20993	194590	104349	94.3	41.0
内蒙古	7	4535	395658	395252	239.8	239.3
辽宁	218	81270	166543	104742	90.2	51.8
吉林	38	6955	235109	190843	100.6	18.4
黑龙江	83	40947	262061	206983	101.6	63.2
上海	39	13569	194445	140029	62.5	29.1
江苏	111	54370	255457	223642	131.9	70.7
浙江	80	91917	287896	235733	273.3	109.9
安徽	76	40300	220414	204309	97.9	79.7
福建	36	42219	234066	166266	292.5	78.5
江西	163	107491	288366	200320	204.3	133.1
山东	406	193987	209580	151337	193.5	95.3
河南	141	78965	251423	156680	191.7	111.7
湖北	88	34288	227238	181419	159.0	116.8
湖南	173	108874	237837	187628	232.1	138.4
广东	297	174087	243797	182797	236.9	96.8
广西	161	81882	264682	167002	214.8	106.6
海南	16	10174	262213	200099	146.6	133.3
重庆	71	51110	273662	185631	111.6	68.0
四川	157	221934	175683	112846	80.7	50.2
贵州	65	23310	217764	141634	190.5	86.1
云南	135	54963	272861	216299	126.5	86.1
西藏	8	1059	224001	100690	109.2	63.3
陕西	125	85022	253587	146610	153.2	84.6
甘肃	82	61885	194640	139895	127.1	66.5
青海	24	8055	187282	123032	37.3	28.1
宁夏	10	2977	277450	231990	212.9	104.9
新疆	14	4179	330053	220169	39.2	14.4

2-24 各地区集体建筑业企业资产构成

单位：万元

地区	资产合计	流动资产合计	#存货	非流动资产合计	#固定资产合计
全国总计	**26853005**	**20725039**	**4166528**	**6127967**	**3570271**
北京	2500266	2169002	661996	331265	96736
天津	2028208	1858269	425300	169939	47434
河北	545408	368050	55887	177358	94972
山西	585113	481856	56510	103258	64369
内蒙古	34249	18210	563	16040	13817
辽宁	1356657	1004629	109851	352028	141875
吉林	204499	160511	26107	43989	25146
黑龙江	559093	438915	20505	120178	82378
上海	246095	226328	29053	19767	12086
江苏	1081108	856805	168364	224304	128035
浙江	962924	827219	238317	135705	98962
安徽	677597	473144	78522	204453	90837
福建	448657	387242	82129	61415	30388
江西	1519109	1122027	267172	397082	219864
山东	3461252	2673983	590244	787269	512322
河南	628881	425507	83194	203374	156084
湖北	393454	264993	59641	128462	105555
湖南	1053175	672258	144890	380917	256649
广东	2316201	1730568	336891	585633	406023
广西	834325	629687	90568	204638	131810
海南	85200	72810	1730	12390	11319
重庆	486215	316720	59802	169495	46189
四川	1304284	890421	188097	413863	135985
贵州	313385	233643	55972	79742	62909
云南	763710	566949	49034	196761	153939
西藏	123428	88586	8585	34842	12045
陕西	1325099	1013973	134102	311126	230343
甘肃	647476	460819	132275	186657	159211
青海	105084	84234	7243	20850	17265
宁夏	123163	107231	1217	15932	9008
新疆	139691	100450	2768	39240	16716

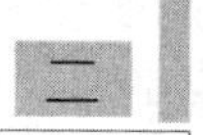

2-25 各地区集体建筑业企业固定资产情况

单位：万元

地　　区	固定资产合计	固定资产原价	固定资产折旧	#本年折旧	在建工程
全国总计	**3570271**	**4487396**	**1806030**	**235482**	**432319**
北　京	96736	189115	94432	8569	2027
天　津	47434	65582	27459	4797	2317
河　北	94972	116241	38885	2677	11208
山　西	64369	101707	42644	12049	1827
内蒙古	13817	16785	3082	336	92
辽　宁	141875	233137	120478	6478	6542
吉　林	25146	42047	19811	1173	878
黑龙江	82378	119951	46575	4964	899
上　海	12086	23819	11807	1381	64
江　苏	128035	187693	78320	9670	9469
浙　江	98962	155200	61947	6526	2061
安　徽	90837	133347	60869	6450	8690
福　建	30388	40216	15292	1515	1583
江　西	219864	227951	77172	11892	35870
山　东	512322	587438	245677	33297	32153
河　南	156084	210723	84529	10007	12993
湖　北	105555	108526	43047	5430	31812
湖　南	256649	235678	81973	14394	36183
广　东	406023	466193	189148	34985	95694
广　西	131810	140893	43873	5775	19780
海　南	11319	13800	5994	279	384
重　庆	46189	56684	24623	6279	8405
四　川	135985	194953	95246	8077	18751
贵　州	62909	56008	11829	2574	14829
云　南	153939	201847	76618	12571	19518
西　藏	12045	14663	4240	369	767
陕　西	230343	284005	97037	13490	24923
甘　肃	159211	189242	68591	6528	31126
青　海	17265	26209	12269	532	1381
宁　夏	9008	14932	6004	54	14
新　疆	16716	32814	16559	2366	80

2-26 各地区集体建筑业企业负债及所有者权益

单位：万元

地　区	负债合计	#流动负债	#应付账款	所有者权益	#实收资本
全国总计	**16719565**	**14797708**	**4264901**	**10118485**	**5531269**
北　京	1964603	1956654	416708	535663	268215
天　津	1648947	1601406	651161	379261	151283
河　北	287439	275995	74120	257969	128041
山　西	427731	417427	113208	157383	107656
内蒙古	16133	14970	952	18117	14924
辽　宁	972967	766053	205950	376985	242319
吉　林	139323	138743	72523	65176	34921
黑龙江	386838	377764	132340	172255	109790
上　海	152962	129366	39811	93132	56827
江　苏	602826	548761	207239	476641	201032
浙　江	608576	598525	136424	354349	168162
安　徽	370629	304688	84527	306968	112313
福　建	290004	287025	52816	158653	106233
江　西	864402	715483	113367	654706	352413
山　东	2205086	1942260	582495	1256166	682481
河　南	287565	223708	67950	341316	208227
湖　北	199282	174346	38439	194173	114432
湖　南	509018	395963	94031	544157	304576
广　东	1359224	1149495	281221	950369	549321
广　西	479529	417068	74714	354796	219601
海　南	46541	45763	17527	38659	10579
重　庆	333059	224909	80305	153156	95407
四　川	636229	475273	213396	668055	246120
贵　州	161867	124983	28205	151518	110127
云　南	375930	290193	73798	387780	183893
西　藏	98601	97482	30475	24827	14138
陕　西	610896	519866	165771	714203	536245
甘　肃	425950	346357	119636	221526	146106
青　海	62976	59904	18565	42108	20406
宁　夏	88078	76983	17976	35085	14334
新　疆	106357	100300	59255	33334	21146

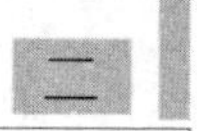

2-27 各地区集体建筑业企业实收资本

单位：万元

地区	合计	国家资本	集体资本	法人资本	个人资本	港澳台资本	外商资本
全国总计	**5531269**	**201202**	**4084385**	**768163**	**477344**	**175**	
北京	268215		163548	44624	60043		
天津	151283	8500	99225	38883	4675		
河北	128041	4848	106466	12725	4002		
山西	107656	8162	86032	12802	660		
内蒙古	14924		5310	5755	3859		
辽宁	242319	3884	189366	34865	14029	175	
吉林	34921	408	28046	4941	1525		
黑龙江	109790	4000	96071	8980	740		
上海	56827	500	41901	8401	6025		
江苏	201032	23565	104855	55604	17009		
浙江	168162	4872	116693	27582	19016		
安徽	112313	885	83100	20100	8229		
福建	106233		63924	28911	13399		
江西	352413	30620	273402	25590	22801		
山东	682481	17538	510463	110193	44287		
河南	208227	10130	120182	46523	31393		
湖北	114432	7995	79628	15995	10814		
湖南	304576	9298	229591	40896	24792		
广东	549321	26960	436254	64034	22073		
广西	219601	15576	164674	12626	26725		
海南	10579		8981	1575	23		
重庆	95407	2579	69259	8060	15508		
四川	246120	4858	177908	29564	33790		
贵州	110127		71604	21508	17016		
云南	183893	5445	124218	30989	23241		
西藏	14138		5846	3285	5008		
陕西	536245	8509	479447	21266	27023		
甘肃	146106	2000	100881	26082	17142		
青海	20406	4	17453	2949			
宁夏	14334		9839	1996	2500		
新疆	21146	65	20219	862			

2-28 各地区集体建筑业企业收入情况

单位：万元

地　区	主营业务收入	#主营业务成本	#主营业务税金及附加	其他业务收入	#其他业务成本	#其他业务利润
全国总计	**38443109**	**32597970**	**1394699**	**691695**	**1379280**	**51227**
北　京	1816255	1625380	33891	41593	31901	9185
天　津	1588542	1378712	27803	13510	58829	1564
河　北	877838	766686	26757	5578	4381	1059
山　西	406906	348443	10569	5174	6652	1451
内蒙古	179717	145490	6729		6	
辽　宁	1455243	1111446	30619	59571	227131	1328
吉　林	188769	127937	3878	1060	35404	75
黑龙江	902520	772765	41579	907	3252	-255
上　海	481617	452360	9171	2102	789	453
江　苏	1111489	936144	36631	27931	55138	3004
浙　江	1610343	1489055	39791	4300	663	3071
安　徽	868043	679629	27517	9088	56700	284
福　建	804248	754506	16520	4191	662	2815
江　西	2722704	2317939	116348	70244	152161	2403
山　东	3679040	3088071	117418	34741	79904	1191
河　南	1873879	1483366	155907	14739	26714	3553
湖　北	719586	576489	30868	18669	41522	53
湖　南	2216229	1908244	100167	31427	52147	1661
广　东	4080214	3532259	145890	22570	75335	3426
广　西	1685052	1526811	61269	84546	71489	1031
海　南	203394	178364	6788	3		3
重　庆	1100061	942228	35241	25103	38490	9335
四　川	2582503	2140607	107094	153302	215544	457
贵　州	425236	383323	18902	19418	17563	527
云　南	1223789	979085	54458	4871	47420	2755
西　藏	20335	18250	1938	874		54
陕　西	2129179	1663506	76556	27076	67101	464
甘　肃	1064020	907095	45564	1731	1546	-435
青　海	167438	138381	4204	3921	3776	
宁　夏	115647	95649	1767	80	6146	
新　疆	143274	129750	2865	3377	916	718

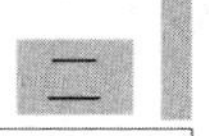

2-29 各地区集体建筑业企业费用情况

单位：万元

地 区	管理费用	#税 金	销售费用	财务费用	#利息收入	#利息支出
全国总计	**1516797**	**100926**	**249294**	**130616**	**20630**	**76884**
北 京	110298	1532	1243	-1233	3433	2234
天 津	71932	840	1314	6430	1504	5854
河 北	22998	1637	18641	1724	183	434
山 西	33401	941	1619	445	1772	239
内 蒙 古	2825	556	11	1209		1060
辽 宁	91144	3983	2715	1453	533	640
吉 林	22181	439	221	-16	90	27
黑 龙 江	41468	2132	1919	101	635	409
上 海	16090	691	287	-214	28	0
江 苏	51240	2544	5093	4808	609	1723
浙 江	37536	1936	2454	1866	1866	3553
安 徽	65343	2563	8320	4430	321	736
福 建	21473	589	51	1003	334	691
江 西	78811	4484	7909	6985	3173	4433
山 东	131784	9110	17884	25497	1591	19166
河 南	87853	10382	9171	10357	473	4152
湖 北	27839	4389	8984	4227	263	1259
湖 南	72418	5353	25243	8104	536	3530
广 东	119195	10785	23144	7901	481	2615
广 西	48672	5685	9160	3098	264	2393
海 南	3105	110	354	-2	13	4
重 庆	33937	2781	7334	1259	37	1139
四 川	98201	8653	54660	14237	754	6549
贵 州	9802	3225	1413	854	115	469
云 南	49859	3408	14335	8596	402	6088
西 藏	1187	58	54	0	-23	
陕 西	89043	7875	17500	11680	553	4825
甘 肃	45684	3372	6500	5402	609	2213
青 海	19697	357	649		18	1
宁 夏	3634	252	0	331	0	321
新 疆	8150	265	1112	86	63	129

2-30 各地区集体建筑业企业利润及税金情况

单位：万元

地　区	利润总额	#应交所得税	税金总额	主营业务税金及附加	管理费用中的税金	应交增值税
全国总计	**1718277**	**408642**	**1948880**	**1394699**	**100926**	**453255**
北　京	72013	19525	75108	33891	1532	39685
天　津	54739	19562	36787	27803	840	8144
河　北	40070	12302	36470	26757	1637	8075
山　西	9708	3155	15242	10569	941	3732
内蒙古	23449	5329	7603	6729	556	318
辽　宁	30946	16355	49427	30619	3983	14825
吉　林	1687	1160	5664	3878	439	1347
黑龙江	41205	6604	56843	41579	2132	13132
上　海	6725	1413	16335	9171	691	6473
江　苏	50038	13414	48413	36631	2544	9238
浙　江	43209	11061	61183	39791	1936	19457
安　徽	43136	7162	42203	27517	2563	12124
福　建	13994	6067	27522	16520	589	10414
江　西	100330	22331	142670	116348	4484	21838
山　东	247027	43317	160636	117418	9110	34108
河　南	117769	17713	210024	155907	10382	43736
湖　北	47665	9452	42189	30868	4389	6931
湖　南	79242	16482	129931	100167	5353	24412
广　东	199072	58308	192396	145890	10785	35722
广　西	48050	18573	94182	61269	5685	27228
海　南	14668	2849	9049	6788	110	2150
重　庆	60007	15427	50324	35241	2781	12301
四　川	102653	23495	144495	107094	8653	28748
贵　州	10997	3222	29529	18902	3225	7402
云　南	70439	15299	73689	54458	3408	15823
西　藏	-161	117	2140	1938	58	144
陕　西	117756	23337	104888	76556	7875	20457
甘　肃	54588	11070	68932	45564	3372	19996
青　海	4341	1179	5636	4204	357	1075
宁　夏	7925	2512	4349	1767	252	2330
新　疆	4991	849	5021	2865	265	1891

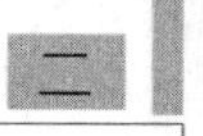

2-31 各地区集体建筑业企业应收工程款及企业亏损情况

地区	应收工程款(万元)	企业个数(个)	#亏损企业个数	亏损企业的比重(%)
全国总计	**6096741**	**3154**	**397**	**12.6**
北京	264540	126	31	24.6
天津	432231	46	4	8.7
河北	117354	76	7	9.2
山西	186593	82	14	17.1
内蒙古	7380	7	1	14.3
辽宁	343134	218	62	28.4
吉林	72537	38	7	18.4
黑龙江	158982	83	13	15.7
上海	58075	39	5	12.8
江苏	295254	111	4	3.6
浙江	148928	80	9	11.3
安徽	150776	76	11	14.5
福建	29185	36	6	16.7
江西	241381	163	14	8.6
山东	1024586	406	42	10.3
河南	132832	141	6	4.3
湖北	80764	88	9	10.2
湖南	251102	173	14	8.1
广东	501095	297	25	8.4
广西	148133	161	25	15.5
海南	26708	16	1	6.3
重庆	94064	71	7	9.9
四川	344511	157	11	7.0
贵州	67846	65	9	13.8
云南	268200	135	21	15.6
西藏	12337	8	1	12.5
陕西	352513	125	14	11.2
甘肃	190575	82	16	19.5
青海	28988	24	3	12.5
宁夏	29254	10	2	20.0
新疆	36885	14	3	21.4

2-32 各地区集体建筑业企业主要经济效益指标

地　区	产值利润率 (%)	产值利税率 (%)	资本利润率 (%)	资本利税率 (%)	人均利润 (元/人)	人均利税 (元/人)	资产负债率 (%)
全国总计	**3.9**	**8.4**	**31.1**	**66.3**	**9513**	**20302**	**62.3**
北　京	5.1	10.5	26.8	54.9	21074	43053	78.6
天　津	3.4	5.8	36.2	60.5	18825	31477	81.3
河　北	3.1	5.9	31.3	59.8	9595	18328	52.7
山　西	2.4	6.1	9.0	23.2	4624	11885	73.1
内蒙古	13.1	17.3	157.1	208.1	51707	68473	47.1
辽　宁	2.3	5.9	12.8	33.2	3808	9890	71.7
吉　林	1.0	4.5	4.8	21.0	2425	10569	68.1
黑龙江	3.8	9.1	37.5	89.3	10063	23945	69.2
上　海	2.5	8.7	11.8	40.6	4956	16995	62.2
江　苏	3.6	7.1	24.9	49.0	9203	18108	55.8
浙　江	1.6	3.9	25.7	62.1	4701	11357	63.2
安　徽	4.9	9.6	38.4	76.0	10704	21176	54.7
福　建	1.4	4.2	13.2	39.1	3315	9834	64.6
江　西	3.2	7.8	28.5	69.0	9334	22607	56.9
山　东	6.1	10.0	36.2	59.7	12734	21015	63.7
河　南	5.9	16.5	56.6	157.4	14914	41511	45.7
湖　北	6.1	11.5	41.7	78.5	13901	26205	50.6
湖　南	3.1	8.1	26.0	68.7	7278	19212	48.3
广　东	4.7	9.2	36.2	71.3	11435	22487	58.7
广　西	2.2	6.6	21.9	64.8	5868	17370	57.5
海　南	5.5	8.9	138.6	224.2	14417	23310	54.6
重　庆	4.3	7.9	62.9	115.6	11741	21587	68.5
四　川	2.6	6.3	41.7	100.4	4625	11136	48.8
贵　州	2.2	8.0	10.0	36.8	4718	17386	51.7
云　南	4.7	9.6	38.3	78.4	12816	26223	49.2
西　藏	-0.7	8.3	-1.1	14.0	-1517	18689	79.9
陕　西	5.5	10.3	22.0	41.5	13850	26187	46.1
甘　肃	4.5	10.3	37.4	84.5	8821	19960	65.8
青　海	2.9	6.6	21.3	48.9	5389	12386	59.9
宁　夏	9.6	14.9	55.3	85.6	26622	41229	71.5
新　疆	3.6	7.3	23.6	47.3	11942	23957	76.1

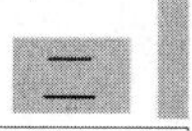

2-33　各地区私营建筑业企业签订合同情况

单位：万元

地　区	签订合同额	上年结转合同额	本年新签合同额
全国总计	**872831315**	**318750299**	**554081016**
北　京	10520848	4179569	6341279
天　津	11098970	3026414	8072556
河　北	12039736	4381124	7658613
山　西	12173970	3665158	8508813
内蒙古	5866403	3070165	2796239
辽　宁	19927592	7691450	12236142
吉　林	11889356	4431345	7458012
黑龙江	3505060	917640	2587420
上　海	27942582	13217271	14725311
江　苏	140931533	51581346	89350187
浙　江	200481375	78324841	122156534
安　徽	29454767	9552402	19902365
福　建	57345219	18399510	38945709
江　西	21886035	6720623	15165413
山　东	34641549	10801960	23839589
河　南	24931713	7721687	17210026
湖　北	32800531	10813544	21986988
湖　南	29383689	13016323	16367366
广　东	38289988	16171788	22118200
广　西	14308451	4961158	9347294
海　南	914334	537105	377229
重　庆	34665898	11718082	22947816
四　川	42791243	14112966	28678277
贵　州	4042642	1167609	2875033
云　南	18737507	6524339	12213168
西　藏	588832	178475	410357
陕　西	13560933	5400603	8160330
甘　肃	4076515	1361903	2714612
青　海	2062712	1317177	745535
宁　夏	3792896	1189294	2603602
新　疆	8178436	2597430	5581006

2-34 各地区私营建筑业企业承包工程完成情况

单位：万元

地区	直接从建设单位承揽工程完成的产值	自行完成施工产值	分包出去工程的产值	从建设单位以外承揽工程完成的产值
全国总计	**581004292**	**574480261**	**6524031**	**22321616**
北京	5725190	5364477	360713	1123670
天津	10284846	10082007	202839	431705
河北	8958184	8907757	50427	103396
山西	8999294	8974637	24656	115727
内蒙古	3312840	3299830	13010	45704
辽宁	13314031	13266138	47893	186911
吉林	8113834	8086572	27262	124130
黑龙江	2691514	2677582	13932	38164
上海	14998283	14466388	531895	1788520
江苏	92880735	92763566	117169	6016836
浙江	129716545	128929928	786617	3716547
安徽	22172620	21998586	174034	526316
福建	37193141	37090268	102873	694026
江西	15361614	14939256	422358	1177527
山东	25453347	25300018	153329	304303
河南	17296661	16808218	488443	733042
湖北	23909215	23586119	323096	513414
湖南	16861417	16809652	51765	316051
广东	19785748	18983121	802627	760752
广西	9499596	9400180	99416	179324
海南	334676	334537	139	1085
重庆	28336426	27890890	445536	1056725
四川	29644193	28942478	701715	1386337
贵州	2415252	2349180	66072	122322
云南	12972914	12777260	195654	428635
西藏	383473	382845	628	5648
陕西	8923292	8812134	111158	288465
甘肃	2718122	2697597	20526	39667
青海	846602	822507	24095	20539
宁夏	2440641	2322524	118117	15292
新疆	5460049	5414012	46038	60837

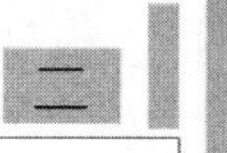

2-35 各地区私营企业建筑业总产值和竣工产值

单位：万元

地区	建筑业总产值	#装饰装修产值	#在外省完成的产值	按构成分组 建筑工程产值	安装工程产值	其他产值	竣工产值
全国总计	**596801877**	**44125039**	**148972918**	**527834956**	**47675265**	**21291657**	**388802317**
北京	6488147	2238131	2033976	5611752	768678	107717	3961184
天津	10513712	421515	306905	8936639	1120642	456431	5846561
河北	9011153	615032	446536	8034876	637751	338527	5311270
山西	9090364	675522	1432543	7287447	1363875	439042	4715863
内蒙古	3345534	122609	242450	2929787	223569	192178	2194183
辽宁	13453049	1313382	434118	10882740	2099422	470887	7987435
吉林	8210702	459432	565480	6824071	657588	729043	6052641
黑龙江	2715746	136459	134577	2403602	190691	121453	2007385
上海	16254907	3012053	3577581	13297866	2498457	458584	9569126
江苏	98780402	6075300	32820767	92263064	5696309	821029	83411973
浙江	132646475	8129046	62650977	122251314	7103342	3291818	84242441
安徽	22524902	1313196	1504576	18723977	1737645	2063281	12832588
福建	37784295	2108872	15675018	35239402	2178996	365896	23530496
江西	16116783	865008	5090830	13895786	1187069	1033928	10202823
山东	25604321	2364629	1682629	21501767	3412375	690179	15478390
河南	17541260	2049356	3202015	14328847	1971295	1241118	11353449
湖北	24099532	2351453	3416909	21824544	1429637	845352	16213518
湖南	17125703	741282	2649970	14146660	1268311	1710732	11676072
广东	19743873	4015285	3035516	15220767	3728140	794966	9289865
广西	9579504	756118	1157136	7763765	1008206	807533	5498976
海南	335622	40478	10514	224522	38717	72383	197396
重庆	28947615	1080818	1734132	26686446	1312614	948556	16694601
四川	30328815	1480110	4242642	25945511	2833383	1549921	18498371
贵州	2471501	135577	43210	2135747	185126	150628	1548825
云南	13205895	606897	179841	11307777	1171885	726234	8865113
西藏	388493	32643		351966	25841	10686	251157
陕西	9100598	513107	510853	7653552	1001670	445377	4061367
甘肃	2737264	127316	107892	2310609	280085	146570	1805011
青海	843046	29075	8704	743973	84330	14743	451491
宁夏	2337816	63693	61513	2182030	112345	43440	1707066
新疆	5474848	251647	13109	4924150	347271	203428	3345686

2-36 各地区私营建筑业企业房屋建筑面积

地区	房屋施工面积(万平方米)	#本年新开工	#实行投标承包面积	房屋竣工面积(万平方米)	房屋竣工率(%)
全国总计	**382350.8**	**167486.1**	**259612.9**	**154018.2**	**40.3**
北京	964.2	222.9	854.3	187.0	19.4
天津	1985.9	1287.2	924.2	824.3	41.5
河北	5914.3	2795.3	3761.8	2312.8	39.1
山西	3528.9	1626.9	2308.5	1445.3	41.0
内蒙古	1944.9	971.8	1510.5	776.9	39.9
辽宁	6911.0	3524.8	4249.4	3040.6	44.0
吉林	3722.3	1847.2	2450.1	2348.7	63.1
黑龙江	1004.2	735.4	660.5	619.8	61.7
上海	7355.4	2669.4	5198.8	2140.8	29.1
江苏	77151.8	31566.9	64655.5	29507.2	38.2
浙江	98234.3	38903.5	67304.7	34976.6	35.6
安徽	14441.3	7559.3	7743.2	7340.2	50.8
福建	28454.4	10159.7	19124.3	8760.9	30.8
江西	8470.2	4719.2	4108.2	5326.6	62.9
山东	17702.7	9554.5	11443.4	7427.8	42.0
河南	16884.3	4984.3	14104.6	4578.3	27.1
湖北	15536.9	8951.2	10457.8	8636.5	55.6
湖南	11769.7	4969.1	9250.7	5487.1	46.6
广东	8389.8	3485.4	3507.3	2950.2	35.2
广西	4407.3	2456.8	2618.6	2595.7	58.9
海南	184.9	89.9	131.4	101.4	54.9
重庆	12173.3	6284.8	4788.4	6412.7	52.7
四川	16395.4	8697.2	7096.7	8091.6	49.4
贵州	1986.7	1222.5	809.2	937.3	47.2
云南	5858.3	3001.8	3246.3	3160.9	54.0
西藏	93.8	71.6	46.2	58.6	62.5
陕西	4884.8	2171.4	2993.9	1518.0	31.1
甘肃	1493.6	743.9	805.7	712.2	47.7
青海	507.3	183.1	315.0	142.8	28.1
宁夏	1330.5	589.2	1108.3	511.6	38.5
新疆	2668.7	1440.1	2035.0	1087.7	40.8

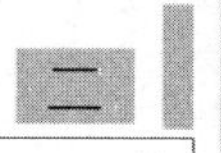

2-37 各地区按主要用途分的私营建筑业企业房屋竣工面积

单位：万平方米

地　区	总　计	住宅房屋	商业及服务用房屋	商厦房屋(批发和零售用房)	宾馆用房屋(住宿用房)	餐饮用房屋(餐饮用房)
全国总计	**154018.2**	**100525.2**	**9592.1**	**4144.7**	**809.7**	**330.8**
北　京	187.0	111.2	5.2	0.1	2.4	
天　津	824.3	590.1	13.0	7.7	0.1	1.1
河　北	2312.8	1609.5	93.4	40.6	1.7	4.4
山　西	1445.3	1093.2	60.6	22.2	11.5	0.6
内蒙古	776.9	574.8	18.9	9.6	0.3	
辽　宁	3040.6	1959.3	171.2	65.3	24.8	6.9
吉　林	2348.7	1632.4	129.3	82.4	7.2	6.2
黑龙江	619.8	490.1	34.2	17.8	0.7	1.4
上　海	2140.8	1076.7	208.9	41.5	42.7	2.2
江　苏	29507.2	20816.3	1159.7	525.0	179.3	79.2
浙　江	34976.6	18915.8	2703.8	1240.3	235.1	89.6
安　徽	7340.2	5102.2	412.5	220.4	9.6	12.4
福　建	8760.9	5626.1	668.2	262.8	28.2	3.3
江　西	5326.6	3269.2	366.8	127.0	18.6	8.0
山　东	7427.8	5404.2	297.6	155.8	3.5	3.2
河　南	4578.3	3428.5	125.3	33.9	4.2	4.8
湖　北	8636.5	6686.0	309.1	133.7	12.2	10.1
湖　南	5487.1	3736.8	393.2	205.9	14.2	1.5
广　东	2950.2	1613.4	256.7	54.8	60.5	4.2
广　西	2595.7	1618.8	197.8	93.0	20.3	7.7
海　南	101.4	31.4	18.0	11.7	0.0	
重　庆	6412.7	4249.3	506.7	236.7	31.0	17.9
四　川	8091.6	5771.9	689.2	285.9	48.1	25.4
贵　州	937.3	567.2	57.3	21.7	3.8	1.9
云　南	3160.9	1885.7	329.0	123.8	23.9	24.0
西　藏	58.6	32.6	4.0	1.2	0.3	0.0
陕　西	1518.0	1112.0	116.8	38.0	6.2	4.4
甘　肃	712.2	524.0	32.1	5.1	3.6	1.7
青　海	142.8	72.1	33.0	3.5	2.6	0.1
宁　夏	511.6	294.7	60.4	27.0	3.1	5.2
新　疆	1087.7	629.7	120.2	50.7	10.1	3.4

2-37 续表 1

单位：万平方米

地　区	商务会展用房屋	其他商业及服务用房屋(居民服务业用房)	办公用房屋	科研、教育和医疗用房屋	科学研究用房屋	教育用房屋
全国总计	**553.9**	**3753.0**	**8418.7**	**5980.4**	**390.7**	**4566.5**
北　京	1.0	1.7	19.8	11.5	1.0	6.1
天　津	0.1	4.0	37.0	25.5	0.3	5.5
河　北	4.7	42.1	116.0	133.1	3.5	94.2
山　西	3.6	22.7	107.9	59.0	0.8	43.1
内蒙古	0.7	8.2	20.5	32.7		26.9
辽　宁	2.1	72.2	183.5	60.3	5.2	43.2
吉　林	9.8	23.7	123.5	27.7	3.7	18.0
黑龙江	3.1	11.2	28.2	16.7	0.4	12.6
上　海	2.3	120.2	90.9	57.8	7.7	35.9
江　苏	156.8	219.3	1181.8	978.8	86.3	689.8
浙　江	230.4	908.4	2144.0	1000.4	113.9	715.1
安　徽	17.2	152.9	389.7	322.1	21.7	252.9
福　建	10.0	363.9	554.3	300.7	14.3	239.1
江　西	4.5	208.7	366.0	271.0	6.7	239.2
山　东	7.1	128.0	316.5	193.4	4.0	182.7
河　南	0.3	82.1	251.4	255.4	22.5	199.8
湖　北	4.1	149.0	546.7	148.5	6.8	110.6
湖　南	12.4	159.2	285.1	393.2	7.3	317.2
广　东	6.7	130.5	268.2	122.6	8.9	101.3
广　西	12.2	64.6	302.5	256.3	29.0	156.4
海　南	1.4	4.9	11.0	11.9	2.1	9.8
重　庆	37.4	183.7	291.9	206.8	9.6	175.3
四　川	10.7	319.2	284.9	315.3	22.5	221.6
贵　州	2.1	27.8	54.9	153.0	2.3	140.0
云　南	5.2	152.2	225.9	319.4	2.5	274.0
西　藏	0.0	2.5	6.1	7.3	0.0	5.4
陕　西	2.9	65.4	93.4	89.3	1.9	73.8
甘　肃	2.3	19.5	26.0	55.6	0.5	47.7
青　海	0.1	26.7	8.1	16.9	0.1	15.5
宁　夏	0.8	24.3	16.7	41.8	0.2	37.5
新　疆	1.8	54.3	66.2	96.3	5.0	76.4

2-37 续表 2 单位：万平方米

地区	医疗用房屋(卫生医疗用房)	文化、体育和娱乐用房屋	厂房及建筑物	#厂房	仓库	其他未列明的房屋建筑物
全国总计	**1023.1**	**1270.2**	**23461.8**	**15459.7**	**929.3**	**3840.4**
北京	4.4	1.5	27.0	12.2		10.7
天津	19.6	0.4	113.5	42.8	4.0	40.9
河北	35.5	15.5	278.6	170.6	4.8	61.9
山西	15.1	8.8	82.8	44.1	5.8	27.2
内蒙古	5.8	2.5	29.7	7.0	2.0	95.9
辽宁	11.9	42.3	426.9	229.1	9.8	187.2
吉林	6.0	70.8	165.8	92.1	29.2	169.9
黑龙江	3.6		25.9	13.9	19.3	5.3
上海	14.2	19.4	627.0	397.4	18.3	41.7
江苏	202.7	229.6	4502.5	3430.6	239.7	398.9
浙江	171.4	219.3	9139.3	6412.1	158.5	695.4
安徽	47.5	39.8	888.7	513.9	43.8	141.5
福建	47.3	46.6	1457.0	791.0	56.8	51.2
江西	25.2	135.9	713.7	511.1	42.3	161.7
山东	6.6	40.1	1043.2	600.4	47.9	84.9
河南	33.0	24.2	300.2	126.1	88.4	105.0
湖北	31.1	20.8	768.4	448.1	9.8	147.2
湖南	68.8	100.1	452.8	260.9	12.1	113.8
广东	12.5	23.7	605.7	346.6	5.8	54.1
广西	70.9	51.1	113.4	56.5	20.1	35.6
海南		7.4	2.0	1.9		19.7
重庆	21.9	25.5	589.3	265.0	38.1	505.0
四川	71.3	45.6	660.7	444.2	27.5	296.4
贵州	10.7	7.5	46.5	26.0	16.2	34.7
云南	42.9	40.5	204.8	113.2	16.1	139.4
西藏	1.9	1.7	0.2	0.0	0.0	6.7
陕西	13.5	12.5	61.9	18.2	3.8	28.3
甘肃	7.4	18.3	16.2	11.8	1.5	38.6
青海	1.3	1.9	1.6	0.7		9.3
宁夏	4.1	4.4	14.1	8.1	1.2	78.2
新疆	14.9	12.5	102.4	64.1	6.4	54.0

2-38 各地区按主要用途分的私营建筑业企业房屋竣工价值

单位：万元

地区	总计	住宅房屋	商业及服务用房屋	商厦房屋(批发和零售用房)	宾馆用房屋(住宿用房)	餐饮用房屋(餐饮用房)
全国总计	**238296551**	**159438967**	**16061536**	**6884240**	**1462268**	**554751**
北京	368319	224785	12624	38	5344	
天津	1741375	1324724	22556	13929	70	2662
河北	3477075	2470451	148443	54446	6482	8088
山西	2088189	1555158	87109	37695	15098	746
内蒙古	1089332	844919	37986	16594	578	
辽宁	3911397	2428378	276587	91812	32987	13031
吉林	3557769	2385589	222861	153266	10247	8365
黑龙江	938208	712110	79862	50021	1555	1689
上海	4338143	2257178	520929	96579	187594	3186
江苏	51033253	36637116	2057401	856522	285660	169968
浙江	57580528	34062976	4946560	2376904	435206	141305
安徽	8830756	6348435	488101	261410	11738	13721
福建	13473925	8981920	1046132	383088	49165	7355
江西	7068125	4244732	524757	198645	22358	12134
山东	9820906	7218780	433596	213824	6169	3818
河南	5976910	4482416	197250	48231	5649	5576
湖北	12298298	9854246	439548	193243	18628	12905
湖南	7499998	5182179	573231	278775	18940	1959
广东	4434008	2279492	452440	111995	103683	4518
广西	3854140	2460199	265276	129364	33043	8827
海南	144498	46899	31832	21137	13	
重庆	10078008	6910474	908786	416411	46240	33692
四川	12115310	8608150	1077860	441997	88363	45172
贵州	1233731	711484	82306	31291	5697	2456
云南	4954725	3002586	483070	186130	29965	25342
西藏	131636	71614	8994	2819	265	60
陕西	2395728	1765786	170609	64363	8618	3300
甘肃	1113158	796138	63773	8844	7005	4691
青海	256403	127741	65446	8602	4741	163
宁夏	797319	482358	141498	49695	7956	15999
新疆	1695378	959957	194116	86569	13216	4023

2-38 续表 1

单位：万元

地 区	商务会展用房屋	其他商业及服务用房屋(居民服务业用房)	办公用房屋	科研、教育和医疗用房屋	科学研究用房屋	教育用房屋
全国总计	**1150007**	**6010270**	**13344931**	**10218641**	**726597**	**7596375**
北 京	2687	4555	35200	28507	2147	18843
天 津	145	5751	22948	118797	393	14650
河 北	9091	70337	188259	183180	7684	128952
山 西	7579	25990	184783	108662	1469	72874
内 蒙 古	1976	18838	42804	87586		62194
辽 宁	5142	133614	277608	84403	10952	61753
吉 林	11211	39773	227435	61595	14796	37727
黑 龙 江	8600	17998	53720	33901	1326	25322
上 海	3500	230070	211722	167992	36014	82869
江 苏	327466	417785	2324270	1975902	171691	1439543
浙 江	541953	1451192	3520318	1783228	183559	1270357
安 徽	26050	175183	461510	369805	29799	282533
福 建	31138	575387	865957	520305	25314	387170
江 西	7232	284388	477088	437056	13049	389960
山 东	8892	200892	503105	292488	6650	278022
河 南	241	137553	351013	333289	34287	247516
湖 北	5181	209590	657446	228671	28509	149299
湖 南	11042	262515	359840	633108	10749	474567
广 东	16345	215900	412059	203580	31976	158143
广 西	15591	78450	445454	393786	43267	227198
海 南	2500	8183	6864	12021	3695	8326
重 庆	63654	348790	468500	349065	12995	302802
四 川	18321	484008	470087	485963	32267	346157
贵 州	3284	39578	85687	180055	3372	165833
云 南	5720	235914	303040	598557	6394	510719
西 藏	20	5830	16626	16975	10	11456
陕 西	2004	92324	142759	143847	4057	115835
甘 肃	9331	33901	46341	101857	731	89474
青 海	130	51809	14763	26240	80	23615
宁 夏	916	66931	39488	82185	395	70974
新 疆	3064	87243	128237	176034	8975	141691

2-38 续表 2

单位：万元

地　区	医疗用房屋(卫生医疗用房)	文化、体育和娱乐用房屋	厂房及建筑物	#厂　房	仓　库	其他未列明的房屋建筑物
全国总计	**1895669**	**2105544**	**30448027**	**19706899**	**1281209**	**5397696**
北　京	7517	3201	45365	20440		18638
天　津	103755	1027	177151	70102	7320	66854
河　北	46544	25956	345053	211037	4359	111374
山　西	34318	10372	82162	39371	11522	48423
内蒙古	25392	3937	17411	9125	2276	52412
辽　宁	11699	28689	592056	276063	12526	211149
吉　林	9072	93091	297633	145640	39267	230299
黑龙江	7253		36171	20052	17309	5136
上　海	49110	60779	1015542	707269	40343	63659
江　苏	364668	531461	6322927	4665683	403882	780295
浙　江	329313	431114	11437378	7916764	214160	1184793
安　徽	57474	47705	899115	500053	41331	174753
福　建	107821	75865	1852184	961955	71772	59791
江　西	34046	143054	1006688	799128	60544	174206
山　东	7816	80569	1085189	581231	52357	154823
河　南	51486	47455	305760	110443	106348	153380
湖　北	50863	41616	880415	549849	16473	179883
湖　南	147792	85221	536505	304615	15096	114818
广　东	13462	23466	982831	428149	6620	73519
广　西	123321	59154	141216	58492	29714	59342
海　南		10117	583	465		36182
重　庆	33268	45596	814106	371435	30396	551088
四　川	107539	80500	940973	631022	36771	415008
贵　州	10850	27366	56891	31638	17802	72140
云　南	81444	60482	321857	174480	24022	161113
西　藏	5510	3046	183	40	5	14194
陕　西	23956	17582	96946	29372	6024	52175
甘　肃	11652	29735	26280	21086	2362	46673
青　海	2545	3597	2820	1471		15796
宁　夏	10817	8212	19262	13635	1977	22339
新　疆	25369	25582	109374	56796	8633	93445

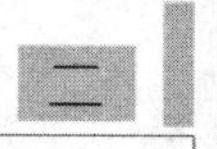

2-39 各地区私营建筑业企业主要生产效益指标

地区	建筑业企业个数（个）	从事建筑业活动的平均人数（人）	按总产值计算的劳动生产率（元/人）	人均竣工产值（元/人）	人均施工面积（平方米/人）	人均竣工面积（平方米/人）
全国总计	**44462**	**21575228**	**276614**	**180208**	**177.2**	**71.4**
北京	1508	188608	344002	210022	51.1	9.9
天津	817	154570	680191	378247	128.5	53.3
河北	864	364383	247299	145761	162.3	63.5
山西	1894	363267	250239	129818	97.1	39.8
内蒙古	371	115859	288759	189384	167.9	67.1
辽宁	3052	524354	256564	152329	131.8	58.0
吉林	977	347061	236578	174397	107.3	67.7
黑龙江	577	120349	225656	166797	83.4	51.5
上海	1913	509493	319041	187817	144.4	42.0
江苏	5585	3818127	258714	218463	202.1	77.3
浙江	4732	4432837	299236	190042	221.6	78.9
安徽	1710	788497	285669	162747	183.2	93.1
福建	2093	1581902	238854	148748	179.9	55.4
江西	762	592602	271966	172170	142.9	89.9
山东	2904	991238	258306	156152	178.6	74.9
河南	1789	651326	269316	174313	259.2	70.3
湖北	1500	775805	310639	208990	200.3	111.3
湖南	768	616391	277838	189426	190.9	89.0
广东	1802	577199	342064	160947	145.4	51.1
广西	556	354977	269863	154911	124.2	73.1
海南	37	8235	407555	239704	224.5	123.1
重庆	1449	1064443	271951	156839	114.4	60.2
四川	2003	1189809	254905	155473	137.8	68.0
贵州	390	86488	285762	179080	229.7	108.4
云南	1533	532056	248205	166620	110.1	59.4
西藏	100	14914	260489	168403	62.9	39.3
陕西	1081	351674	258779	115487	138.9	43.2
甘肃	539	129276	211738	139625	115.5	55.1
青海	188	42577	198005	106041	119.2	33.5
宁夏	369	92726	252121	184098	143.5	55.2
新疆	599	194185	281940	172294	137.4	56.0

2-40 各地区私营建筑业企业资产构成

单位：万元

地区	资产合计	流动资产合计	#存货	非流动资产合计	#固定资产合计
全国总计	**431129356**	**349735983**	**69291296**	**81393372**	**43371483**
北京	11549109	9958199	1200203	1590910	597657
天津	7820394	6173761	409609	1646633	902088
河北	9891243	8081618	2427143	1809625	947429
山西	10169780	8213471	1322189	1956309	1254943
内蒙古	7566151	5911035	658679	1655116	668538
辽宁	16692838	13497202	1656020	3195637	1792682
吉林	8283466	6626402	679489	1657064	805135
黑龙江	3350780	2751295	481291	599484	377392
上海	21918610	19250559	3186327	2668051	1112366
江苏	73474921	59877604	14343326	13597317	6623495
浙江	57589661	47175589	12129649	10414072	5793953
安徽	14581668	11612651	1687209	2969017	1654745
福建	17222261	13947440	2411762	3274821	2061099
江西	8723283	6937615	1269255	1785668	1043276
山东	24490628	19042507	4351468	5448121	3273661
河南	12046964	9001535	1776056	3045429	1804034
湖北	13709224	10915023	2433528	2794201	1969659
湖南	9137044	7247378	1576099	1889665	1109799
广东	26114199	21950248	3726643	4163951	1509612
广西	5212532	4067270	662430	1145262	500017
海南	355465	298699	35603	56765	20508
重庆	14931307	12363064	2970467	2568243	1249008
四川	19509224	15535906	3286823	3973318	1844839
贵州	3212114	2523430	334866	688684	244111
云南	10204102	7855694	1396489	2348408	1500055
西藏	584599	415905	43742	168693	106794
陕西	9258060	7249241	1079867	2008818	1183063
甘肃	3161555	2413406	544880	748149	542902
青海	1232818	990047	176722	242771	151532
宁夏	4057020	3508410	650706	548610	319418
新疆	5078338	4343779	382759	734560	407672

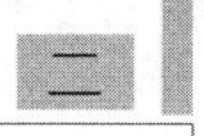

2-41 各地区私营建筑业企业固定资产情况

单位：万元

地区	固定资产合计	固定资产原价	固定资产折旧	#本年折旧	在建工程
全国总计	**43371483**	**56399819**	**22698244**	**3349367**	**5089053**
北京	597657	962920	486662	66174	110934
天津	902088	1101729	476391	74074	250487
河北	947429	1143166	444502	55856	122259
山西	1254943	1782948	739678	115247	136927
内蒙古	668538	951210	369236	41994	67496
辽宁	1792682	2419195	1060441	144582	154639
吉林	805135	1009055	376796	54846	86459
黑龙江	377392	516963	224140	27024	57274
上海	1112366	1856651	893798	87912	86727
江苏	6623495	8731627	3470929	522686	734346
浙江	5793953	8823292	3789084	548264	344233
安徽	1654745	1980084	674866	101954	216537
福建	2061099	2890272	1109490	180633	125260
江西	1043276	1202373	400214	70479	113143
山东	3273661	4176878	1612887	237993	260092
河南	1804034	1985800	683469	124436	164321
湖北	1969659	2287850	809803	125876	207150
湖南	1109799	1309523	505250	71422	183449
广东	1509612	2022529	913963	110364	266460
广西	500017	657406	248089	50563	50896
海南	20508	30262	15581	1765	2432
重庆	1249008	1422656	548955	103044	173621
四川	1844839	2036500	875556	122711	387111
贵州	244111	140478	44594	8348	117340
云南	1500055	1786442	739650	111735	271353
西藏	106794	118265	32356	5027	7294
陕西	1183063	1346625	478941	81491	149493
甘肃	542902	532496	171574	31208	107937
青海	151532	193216	74736	11565	16155
宁夏	319418	444674	161190	19950	29964
新疆	407672	536734	265424	40147	87267

2-42 各地区私营建筑业企业负债及所有者权益

单位：万元

地 区	负债合计	#流动负债	#应付账款	所有者权益	#实收资本
全国总计	**232926285**	**212280616**	**69066535**	**197996138**	**112864851**
北 京	7738666	7434094	3018404	3810443	2972927
天 津	4945642	4597306	1958501	2874642	1637309
河 北	5944454	5449778	1641139	3946789	2164738
山 西	5524224	5159206	2113091	4645556	3494483
内蒙古	4882289	4515128	1073514	2683861	1303594
辽 宁	8926211	7766714	2426341	7649723	3960330
吉 林	4360472	3880553	1448100	3922994	2042272
黑龙江	1844132	1750195	460022	1506648	1121899
上 海	14447956	13514900	5481021	7468282	4412975
江 苏	39744554	37297186	14000992	33688066	15360165
浙 江	29792570	28537400	8049336	27797091	15135494
安 徽	7412977	6417308	1703398	7150458	4057540
福 建	7269076	6796742	1863837	9945658	6585922
江 西	3225127	2798406	1054523	5498156	3538380
山 东	13575851	12508954	3903071	10914777	7783521
河 南	4956288	4316061	1269049	7078019	4211800
湖 北	6145898	5105714	1685185	7563326	3908593
湖 南	4080856	3481337	961435	5056188	2417738
广 东	15759002	13621578	3935441	10349351	5492893
广 西	2680905	2375642	635017	2531627	1620730
海 南	184781	157660	32025	170683	107628
重 庆	8727633	7448425	2228178	6203675	3045351
四 川	10814986	9194355	2120141	8693258	5403383
贵 州	2144588	1944618	424772	1067526	669058
云 南	5221766	4688794	1255350	4982337	2792714
西 藏	199472	141977	31398	385126	277086
陕 西	4306353	3734128	1441948	4951707	3640950
甘 肃	1534068	1413697	329904	1627487	1079449
青 海	687355	635337	291973	545463	463225
宁 夏	2538227	2395085	993379	1518792	892688
新 疆	3309909	3202340	1236052	1768429	1270016

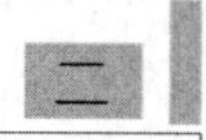

2-43 各地区私营建筑业企业实收资本

单位：万元

地 区	合 计	国家资本	集体资本	法人资本	个人资本	港澳台资本	外商资本
全国总计	**112864851**	**372852**	**1318788**	**29786468**	**81314709**	**58854**	**13181**
北 京	2972927	271	154	807772	2164730		
天 津	1637309	1837	4110	472756	1158606		
河 北	2164738	68571	29587	538011	1526489	2080	
山 西	3494483	9771	29000	1258739	2196973		
内蒙古	1303594	1686	26743	274763	1000403		
辽 宁	3960330	8696	42220	1234674	2674541	100	100
吉 林	2042272	11760	30658	700729	1298621	505	
黑龙江	1121899	7214	17506	285606	811574		
上 海	4412975	6697	49507	1373438	2981158	2170	5
江 苏	15360165	63293	183610	4176120	10916470	20093	580
浙 江	15135494	7979	66305	3186477	11849280	25452	
安 徽	4057540	15313	77730	897660	3066837		
福 建	6585922	3216	24775	1344066	5213865		
江 西	3538380	1535	51864	627865	2856916	100	100
山 东	7783521	14397	126554	1648708	5993524	338	
河 南	4211800	17270	70201	1136458	2985621	2250	
湖 北	3908593	10590	41569	822364	3034069	1	
湖 南	2417738	6236	56191	699134	1655401	776	
广 东	5492893	5750	91677	2045252	3337508	1732	10975
广 西	1620730	8632	47021	501240	1063837		
海 南	107628			31255	76373		
重 庆	3045351	10667	47755	729014	2254550	2686	680
四 川	5403383	53568	78236	1323733	3947708	41	97
贵 州	669058	4049	44886	235163	384960		
云 南	2792714	22912	26943	922823	1820035		
西 藏	277086		414	171558	105114		
陕 西	3640950	4191	16417	1193546	2426022	130	644
甘 肃	1079449	2633	9680	468655	598081	400	
青 海	463225	1030	7705	168285	286205		
宁 夏	892688		2478	138379	751831		
新 疆	1270016	3089	17295	372226	877406		

2-44 各地区私营建筑业企业收入情况

单位：万元

地区	主营业务收入	#主营业务成本	#主营业务税金及附加	其他业务收入	#其他业务成本	#其他业务利润
全国总计	**520779257**	**454664023**	**14301889**	**7352566**	**13367281**	**358847**
北京	8874017	7753681	133268	102376	67635	38299
天津	5704385	4964562	89071	177913	259758	5495
河北	7959737	6934638	207123	104827	255775	4959
山西	9024297	7976556	212317	144475	250644	10426
内蒙古	3122442	2653067	80700	104542	205673	2530
辽宁	12706038	10498563	317211	317217	769387	7907
吉林	7377270	6081904	209393	195197	395011	4034
黑龙江	2428825	2079237	70197	15284	34849	272
上海	20579254	18822740	351256	113061	120068	14885
江苏	86599707	76282472	2499780	450015	495679	58061
浙江	100975719	92203066	2555203	278515	368988	50705
安徽	18878378	16116216	567875	104420	619259	6658
福建	32605599	28680256	1003903	268839	744543	9172
江西	13737101	11843563	511182	1997446	2067774	4866
山东	24635471	21043329	673742	278989	710426	9849
河南	16235621	13561799	509562	495637	863478	18347
湖北	22052456	18891862	679827	328944	500697	6752
湖南	15692855	13439436	599696	122776	400236	4282
广东	22688937	19371508	445271	270660	943115	22739
广西	7288443	6365482	188100	271057	442962	5848
海南	337526	298272	7658	605	1617	6
重庆	23626936	19570369	766478	171016	742709	8391
四川	22938152	19443021	701881	501667	1022624	33309
贵州	2444909	2085448	76348	69555	109848	3972
云南	10201200	8424055	322412	152181	394226	10239
西藏	367276	277659	9594	2359	10632	801
陕西	8397694	7261197	218603	107706	180907	2055
甘肃	2718593	2272618	80926	47211	78558	4754
青海	1020435	897051	24337	47655	75207	124
宁夏	3566026	3149651	63269	36950	77882	6900
新疆	5993960	5420747	125708	73472	157118	2214

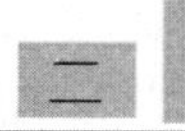

2-45 各地区私营建筑业企业费用情况

单位：万元

地区	管理费用	#税金	销售费用	财务费用	#利息收入	#利息支出
全国总计	**16455009**	**965626**	**2998002**	**3629401**	**197234**	**2474036**
北京	634002	7783	225501	35344	14578	37836
天津	264747	19396	31614	34007	6283	28552
河北	207682	13483	26784	68889	1223	36360
山西	336707	13922	75408	46872	3882	24714
内蒙古	127294	8165	6844	76045	599	61577
辽宁	640509	47888	62432	89585	2000	43123
吉林	237639	20503	23943	57767	3055	35188
黑龙江	102581	8654	11502	8522	531	6233
上海	838445	26113	99432	91863	4920	66302
江苏	2697417	134129	456654	718971	34295	533831
浙江	2130328	101389	290667	603220	37718	537656
安徽	570935	34127	123714	132295	5350	69940
福建	929534	68001	115478	100275	5406	50777
江西	376825	49367	113827	60827	1707	35518
山东	776596	59313	132217	216837	11836	135663
河南	524612	41017	124867	101046	3281	63507
湖北	609714	40485	190699	162161	3629	80487
湖南	451678	42125	128482	79633	2770	45337
广东	903292	35100	144296	188969	24372	145334
广西	242857	10728	16740	31648	1205	20106
海南	8672	218	83	910	254	498
重庆	782039	54357	163020	195086	14622	116906
四川	814355	50571	205839	253875	4543	117873
贵州	74280	7468	10672	18518	516	7588
云南	447693	28336	114357	106335	5091	74762
西藏	17576	825	2211	1717	1	1347
陕西	310010	21015	48607	50620	1360	27932
甘肃	97976	7896	21460	27556	919	19685
青海	39978	2253	5679	6286	212	5137
宁夏	88673	4214	11834	33403	489	18053
新疆	170365	6786	13140	30321	590	26216

2-46 各地区私营建筑业企业利润及税金情况

单位：万元

地区	利润总额	#应交所得税	税金总额	主营业务税金及附加	管理费用中的税金	应交增值税
全国总计	**22464257**	**5446254**	**20821009**	**14301889**	**965626**	**5553495**
北京	141389	48767	276986	133268	7783	135934
天津	242642	47988	166260	89071	19396	57792
河北	409661	102250	316680	207123	13483	96074
山西	268910	72611	352956	212317	13922	126718
内蒙古	191299	44294	117623	80700	8165	28759
辽宁	588411	175768	467274	317211	47888	102176
吉林	467985	123568	293940	209393	20503	64044
黑龙江	134898	30979	100966	70197	8654	22115
上海	413214	102484	578067	351256	26113	200699
江苏	3876819	882671	3455324	2499780	134129	821415
浙江	3091464	802342	3876754	2555203	101389	1220163
安徽	821032	189218	810655	567875	34127	208653
福建	1283043	397512	1360621	1003903	68001	288717
江西	763839	194898	649004	511182	49367	88456
山东	1332439	265929	954243	673742	59313	221189
河南	1001347	253172	746738	509562	41017	196159
湖北	1319435	341622	962603	679827	40485	242292
湖南	713825	158345	823479	599696	42125	181658
广东	925916	219502	739549	445271	35100	259178
广西	255620	78007	291809	188100	10728	92981
海南	20468	10764	17241	7658	218	9366
重庆	1571855	301645	1044537	766478	54357	223702
四川	983869	245827	968522	701881	50571	216069
贵州	139929	33684	130454	76348	7468	46638
云南	548323	124390	475388	322412	28336	124639
西藏	54107	4066	13163	9594	825	2745
陕西	415812	61177	331797	218603	21015	92179
甘肃	160341	29143	112646	80926	7896	23824
青海	16711	4826	38549	24337	2253	11960
宁夏	166115	61888	112970	63269	4214	45487
新疆	143540	36919	234210	125708	6786	101716

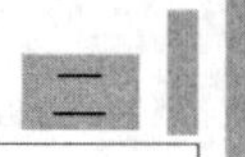

2-47 各地区私营建筑业企业应收工程款及企业亏损情况

地区	应收工程款（万元）	企业个数（个）	#亏损企业个数	亏损企业的比重（%）
全国总计	**115051972**	**44462**	**6976**	**15.7**
北京	3015371	1508	366	24.3
天津	2826567	817	184	22.5
河北	2262297	864	112	13.0
山西	3227256	1894	448	23.7
内蒙古	1885869	371	70	18.9
辽宁	4747588	3052	636	20.8
吉林	3106442	977	134	13.7
黑龙江	804568	577	138	23.9
上海	5235299	1913	421	22.0
江苏	24449096	5585	388	6.9
浙江	12417571	4732	652	13.8
安徽	4101705	1710	193	11.3
福建	3866221	2093	297	14.2
江西	2132032	762	62	8.1
山东	6785043	2904	368	12.7
河南	2819019	1789	214	12.0
湖北	3651840	1500	196	13.1
湖南	2249975	768	85	11.1
广东	5348115	1802	349	19.4
广西	1117558	556	94	16.9
海南	73225	37	4	10.8
重庆	4380582	1449	191	13.2
四川	4294162	2003	290	14.5
贵州	719369	390	111	28.5
云南	2409217	1533	277	18.1
西藏	183865	100	9	9.0
陕西	2316374	1081	230	21.3
甘肃	836355	539	99	18.4
青海	309354	188	72	38.3
宁夏	1552793	369	109	29.5
新疆	1927248	599	177	29.5

2-48 各地区私营建筑业企业主要经济效益指标

地　区	产值利润率(%)	产值利税率(%)	资本利润率(%)	资本利税率(%)	人均利润(元/人)	人均利税(元/人)	资产负债率(%)
全国总计	**3.8**	**7.3**	**19.9**	**38.4**	**10412**	**20062**	**54.0**
北　京	2.2	6.4	4.8	14.1	7496	22182	67.0
天　津	2.3	3.9	14.8	25.0	15698	26454	63.2
河　北	4.5	8.1	18.9	33.6	11243	19933	60.1
山　西	3.0	6.8	7.7	17.8	7403	17119	54.3
内蒙古	5.7	9.2	14.7	23.7	16511	26664	64.5
辽　宁	4.4	7.8	14.9	26.7	11222	20133	53.5
吉　林	5.7	9.3	22.9	37.3	13484	21954	52.6
黑龙江	5.0	8.7	12.0	21.0	11209	19598	55.0
上　海	2.5	6.1	9.4	22.5	8110	19456	65.9
江　苏	3.9	7.4	25.2	47.7	10154	19204	54.1
浙　江	2.3	5.3	20.4	46.0	6974	15720	51.7
安　徽	3.6	7.2	20.2	40.2	10413	20694	50.8
福　建	3.4	7.0	19.5	40.1	8111	16712	42.2
江　西	4.7	8.8	21.6	39.9	12890	23841	37.0
山　东	5.2	8.9	17.1	29.4	13442	23069	55.4
河　南	5.7	10.0	23.8	41.5	15374	26839	41.1
湖　北	5.5	9.5	33.8	58.4	17007	29415	44.8
湖　南	4.2	9.0	29.5	63.6	11581	24940	44.7
广　东	4.7	8.4	16.9	30.3	16042	28854	60.3
广　西	2.7	5.7	15.8	33.8	7201	15422	51.4
海　南	6.1	11.2	19.0	35.0	24855	45791	52.0
重　庆	5.4	9.0	51.6	85.9	14767	24580	58.5
四　川	3.2	6.4	18.2	36.1	8269	16409	55.4
贵　州	5.7	10.9	20.9	40.4	16179	31263	66.8
云　南	4.2	7.8	19.6	36.7	10306	19241	51.2
西　藏	13.9	17.3	19.5	24.3	36279	45105	34.1
陕　西	4.6	8.2	11.4	20.5	11824	21259	46.5
甘　肃	5.9	10.0	14.9	25.3	12403	21117	48.5
青　海	2.0	6.6	3.6	11.9	3925	12979	55.8
宁　夏	7.1	11.9	18.6	31.3	17915	30098	62.6
新　疆	2.6	6.9	11.3	29.7	7392	19453	65.2

2-49 各地区联营建筑业企业签订合同情况

地　区	签订合同额	上年结转合同额	本年新签合同额
全国总计	**3743110**	**2077126**	**1665983**
北　京	5		5
天　津			
河　北	454956	24312	430644
山　西			
内蒙古			
辽　宁	32000		32000
吉　林			
黑龙江	1037	1037	
上　海	6		6
江　苏	3069489	2001806	1067683
浙　江	1684	1219	465
安　徽	22661	10051	12610
福　建			
江　西			
山　东	19350	1072	18278
河　南	10228	1920	8308
湖　北			
湖　南	43059	7072	35987
广　东	50467	23073	27394
广　西			
海　南	1026		1026
重　庆			
四　川	19060	2246	16814
贵　州	270	70	200
云　南	11917	436	11480
西　藏			
陕　西	5895	2812	3083
甘　肃			
青　海			
宁　夏			
新　疆			

2-50 各地区联营建筑业企业承包工程完成情况

单位：万元

地　区	直接从建设单位承揽工程完成的产值			从建设单位以外承揽工程完成的产值
		自行完成施工产值	分包出去工程的产值	
全国总计	**1248298**	**1248298**		**1411**
北　京	5	5		
天　津				
河　北	451000	451000		
山　西				
内蒙古				
辽　宁	29075	29075		
吉　林				
黑龙江	1037	1037		
上　海	247	247		
江　苏	630819	630819		
浙　江	1537	1537		
安　徽	18647	18647		
福　建				
江　西				
山　东	19350	19350		
河　南	10228	10228		
湖　北				
湖　南	23870	23870		1411
广　东	29659	29659		
广　西				
海　南	1026	1026		
重　庆				
四　川	18291	18291		
贵　州	270	270		
云　南	10154	10154		
西　藏				
陕　西	3083	3083		
甘　肃				
青　海				
宁　夏				
新　疆				

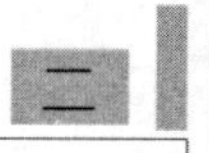

2-51 各地区联营企业建筑业总产值和竣工产值

单位：万元

地区	建筑业总产值	#装饰装修产值	#在外省完成的产值	按构成分组 建筑工程产值	安装工程产值	其他产值	竣工产值
全国总计	**1249709**	**120973**	**384652**	**1129867**	**41109**	**78733**	**515466**
北京	5	5		5			5
天津							
河北	451000	108280	3531	380356	18568	52076	395915
山西							
内蒙古							
辽宁	29075			4852	8649	15574	22075
吉林							
黑龙江	1037			1037			
上海	247	247	212	247			247
江苏	630819	441	380163	626635	4184		4625
浙江	1537			1537			1621
安徽	18647			16494	827	1325	10277
福建							
江西							
山东	19350	9610		19265		85	19350
河南	10228			5503		4725	443
湖北							
湖南	25282	116		21784		3498	22070
广东	29659			29235		424	15597
广西							
海南	1026		746			1026	1026
重庆							
四川	18291	1491		16800	1491		11291
贵州	270			270			700
云南	10154	782		2764	7391		10226
西藏							
陕西	3083			3083			
甘肃							
青海							
宁夏							
新疆							

2-52 各地区联营建筑业企业房屋建筑面积

地 区	房屋施工面积(万平方米)	#本年新开工	#实行投标承包面积	房屋竣工面积(万平方米)	房屋竣工率(%)
全国总计	**436.2**	**363.8**	**406.1**	**313.8**	**71.9**
北 京					
天 津					
河 北	368.9	325.1	368.9	281.3	76.3
山 西					
内蒙古					
辽 宁					
吉 林					
黑龙江					
上 海					
江 苏					
浙 江	2.8			0.6	22.5
安 徽	9.6	0.2	9.6	0.2	2.2
福 建					
江 西					
山 东	9.4	8.4	1.0	9.4	100.0
河 南	0.4	0.4		0.2	52.6
湖 北					
湖 南	21.3	12.9	21.3	8.3	38.9
广 东	3.6	1.1	3.6	1.7	47.7
广 西					
海 南					
重 庆					
四 川	14.8	13.2		9.5	64.2
贵 州	1.5	0.8	0.7	0.8	52.7
云 南	2.1	1.8	1.1	1.8	85.9
西 藏					
陕 西	1.8				
甘 肃					
青 海					
宁 夏					
新 疆					

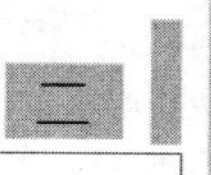

2-53 各地区按主要用途分的联营建筑业企业房屋竣工面积

单位：万平方米

地区	总计	住宅房屋	商业及服务用房屋			
				商厦房屋(批发和零售用房)	宾馆用房屋(住宿用房)	餐饮用房屋(餐饮用房)
全国总计	**313.8**	**177.0**	**27.2**			
北京						
天津						
河北	281.3	153.5	27.2			
山西						
内蒙古						
辽宁						
吉林						
黑龙江						
上海						
江苏						
浙江	0.6					
安徽	0.2					
福建						
江西						
山东	9.4	9.4				
河南	0.2	0.2				
湖北						
湖南	8.3	3.5				
广东	1.7	0.2				
广西						
海南						
重庆						
四川	9.5	9.5				
贵州	0.8	0.8				
云南	1.8					
西藏						
陕西						
甘肃						
青海						
宁夏						
新疆						

2-53 续表 1

单位：万平方米

地　区	商务会展用房屋	其他商业及服务用房屋(居民服务业用房)	办公用房屋	科研、教育和医疗用房屋	科学研究用房屋	教育用房屋
全国总计		**27.2**	**40.8**	**17.8**	**9.6**	**7.6**
北　京						
天　津						
河　北		27.2	37.9	15.7	9.6	6.1
山　西						
内蒙古						
辽　宁						
吉　林						
黑龙江						
上　海						
江　苏						
浙　江				0.6		
安　徽			0.1			
福　建						
江　西						
山　东						
河　南						
湖　北						
湖　南			2.4	0.4		0.4
广　东			0.4	1.1		1.1
广　西						
海　南						
重　庆						
四　川						
贵　州						
云　南			0.0			
西　藏						
陕　西						
甘　肃						
青　海						
宁　夏						
新　疆						

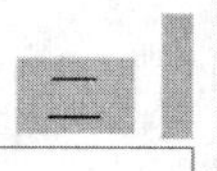

2-53　续表 2　　　　单位：万平方米

地区	医疗用房屋(卫生医疗用房)	文化、体育和娱乐用房屋	厂房及建筑物	#厂　房	仓　库	其他未列明的房屋建筑物
全国总计	**0.6**	**4.9**	**20.7**	**19.7**	**0.0**	**25.4**
北　京						
天　津						
河　北		4.8	19.7	19.7		22.5
山　西						
内蒙古						
辽　宁						
吉　林						
黑龙江						
上　海						
江　苏						
浙　江	0.6					
安　徽			0.1			
福　建						
江　西						
山　东						
河　南						
湖　北						
湖　南			0.9		0.0	1.1
广　东						
广　西						
海　南						
重　庆						
四　川						
贵　州						
云　南		0.0				1.7
西　藏						
陕　西						
甘　肃						
青　海						
宁　夏						
新　疆						

2-54 各地区按主要用途分的联营建筑业企业房屋竣工价值

单位：万元

地区	总计	住宅房屋	商业及服务用房屋	商厦房屋(批发和零售用房)	宾馆用房屋(住宿用房)	餐饮用房屋(餐饮用房)
全国总计	**431766**	**232615**	**32922**			
北京						
天津						
河北	395915	208869	32922			
山西						
内蒙古						
辽宁						
吉林						
黑龙江						
上海						
江苏						
浙江	1617					
安徽	252					
福建						
江西						
山东	9365	9365				
河南	443	443				
湖北						
湖南	8749	3196				
广东	2759	242				
广西						
海南						
重庆						
四川	9800	9800				
贵州	700	700				
云南	2167					
西藏						
陕西						
甘肃						
青海						
宁夏						
新疆						

2-54 续表 1

单位：万元

地 区	商务会展用房屋	其他商业及服务用房屋(居民服务业用房)	办公用房屋	科研、教育和医疗用房屋	科学研究用房屋	教育用房屋
全国总计		**32922**	**51785**	**28842**	**13656**	**13569**
北 京						
天 津						
河 北		32922	48694	24804	13656	11148
山 西						
内蒙古						
辽 宁						
吉 林						
黑龙江						
上 海						
江 苏						
浙 江				1617		
安 徽			156			
福 建						
江 西						
山 东						
河 南						
湖 北						
湖 南			2269	524		524
广 东			620	1897		1897
广 西						
海 南						
重 庆						
四 川						
贵 州						
云 南			46			
西 藏						
陕 西						
甘 肃						
青 海						
宁 夏						
新 疆						

2-54 续表 2

单位：万元

地　区	医疗用房屋(卫生医疗用房)	文化、体育和娱乐用房屋	厂房及建筑物	#厂　房	仓　库	其他未列明的房屋建筑物
全国总计	**1617**	**6729**	**33016**	**32064**	**19**	**45839**
北　京						
天　津						
河　北		6644	32064	32064		41918
山　西						
内 蒙 古						
辽　宁						
吉　林						
黑 龙 江						
上　海						
江　苏						
浙　江	1617					
安　徽			96			
福　建						
江　西						
山　东						
河　南						
湖　北						
湖　南			856		19	1885
广　东						
广　西						
海　南						
重　庆						
四　川						
贵　州						
云　南		85				2037
西　藏						
陕　西						
甘　肃						
青　海						
宁　夏						
新　疆						

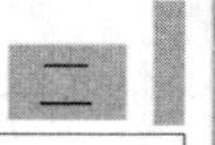

2-55 各地区联营建筑业企业主要生产效益指标

地　区	建筑业企业个数(个)	从事建筑业活动的平均人数(人)	按总产值计算的劳动生产率(元/人)	人均竣工产值(元/人)	人均施工面积(平方米/人)	人均竣工面积(平方米/人)
全国总计	**31**	**36781**	**339770**	**140145**	**118.6**	**85.3**
北　京	1	5	10800	10800		
天　津						
河　北	1	24352	185200	162580	151.5	115.5
山　西						
内蒙古						
辽　宁	2	1452	200239	152030		
吉　林						
黑龙江	1	35	296229			
上　海	1	3	823333	823333		
江　苏	4	1716	3676099	26950		
浙　江	2	110	139736	147345	258.3	58.1
安　徽	2	1054	176913	97502	91.5	2.0
福　建						
江　西						
山　东	2	1105	175113	175113	84.8	84.8
河　南	1	1615	63328	2740	2.7	1.4
湖　北						
湖　南	3	2348	107673	93995	90.7	35.3
广　东	3	1804	164409	86456	19.8	9.4
广　西						
海　南	1	62	165452	165452		
重　庆						
四　川	2	611	299365	184799	242.2	155.5
贵　州	1	66	40909	106061	224.2	118.2
云　南	3	327	310526	312713	64.5	55.4
西　藏						
陕　西	1	116	265793		155.2	
甘　肃						
青　海						
宁　夏						
新　疆						

2-56 各地区联营建筑业企业资产构成

单位：万元

地区	资产合计	#流动资产合计	#存货	#非流动资产合计	#固定资产合计
全国总计	**685442**	**588645**	**57110**	**96797**	**82563**
北京	730	729	67	2	2
天津					
河北	31438	28275	3014	3163	3163
山西					
内蒙古					
辽宁	31728	23301	2453	8427	8206
吉林					
黑龙江	1351	1235	113	116	103
上海	145	137		8	8
江苏	504387	450551	28024	53837	52244
浙江	1267	857	146	409	389
安徽	29358	24267	6705	5091	4882
福建					
江西					
山东	10926	6499	3912	4427	2386
河南	2507	1700	510	807	807
湖北					
湖南	29344	18957	8605	10387	2633
广东	10838	6934	219	3904	3526
广西					
海南	3388	3202	818	186	103
重庆					
四川	8360	7149	1003	1211	1211
贵州	1222	822	231	400	130
云南	9081	7155	887	1927	1839
西藏					
陕西	9373	6875	405	2498	933
甘肃					
青海					
宁夏					
新疆					

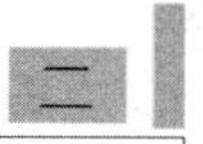

2-57 各地区联营建筑业企业固定资产情况

单位：万元

地 区	固定资产合计	固定资产原价	固定资产折旧	#本年折旧	在建工程
全国总计	**82563**	**110120**	**55747**	**4637**	**26429**
北 京	2	37	36		
天 津					
河 北	3163	5304	2141	183	
山 西					
内蒙古					
辽 宁	8206	25955	17749	1285	
吉 林					
黑龙江	103	201	98	6	
上 海	8	12	5	1	
江 苏	52244	50157	23654	2111	25741
浙 江	389	919	569	12	40
安 徽	4882	9801	5099	563	
福 建					
江 西					
山 东	2386	2117	90	3	78
河 南	807	1125	480	23	
湖 北					
湖 南	2633	2676	901	119	
广 东	3526	5363	1836	14	
广 西					
海 南	103	294	191		
重 庆					
四 川	1211	1762	551	85	
贵 州	130	130	0	0	
云 南	1839	3058	1253	76	
西 藏					
陕 西	933	1209	1095	156	570
甘 肃					
青 海					
宁 夏					
新 疆					

2-58 各地区联营建筑业企业负债及所有者权益

单位：万元

地区	负债合计	#流动负债	#应付账款	所有者权益	#实收资本
全国总计	**573329**	**157548**	**57502**	**112113**	**40285**
北京	261	261	2	470	500
天津					
河北	25114	24937		6325	510
山西					
内蒙古					
辽宁	10453	10453	2586	21275	4350
吉林					
黑龙江	1532	1532		-182	464
上海	8	8		136	100
江苏	490790	79471	39833	13598	4819
浙江	526	520	83	741	664
安徽	12684	12389	2545	16674	2262
福建					
江西					
山东	4326	2898	1734	6600	3500
河南	271	270	32	2235	2000
湖北					
湖南	4770	4473	2527	24574	6239
广东	7559	7559	2429	3279	3291
广西					
海南	1435	1435	1121	1953	1028
重庆					
四川	3593	3593	2340	4767	2200
贵州	922			300	78
云南	5560	5366	939	3521	2433
西藏					
陕西	3526	2383	1331	5847	5847
甘肃					
青海					
宁夏					
新疆					

2-59 各地区联营建筑业企业实收资本

单位：万元

地区	合计	国家资本	集体资本	法人资本	个人资本	港澳台资本	外商资本
全国总计	**40285**	**10823**	**12125**	**8668**	**8669**		
北京	500				500		
天津							
河北	510	510					
山西							
内蒙古							
辽宁	4350	751	3599				
吉林							
黑龙江	464			464			
上海	100	50	50				
江苏	4819	3737	1083				
浙江	664		285	379			
安徽	2262	2010		253			
福建							
江西							
山东	3500			480	3020		
河南	2000			2000			
湖北							
湖南	6239	2000		2220	2019		
广东	3291	420	503	2188	180		
广西							
海南	1028		600	428			
重庆							
四川	2200	146		46	2008		
贵州	78		78				
云南	2433	1200	81	210	942		
西藏							
陕西	5847		5847				
甘肃							
青海							
宁夏							
新疆							

2-60 各地区联营建筑业企业收入情况

单位：万元

地区	主营业务收入	#主营业务成本	#主营业务税金及附加	其他业务收入	#其他业务成本	#其他业务利润
全国总计	**1090786**	**1006073**	**35095**	**1635**	**1261**	**316**
北京	5	2				
天津						
河北	451000	405900	24309			
山西						
内蒙古						
辽宁	31757	28631	507	1494	1204	290
吉林						
黑龙江	1036	1001	20			
上海	247	238				
江苏	486943	468934	6315	10	1	9
浙江	1532	1280	94			
安徽	18647	14343	383			
福建						
江西						
山东	17590	15203	442			
河南	2235	1898	88			
湖北						
湖南	29034	25659	1219			
广东	21209	17096	917	66	8	
广西						
海南	2147	1741	36			
重庆						
四川	11220	9930	355	22		22
贵州	115	95	3			
云南	9975	8473	196	44	49	-5
西藏						
陕西	6094	5650	211			
甘肃						
青海						
宁夏						
新疆						

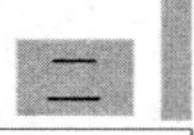

2-61　各地区联营建筑业企业费用情况

单位：万元

地　区	管理费用	#税　金	销售费用	财务费用	#利息收入	#利息支出
全国总计	**22640**	**423**	**2635**	**-622**	**1541**	**3622**
北　京	16			0		
天　津						
河　北	3127	10		273	99	297
山　西						
内蒙古						
辽　宁	2893	41		-111	-112	
吉　林						
黑龙江	19	1		0	0	
上　海	0			0		
江　苏	10518	67	137	-1425	1529	2932
浙　江	56	2	2	52	1	51
安　徽	1800	61	693	190	7	28
福　建						
江　西						
山　东	421	14	875	32		17
河　南	8	2	9	5	0	5
湖　北						
湖　南	853	77	431	236	11	221
广　东	2040	41	95	59	0	2
广　西						
海　南	88	1	0		0	
重　庆						
四　川	321	2	387	1	0	
贵　州	17	3		0		
云　南	223	24	6	66	4	67
西　藏						
陕　西	242	76	0	0	1	2
甘　肃						
青　海						
宁　夏						
新　疆						

2-62 各地区联营建筑业企业利润及税金情况

单位：万元

地区	利润总额	#应交所得税	税金总额	主营业务税金及附加	管理费用中的税金	应交增值税
全国总计	**19871**	**1596**	**39822**	**35095**	**423**	**4304**
北京	-13					
天津						
河北	17391	43	24319	24309	10	
山西						
内蒙古						
辽宁	568	176	3126	507	41	2578
吉林						
黑龙江	-3	1	21	20	1	
上海	1	1				
江苏	-3289	553	6725	6315	67	342
浙江	47	20	101	94	2	5
安徽	1054	253	518	383	61	74
福建						
江西						
山东	618	150	456	442	14	
河南	227	47	91	88	2	
湖北						
湖南	636	133	1715	1219	77	419
广东	1059	101	1552	917	41	593
广西						
海南	282	20	89	36	1	52
重庆						
四川	249	67	381	355	2	25
贵州			7	3	3	
云南	1062	6	433	196	24	213
西藏						
陕西	-20	25	290	211	76	4
甘肃						
青海						
宁夏						
新疆						

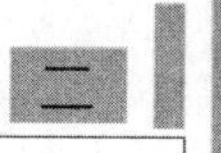

2-63 各地区联营建筑业企业应收工程款及企业亏损情况

地　区	应收工程款（万元）	企业个数（个）	#亏损企业个数	亏损企业的比重（%）
全国总计	**225973**	**31**	**4**	**12.9**
北　京	630	1	1	100.0
天　津				
河　北		1		
山　西				
内蒙古				
辽　宁	2560	2		
吉　林				
黑龙江		1	1	100.0
上　海		1		
江　苏	202989	4	1	25.0
浙　江	231	2		
安　徽	4366	2		
福　建				
江　西				
山　东	1839	2		
河　南	50	1		
湖　北				
湖　南	5365	3		
广　东	12	3		
广　西				
海　南	1428	1		
重　庆				
四　川	677	2		
贵　州	115	1		
云　南	5708	3		
西　藏				
陕　西	4	1	1	100.0
甘　肃				
青　海				
宁　夏				
新　疆				

2-64 各地区联营建筑业企业主要经济效益指标

地 区	产值利润率(%)	产值利税率(%)	资本利润率(%)	资本利税率(%)	人均利润(元/人)	人均利税(元/人)	资产负债率(%)
全国总计	**1.6**	**4.8**	**49.3**	**148.2**	**5402**	**16229**	**83.6**
北 京	-240.7	-240.7	-2.6	-2.6	-26000	-26000	35.7
天 津							
河 北	3.9	9.2	3410.0	8178.5	7141	17128	79.9
山 西							
内蒙古							
辽 宁	2.0	12.7	13.1	84.9	3913	25439	32.9
吉 林							
黑龙江	-0.3	1.7	-0.6	3.8	-829	5057	113.4
上 海	0.5	0.5	1.3	1.3	4333	4333	5.8
江 苏	-0.5	0.5	-68.2	71.3	-19164	20023	97.3
浙 江	3.1	9.7	7.1	22.3	4282	13491	41.5
安 徽	5.7	8.4	46.6	69.5	9999	14913	43.2
福 建							
江 西							
山 东	3.2	5.5	17.7	30.7	5594	9716	39.6
河 南	2.2	3.1	11.4	15.9	1407	1968	10.8
湖 北							
湖 南	2.5	9.3	10.2	37.7	2710	10012	16.3
广 东	3.6	8.8	32.2	79.3	5871	14472	69.7
广 西							
海 南	27.5	36.2	27.5	36.1	45548	59887	42.3
重 庆							
四 川	1.4	3.4	11.3	28.6	4067	10309	43.0
贵 州		2.5		8.7		1030	75.5
云 南	10.5	14.7	43.7	61.4	32483	45719	61.2
西 藏							
陕 西	-0.6	8.8	-0.3	4.6	-1707	23319	37.6
甘 肃							
青 海							
宁 夏							
新 疆							

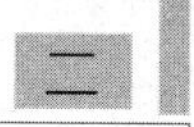

2-65 各地区股份制建筑业企业签订合同情况

单位：万元

地区	签订合同额	上年结转合同额	本年新签合同额
全国总计	**2140198159**	**962054485**	**1178143674**
北京	192974604	96346309	96628295
天津	82069379	40912033	41157346
河北	67035724	28301786	38733938
山西	53344448	25737904	27606545
内蒙古	11245350	4169584	7075766
辽宁	45494878	22825053	22669825
吉林	20064873	7692175	12372698
黑龙江	14005016	5211916	8793099
上海	114389712	55793609	58596103
江苏	229362197	99760652	129601545
浙江	186533633	82376606	104157027
安徽	54582601	25593395	28989207
福建	79970055	33583797	46386258
江西	54306239	25450356	28855884
山东	103164801	36774315	66390486
河南	116200792	47222677	68978115
湖北	146419442	62255768	84163675
湖南	87491695	43252269	44239426
广东	120697457	61255493	59441963
广西	17372598	5905849	11466749
海南	4877129	2626926	2250203
重庆	54976542	25591297	29385245
四川	104060821	48667297	55393524
贵州	23757922	11122159	12635763
云南	33977196	14662449	19314747
西藏	791830	271191	520638
陕西	76211782	31569022	44642760
甘肃	18869887	7607170	11262717
青海	1940841	1169638	771203
宁夏	2006451	633742	1372709
新疆	22002266	7712049	14290217

2-66 各地区股份制建筑业企业承包工程完成情况

单位：万元

地区	直接从建设单位承揽工程完成的产值			从建设单位以外承揽工程完成的产值
		自行完成施工产值	分包出去工程的产值	
全国总计	**1033574550**	**1000337438**	**33237112**	**41230527**
北京	65760994	53610834	12150160	9369295
天津	30243092	28787354	1455738	933878
河北	36407836	36227454	180381	736547
山西	18508070	18486103	21967	258750
内蒙古	7271924	7249065	22860	26640
辽宁	19396432	19203869	192563	249207
吉林	12642531	12621674	20857	112535
黑龙江	9015616	9004241	11375	17775
上海	35859938	28775427	7084511	4547172
江苏	139652513	139202684	449829	8275934
浙江	109729939	107714257	2015682	2769895
安徽	26618828	26209094	409734	610611
福建	39538972	39457809	81163	1019293
江西	27531441	27347264	184177	744900
山东	56528578	55988727	539850	807172
河南	60949642	60720978	228664	783005
湖北	70381085	69469870	911215	1296936
湖南	37234925	37118552	116372	498682
广东	52921634	48868113	4053521	2826429
广西	10274203	10069869	204334	147068
海南	1925459	1896758	28700	34778
重庆	33245052	32567803	677248	859110
四川	48219708	47483188	736521	2152721
贵州	8964339	8934545	29794	52198
云南	16926217	16876010	50207	397956
西藏	492003	456798	35204	37630
陕西	30731497	29619116	1112380	1364841
甘肃	11017054	10955441	61614	138145
青海	963880	941865	22014	23699
宁夏	1186462	1185061	1401	11304
新疆	13434689	13287614	147076	126425

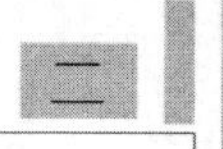

2-67 各地区股份制企业建筑业总产值和竣工产值

单位：万元

地区	建筑业总产值	#装饰装修产值	#在外省完成的产值	按构成分组			竣工产值
				建筑工程产值	安装工程产值	其他产值	
全国总计	**1041567966**	**57888390**	**408741518**	**932016155**	**80396649**	**29155161**	**594778453**
北京	62980129	7374192	45354619	60135466	2217735	626929	29735170
天津	29721232	417885	14657472	26926054	2288836	506342	13626964
河北	36964001	1382921	12549316	30223870	3975058	2765074	19953669
山西	18744853	398353	10181867	16929441	1465681	349731	5581935
内蒙古	7275705	126232	120592	5770081	685945	819678	4315438
辽宁	19453075	928747	5493403	16630325	2264412	558338	9602390
吉林	12734209	369428	1353403	10861653	1303219	569338	8544283
黑龙江	9022016	512185	1490916	7496744	1100279	424993	5868721
上海	33322599	2879213	18307541	28470998	4302651	548950	19283968
江苏	147478617	7879565	81527568	139558894	7056422	863302	121975960
浙江	110484152	7806291	62350939	97653820	10625788	2204544	69045640
安徽	26819705	861620	7606182	23332865	1768632	1718208	13267122
福建	40477102	1329571	17102744	37150705	2890652	435746	22812116
江西	28092165	1328649	11453712	24704820	1850165	1537180	15013905
山东	56795900	3222525	11118307	48671247	6538905	1585748	28856355
河南	61503983	1672234	16726315	55244075	4585753	1674155	34097208
湖北	70766806	2661516	26205196	63069990	5985096	1711720	37926416
湖南	37617234	2024378	14501071	33463431	1859846	2293957	23777152
广东	51694542	8254103	11286398	44459519	5455858	1779165	24156084
广西	10216937	781676	1877620	8961477	764742	490719	5790815
海南	1931537	125922	67464	1661046	230744	39747	1030351
重庆	33426913	1002258	5797327	30663701	1793758	969454	16888601
四川	49635908	1708696	11233340	44119254	3772510	1744144	22321993
贵州	8986744	186051	2666746	8233436	335212	418096	3063522
云南	17273966	701533	1689227	15661895	1050215	561856	7914386
西藏	494428	7892	11476	464798	27472	2158	257328
陕西	30983957	1409097	12701712	27486690	2267906	1229360	13094720
甘肃	11093586	280349	2012014	9668391	962536	462659	5704081
青海	965564	32039	30585	835515	90307	39742	481744
宁夏	1196365	26282	70724	1114834	61578	19954	945585
新疆	13414039	196986	1195721	12391123	818738	204177	9844835

2-68 各地区股份制建筑业企业房屋建筑面积

地　区	房　屋 施工面积 (万平方米)	#本年新开工	#实行投标 承包面积	房　屋 竣工面积 (万平方米)	房屋竣工率 (%)
全国总计	**708090.7**	**257363.5**	**573546.1**	**223023.8**	**31.5**
北　京	46387.7	11816.5	44683.4	8412.9	18.1
天　津	12986.1	2905.0	12019.6	2187.0	16.8
河　北	23895.5	8334.3	19317.1	7527.8	31.5
山　西	7886.2	2109.2	7286.1	1169.5	14.8
内 蒙 古	3750.3	1729.7	2687.1	1609.7	42.9
辽　宁	11917.9	3689.6	7026.7	3113.4	26.1
吉　林	6582.0	3381.2	4551.0	2766.8	42.0
黑 龙 江	2922.2	1773.4	2138.8	1539.1	52.7
上　海	27229.4	6537.7	25130.6	4915.1	18.1
江　苏	139391.6	50820.6	128878.7	44096.9	31.6
浙　江	96114.1	32110.5	80859.3	32214.0	33.5
安　徽	18325.2	6742.8	12456.3	5953.0	32.5
福　建	28807.2	9391.9	21147.0	8056.9	28.0
江　西	15046.4	7342.6	9517.9	7121.1	47.3
山　东	44432.6	18112.3	37640.4	13085.6	29.5
河　南	34763.4	15627.5	25077.0	13466.2	38.7
湖　北	42128.4	19368.4	29438.9	17291.7	41.0
湖　南	26905.1	11353.9	23492.6	9345.7	34.7
广　东	25583.7	8237.0	13355.9	7969.3	31.1
广　西	9927.6	2886.8	8073.0	2487.2	25.1
海　南	1525.5	313.9	1390.9	325.5	21.3
重　庆	18446.2	6842.4	11309.0	6694.2	36.3
四　川	23637.6	10184.5	16130.4	9134.5	38.6
贵　州	6664.7	1955.0	4132.6	1288.0	19.3
云　南	6868.7	3508.7	4348.5	2476.4	36.1
西　藏	89.4	62.3	51.4	44.3	49.6
陕　西	12416.1	4259.8	10632.0	3229.5	26.0
甘　肃	5675.2	2501.6	4029.4	2177.2	38.4
青　海	257.4	120.0	169.8	116.6	45.3
宁　夏	633.7	263.3	557.4	210.5	33.2
新　疆	6893.5	3080.8	6017.3	2997.9	43.5

2-69 各地区按主要用途分的股份制建筑业企业房屋竣工面积

单位：万平方米

地区	总计	住宅房屋	商业及服务用房屋	商厦房屋(批发和零售用房)	宾馆用房屋(住宿用房)	餐饮用房屋(餐饮用房)
全国总计	**223023.8**	**152595.6**	**17067.1**	**8245.6**	**2070.0**	**608.7**
北　京	8412.9	4692.4	1746.5	1157.7	224.2	0.7
天　津	2187.0	1319.5	262.6	184.4	4.4	14.9
河　北	7527.8	5667.9	264.1	172.7	11.1	4.4
山　西	1169.5	743.8	57.1	18.4	0.1	0.2
内蒙古	1609.7	1211.5	78.7	9.3	2.2	2.1
辽　宁	3113.4	2266.5	259.5	121.6	4.2	1.5
吉　林	2766.8	2129.5	124.6	37.9	23.6	2.3
黑龙江	1539.1	1196.9	50.7	14.5	3.0	0.5
上　海	4915.1	2690.5	787.4	215.0	245.1	0.9
江　苏	44096.9	32798.1	2064.6	883.8	266.0	134.4
浙　江	32214.0	19476.4	3152.6	1482.1	407.4	210.3
安　徽	5953.0	4006.3	311.0	129.1	33.1	7.9
福　建	8056.9	5309.4	461.3	274.6	33.8	13.5
江　西	7121.1	4801.2	530.5	271.2	34.0	44.6
山　东	13085.6	8806.8	1200.3	829.0	40.8	28.8
河　南	13466.2	9495.3	758.6	276.3	125.3	27.4
湖　北	17291.7	11933.2	1508.0	685.7	325.9	21.1
湖　南	9345.7	6675.9	758.1	344.2	77.4	7.4
广　东	7969.3	5587.9	420.1	224.8	29.3	6.7
广　西	2487.2	1394.7	171.7	70.7	40.9	9.2
海　南	325.5	234.9	39.1	22.9	1.0	6.6
重　庆	6694.2	5173.0	369.2	166.0	8.4	18.6
四　川	9134.5	6944.8	687.8	251.8	41.9	24.4
贵　州	1288.0	754.4	146.0	56.2	4.4	3.9
云　南	2476.4	1421.2	257.7	78.8	17.0	1.6
西　藏	44.3	33.5	2.4	1.8	0.0	0.0
陕　西	3229.5	2399.0	179.7	64.1	7.2	3.9
甘　肃	2177.2	1408.1	141.1	58.3	26.1	4.3
青　海	116.6	65.6	11.6	8.1	1.7	0.2
宁　夏	210.5	136.9	34.7	23.5		
新　疆	2997.9	1820.5	229.6	111.5	30.2	6.1

2-69 续表 1 单位：万平方米

地　区	商务会展用房屋	其他商业及服务用房屋(居民服务业用房)	办公用房屋	科研、教育和医疗用房屋	科学研究用房屋	教育用房屋
全国总计	**1168.5**	**4974.3**	**12658.3**	**9089.1**	**1102.6**	**5774.8**
北　京	187.7	176.2	667.5	291.8	111.0	145.4
天　津	0.5	58.3	46.7	91.5	22.2	64.4
河　北	13.3	62.7	264.6	368.1	42.0	238.2
山　西	29.1	9.2	111.7	111.5	53.0	34.2
内蒙古	12.1	53.0	82.5	44.4	2.8	36.8
辽　宁	0.0	132.2	84.4	45.1	1.7	35.2
吉　林	2.8	58.0	114.8	83.8	2.2	61.5
黑龙江	4.7	27.9	56.1	34.2	6.2	25.7
上　海	187.4	138.9	472.6	163.5	44.2	79.6
江　苏	372.2	408.2	2219.9	1153.5	162.8	607.2
浙　江	72.0	980.8	2432.3	1112.1	255.9	583.6
安　徽	21.4	119.5	356.0	280.6	15.8	210.1
福　建	14.8	124.7	430.2	198.1	9.9	147.3
江　西	13.2	167.5	364.7	315.9	28.2	203.5
山　东	19.9	281.7	709.7	667.4	60.7	451.0
河　南	35.5	294.1	946.6	759.0	36.6	579.9
湖　北	76.2	399.0	785.2	880.5	85.7	485.3
湖　南	17.2	311.9	590.9	448.1	13.2	296.6
广　东	11.8	147.4	349.0	245.1	24.7	165.3
广　西	0.0	51.0	224.0	244.4	28.0	135.2
海　南		8.5	10.5	22.3		21.4
重　庆	11.0	165.2	259.6	260.4	14.9	172.7
四　川	11.0	358.8	249.9	301.8	21.6	211.4
贵　州	8.4	73.2	86.0	169.3	5.5	146.4
云　南	33.4	126.9	168.7	279.2	5.5	243.4
西　藏	0.4	0.2	3.0	2.1		2.0
陕　西	9.6	94.9	193.6	160.8	8.3	134.2
甘　肃	1.4	51.0	115.7	160.9	22.0	109.3
青　海	0.0	1.5	20.5	12.2	0.0	10.1
宁　夏	0.5	10.8	14.5	9.3	0.2	5.0
新　疆	0.9	80.9	226.8	172.2	17.9	133.0

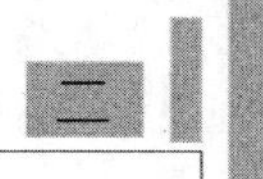

2-69 续表 2

单位：万平方米

地　　区	医疗用房屋（卫生医疗用房）	文化、体育和娱乐用房屋	厂房及建筑物	#厂　房	仓　库	其他未列明的房屋建筑物
全国总计	**2211.7**	**2543.1**	**22658.5**	**15054.4**	**1581.7**	**4830.4**
北　　京	35.4	351.0	362.3	313.3	44.3	257.1
天　　津	4.9	3.8	330.0	192.3	36.2	96.7
河　　北	87.9	41.7	598.6	433.1	28.2	294.6
山　　西	24.4	8.3	112.5	63.2	4.8	19.8
内 蒙 古	4.8	8.2	64.2	36.4	2.5	117.8
辽　　宁	8.2	15.3	360.4	176.7	16.5	65.8
吉　　林	20.1	10.1	220.8	168.2	16.4	66.8
黑 龙 江	2.3	7.0	143.1	57.4	26.7	24.4
上　　海	39.7	67.8	535.8	309.8	40.1	157.4
江　　苏	383.5	395.9	4665.8	3484.0	373.7	425.6
浙　　江	272.6	449.7	4772.1	3636.9	267.1	551.6
安　　徽	54.8	29.7	830.9	519.6	35.0	103.4
福　　建	40.9	46.6	1498.7	418.3	65.5	47.1
江　　西	84.2	102.0	813.5	445.0	79.8	113.4
山　　东	155.7	157.5	1167.1	813.2	122.2	254.7
河　　南	142.5	93.3	1062.9	569.3	107.1	243.4
湖　　北	309.5	225.0	1578.9	1057.2	51.8	329.2
湖　　南	138.3	81.2	611.1	387.3	64.6	115.8
广　　东	55.1	70.9	920.6	634.8	54.7	320.9
广　　西	81.1	112.3	244.2	167.5	8.1	87.9
海　　南	0.9	5.2	10.8	5.9	0.1	2.6
重　　庆	72.9	48.7	353.9	213.3	15.7	213.7
四　　川	68.8	28.2	604.4	392.6	39.0	278.6
贵　　州	17.4	11.1	54.9	32.1	2.6	63.5
云　　南	30.3	45.7	144.9	95.4	26.1	132.8
西　　藏	0.1	1.0	0.6	0.1	0.1	1.8
陕　　西	18.3	34.8	164.0	127.3	17.0	80.6
甘　　肃	29.6	24.6	165.2	99.8	1.6	160.0
青　　海	2.0	0.9	1.5	0.7	0.1	4.2
宁　　夏	4.1	1.6	3.5	2.4		10.1
新　　疆	21.3	63.9	261.3	201.5	34.3	189.2

2-70 各地区按主要用途分的股份制建筑业企业房屋竣工价值

单位：万元

地区	总计	住宅房屋	商业及服务用房屋	商厦房屋(批发和零售用房)	宾馆用房屋(住宿用房)	餐饮用房屋(餐饮用房)
全国总计	**380034987**	**252875355**	**32717133**	**15380874**	**4245085**	**1116265**
北京	20886040	9736448	4558037	2590076	649532	3019
天津	3918590	2183371	475794	244354	22141	36245
河北	11844404	8336653	530871	345017	21076	12196
山西	2175210	1259679	94584	23989	180	300
内蒙古	2555143	1719200	136889	45385	4237	9800
辽宁	4955444	3551559	417654	226106	5414	3734
吉林	4536667	3326467	253973	57644	27459	2106
黑龙江	2474019	1923663	76690	16557	3100	786
上海	11865320	5713316	2229239	635741	477978	1771
江苏	88265040	65282554	4337597	1770394	741172	291011
浙江	52309679	32033066	5686710	2792373	851320	352200
安徽	8460536	5690712	519464	232243	78009	17379
福建	13859871	9373378	961517	581555	80938	17798
江西	10434860	6854159	803942	336597	51899	101300
山东	19927739	12947892	1956645	1245680	100575	43805
河南	17382259	12142500	990854	363198	157908	34693
湖北	26004081	16798407	2817935	1333722	485332	29759
湖南	15209648	10329755	1393249	628468	116911	13081
广东	12680754	9021312	590036	280620	46046	15972
广西	3833320	2222211	252363	98923	56924	15087
海南	675512	495232	62900	28372	2359	18178
重庆	10923455	8107797	696394	374252	12224	20208
四川	13896945	10705393	1137028	441389	78529	37980
贵州	1909388	1056574	204786	77863	8537	7506
云南	4006145	2252463	446854	142103	28786	2093
西藏	118410	85965	7219	4342	33	28
陕西	5672159	3836556	340720	128781	12214	15155
甘肃	3739613	2434958	279822	107173	61217	8781
青海	199051	114571	19917	13389	2334	556
宁夏	368867	230492	59710	42029		
新疆	4946820	3109054	377742	172540	60702	3739

2-70 续表 1 单位：万元

地区	商务会展用房屋	其他商业及服务用房屋(居民服务业用房)	办公用房屋	科研、教育和医疗用房屋	科学研究用房屋	教育用房屋
全国总计	**3380291**	**8594618**	**25169845**	**17581763**	**2429737**	**10531953**
北京	878811	436599	2443382	1001231	328581	559955
天津	1000	172054	126710	289155	109277	159552
河北	30951	121632	418101	666629	122162	358447
山西	53748	16367	197579	222265	52631	86096
内蒙古	19364	58103	156280	96032	10580	74181
辽宁	10	182390	131746	88051	2769	70890
吉林	11662	155103	213320	163226	3288	117212
黑龙江	7617	48630	107977	55532	9179	40923
上海	619608	494142	1412250	561503	136385	258642
江苏	929397	605623	4893197	2863465	516240	1323269
浙江	200867	1489950	4592286	2213615	422949	1196146
安徽	22678	169154	521171	382990	22281	312106
福建	22441	258785	709612	373015	22230	258669
江西	16336	297809	550631	479801	31892	302619
山东	40858	525727	1248480	1215598	111632	781335
河南	49353	385701	1237403	1053098	50292	744431
湖北	273426	695697	1451492	1516337	168863	813938
湖南	66935	567855	1240821	794706	19148	486162
广东	17419	229978	700371	456886	55292	292875
广西	60	81369	359285	375244	41516	217267
海南		13991	21522	61702		60324
重庆	11108	278603	509931	482558	30751	343036
四川	15917	563213	342877	492199	49750	321099
贵州	9097	101782	166271	304113	7461	277650
云南	57254	216619	253912	441556	12366	373662
西藏	2269	547	7907	4530		4075
陕西	16046	168525	424162	335159	17528	282746
甘肃	1702	100949	248495	285774	41151	185311
青海	44	3594	31309	20166	98	18198
宁夏	2035	15645	30703	13578	372	9296
新疆	2279	138483	420663	272049	33074	201844

2-70 续表 2

单位：万元

地　区	医疗用房屋（卫生医疗用房）	文化、体育和娱乐用房屋	厂房及建筑物	#厂　房	仓　库	其他未列明的房屋建筑物
全国总计	**4620073**	**6173731**	**34047359**	**22536375**	**2461614**	**9008186**
北　京	112695	1181876	994669	913637	102903	867492
天　津	20327	9801	532012	324240	85497	216251
河　北	186020	71895	1205240	946795	37278	577737
山　西	83538	26389	298739	225893	11265	64711
内蒙古	11272	23676	124773	76867	2715	295577
辽　宁	14393	29449	581959	232747	41237	113788
吉　林	42727	24360	327281	235865	26992	201048
黑龙江	5430	18917	217526	57330	27509	46205
上　海	166476	293214	1121612	654175	83598	450588
江　苏	1023956	1072133	8195700	6170493	676097	944296
浙　江	594520	870500	5783384	4122251	344948	785169
安　徽	48603	69036	1047524	660272	58393	171245
福　建	92116	109664	2139663	752717	96770	96253
江　西	145289	182945	1221150	579988	137599	204634
山　东	322630	424148	1426631	970207	143814	564530
河　南	258376	128654	1368374	655592	106445	354930
湖　北	533537	459711	2230027	1493567	70708	659465
湖　南	289395	226287	911746	620279	103571	209513
广　东	108719	149828	1261007	812692	90670	410646
广　西	116461	189018	305961	205139	18290	110948
海　南	1378	9693	19832	11515	316	4315
重　庆	108772	101538	609791	410498	26899	388547
四　川	121350	42318	791309	524554	54978	330844
贵　州	19002	23378	69679	39750	3279	81308
云　南	55528	83740	225552	153304	40187	261881
西　藏	455	4800	1341	161	140	6509
陕　西	34885	204372	303848	220992	24424	202919
甘　肃	59313	40044	320441	157078	3346	126734
青　海	1870	1436	6075	4838	344	5233
宁　夏	3911	3596	7880	5505		22909
新　疆	37131	97313	396633	297437	41403	231964

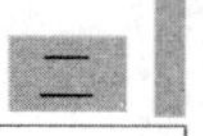

2-71 各地区股份制建筑业企业主要生产效益指标

地　　区	建筑业企业个数（个）	从事建筑业活动的平均人数（人）	按总产值计算的劳动生产率（元/人）	人均竣工产值（元/人）	人均施工面积（平方米/人）	人均竣工面积（平方米/人）
全国总计	**31072**	**28580390**	**364434**	**208107**	**247.8**	**78.0**
北　京	1035	1126259	559198	264017	411.9	74.7
天　津	545	675002	440313	201880	192.4	32.4
河　北	1400	931039	397019	214316	256.7	80.9
山　西	405	587283	319179	95047	134.3	19.9
内蒙古	472	272825	266680	158176	137.5	59.0
辽　宁	1726	562441	345869	170727	211.9	55.4
吉　林	1096	407708	312337	209569	161.4	67.9
黑龙江	767	345039	261478	170089	84.7	44.6
上　海	524	621943	535782	310060	437.8	79.0
江　苏	2781	4378473	336827	278581	318.4	100.7
浙　江	1256	3152198	350499	219040	304.9	102.2
安　徽	1016	672354	398893	197323	272.6	88.5
福　建	1371	1426081	283835	159964	202.0	56.5
江　西	836	853707	329061	175867	176.2	83.4
山　东	2347	1805263	314613	159846	246.1	72.5
河　南	3026	1815026	338860	187861	191.5	74.2
湖　北	1542	1559260	453849	243233	270.2	110.9
湖　南	930	1192363	315485	199412	225.6	78.4
广　东	2010	1112114	464831	217209	230.0	71.7
广　西	313	345168	295999	167768	287.6	72.1
海　南	84	49281	391943	209077	309.5	66.1
重　庆	952	937926	356392	180063	196.7	71.4
四　川	1449	1358655	365331	164295	174.0	67.2
贵　州	335	267337	336158	114594	249.3	48.2
云　南	764	539628	320109	146664	127.3	45.9
西　藏	49	11714	422083	219675	76.3	37.9
陕　西	757	691513	448060	189363	179.6	46.7
甘　肃	618	331685	334461	171973	171.1	65.6
青　海	117	45727	211158	105352	56.3	25.5
宁　夏	94	44836	266831	210899	141.3	47.0
新　疆	455	460542	291266	213766	149.7	65.1

2-72 各地区股份制建筑业企业资产构成

单位：万元

地区	资产合计	#流动资产合计	#存货	#非流动资产合计	#固定资产合计
全国总计	**1031516131**	**808232463**	**164816263**	**223283668**	**68182937**
北京	146126541	96837559	14219396	49288982	2772072
天津	42737209	33769277	7011142	8967932	3114752
河北	32259895	26249801	5356785	6010094	3553376
山西	27419685	24122012	2903326	3297673	1228029
内蒙古	9184563	7256423	1092464	1928140	866909
辽宁	31256498	25267283	4299552	5989215	1855150
吉林	13893899	11491904	1484899	2401995	1151124
黑龙江	11144591	8099571	1140202	3045020	986246
上海	52779510	44578240	11003159	8201271	1567149
江苏	89840096	74053115	17280582	15786980	7926015
浙江	58470442	48347887	13431674	10122555	3662367
安徽	28477440	22094964	3378524	6382476	2029810
福建	24008311	19734699	5218609	4273612	2254766
江西	18703472	14095333	2883411	4608139	1678022
山东	61958278	52024836	9391561	9933442	4776957
河南	48781448	38951964	8870121	9829484	5868783
湖北	51886656	43646305	10633328	8240350	4017349
湖南	23802455	18909318	4018853	4893137	2040033
广东	66074089	53587744	9757667	12486345	4383908
广西	5597276	4662001	1009141	935276	571249
海南	1633933	1415602	208020	218330	43461
重庆	28446594	23771963	5680403	4674631	2028629
四川	60787380	36727560	8389358	24059819	2481061
贵州	13983494	11679391	3926238	2304103	567072
云南	19904977	15972406	3460379	3932571	1840937
西藏	1112597	754038	42796	358559	90530
陕西	32494292	27121436	5086318	5372856	2019868
甘肃	11346011	8657635	1696859	2688377	1369750
青海	1468081	1120268	132419	347813	191350
宁夏	1752763	1577246	233621	175517	122790
新疆	14183657	11654684	1575458	2528973	1123423

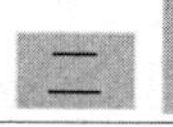

2-73 各地区股份制建筑业企业固定资产情况

单位：万元

地 区	固定资产合计	固定资产原价	固定资产折旧	#本年折旧	在建工程
全国总计	**68182937**	**96593085**	**43208710**	**6264574**	**7906153**
北 京	2772072	5171772	2732244	435964	363406
天 津	3114752	5416491	2582407	373299	138278
河 北	3553376	4911478	2154764	288053	410572
山 西	1228029	2313680	1309437	168678	155875
内蒙古	866909	1204878	492783	39554	102680
辽 宁	1855150	3111086	1692456	192067	223541
吉 林	1151124	1546274	695821	89761	180142
黑龙江	986246	1457058	586045	56602	40602
上 海	1567149	2634069	1368658	157910	182721
江 苏	7926015	9737227	4044008	554921	1058513
浙 江	3662367	5280670	2333621	350479	325959
安 徽	2029810	2616738	1030183	135275	165294
福 建	2254766	2515081	1021460	158289	170546
江 西	1678022	2080130	751825	121133	205777
山 东	4776957	6944728	3059062	470380	408010
河 南	5868783	8014362	3380865	577743	617451
湖 北	4017349	5859203	2693789	434165	518859
湖 南	2040033	2722958	1110755	182944	286830
广 东	4383908	6390500	2864098	384382	648884
广 西	571249	648658	259234	36220	156214
海 南	43461	67677	35754	7616	9015
重 庆	2028629	2271715	899986	119012	250750
四 川	2481061	3414647	1671215	220018	508562
贵 州	567072	712112	300521	51744	98053
云 南	1840937	2600071	1083256	194108	109311
西 藏	90530	105603	32601	2910	1324
陕 西	2019868	3219339	1593531	243701	237641
甘 肃	1369750	1664195	525640	64659	134620
青 海	191350	264006	101517	15589	13821
宁 夏	122790	189159	79072	16536	10079
新 疆	1123423	1507521	722105	120864	172821

2-74 各地区股份制建筑业企业负债及所有者权益

单位：万元

地 区	负债合计	#流动负债	#应付账款	所有者权益	#实收资本
全国总计	**705658206**	**641086836**	**260588048**	**325786200**	**167512165**
北 京	98108544	87160294	37685974	48017997	18975283
天 津	33372854	31155899	13916512	9364355	6266784
河 北	21506838	20021046	9334568	10753056	5504721
山 西	23243194	22357602	11090376	4176492	2765872
内蒙古	5548931	5232237	1419375	3635632	1822021
辽 宁	23348893	19954674	7823921	7885378	4130202
吉 林	9320197	8045832	2940651	4573702	2619027
黑龙江	7479276	5898149	2522829	3665315	2314102
上 海	43235511	41717503	17218885	9526860	5751393
江 苏	52073766	49276948	17435162	37758891	11764144
浙 江	37826894	34092166	12980912	20643548	8426266
安 徽	20381741	17908529	6351597	8090194	4011285
福 建	13428173	12511418	4224825	10580138	6128471
江 西	10634309	9174207	3321593	8069163	5005796
山 东	45542209	42366296	16459496	16416069	7915552
河 南	32072289	29540734	11038191	16706116	10754660
湖 北	36665450	33634125	17940850	15221205	7594502
湖 南	14947459	12989005	6222373	8854997	4558516
广 东	45056790	39989767	13002536	21000924	9937063
广 西	3622473	3399947	917472	1974803	1156474
海 南	1000887	881682	460240	633046	390321
重 庆	21196978	19075608	7530559	7249616	3753608
四 川	33719484	30095520	10370054	27067900	22624288
贵 州	9890512	8592455	3574442	4092982	1411660
云 南	14365904	11846740	5179557	5539073	2767475
西 藏	622155	482585	107139	490443	213195
陕 西	26005654	24460213	12089152	6488638	4525216
甘 肃	7972147	7335829	2762579	3373865	1991631
青 海	881562	765255	310290	586519	378324
宁 夏	1326130	1303801	501307	426632	292331
新 疆	11261003	9820769	3854634	2922654	1761983

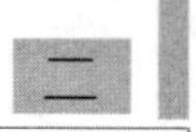

2-75 各地区股份制建筑业企业实收资本

单位：万元

地区	合计	国家资本	集体资本	法人资本	个人资本	港澳台资本	外商资本
全国总计	**167512165**	**45857864**	**6322729**	**57623422**	**57556211**	**47238**	**104701**
北京	18975283	6198187	215303	9939460	2622333		
天津	6266784	2157158	73800	2194331	1840576		918
河北	5504721	618961	344443	2021351	2519888	78	
山西	2765872	1131793	97323	1128659	408096		
内蒙古	1822021	208220	77393	576231	960177		
辽宁	4130202	848166	328652	1463587	1480424		9372
吉林	2619027	172901	137987	885123	1423016		
黑龙江	2314102	280695	219529	822349	990589		940
上海	5751393	1580330	329008	3220261	621573		220
江苏	11764144	780943	496634	3686380	6726603	416	73169
浙江	8426266	536692	312897	3330044	4233298	13336	
安徽	4011285	640805	167849	1528753	1672377	1501	1
福建	6128471	560513	232686	1365396	3965020	2406	2450
江西	5005796	643843	68343	1856101	2437508		
山东	7915552	1227271	796143	2751774	3134915	5450	
河南	10754660	1712056	581285	3621557	4834501	2164	3098
湖北	7594502	2445582	334685	1650562	3149384	13290	1000
湖南	4558516	1302928	213212	1320093	1718412	3870	
广东	9937063	1184565	294358	4899360	3555121	2618	1042
广西	1156474	172300	40402	400346	542395	30	1000
海南	390321	82600	21684	167111	118926		
重庆	3753608	823611	115905	1190726	1622416	450	500
四川	22624288	17317138	205960	2379021	2721462	162	546
贵州	1411660	566295	64129	422522	358226	489	
云南	2767475	799130	120642	805297	1041426	980	
西藏	213195	54924	15691	54081	88500		
陕西	4525216	972664	118070	2278180	1156303		
甘肃	1991631	287468	120927	829011	753992	0	233
青海	378324	83948	20030	135697	138649		
宁夏	292331	4095	9879	124388	143969		10000
新疆	1761983	462082	147882	575670	576137		213

2-76 各地区股份制建筑业企业收入情况

单位：万元

地　区	主营业务收入	#主营业务成本	#主营业务税金及附加	其他业务收入	#其他业务成本	#其他业务利润
全国总计	**974789444**	**877735185**	**18865798**	**10723005**	**16671393**	**884741**
北　京	83444873	77944394	616030	320571	238243	72356
天　津	27684477	25241745	236803	371779	673681	22473
河　北	34067978	30928916	703029	362253	644220	37012
山　西	18637295	16519359	181278	114176	520533	9101
内蒙古	7252461	6363521	174986	109170	111675	7994
辽　宁	18834760	16591671	306723	1058479	1405700	17469
吉　林	11984241	10335937	301656	307070	580570	20755
黑龙江	8172322	7288036	174819	79860	102379	5700
上　海	44611261	41508523	493560	195835	120997	49386
江　苏	123873734	110513149	3191433	604275	823697	103350
浙　江	82060042	75727594	1638678	570417	551843	90092
安　徽	25038189	22268709	489547	153980	556033	11377
福　建	33993540	30443788	879080	150468	276825	20885
江　西	25921058	23066034	676997	306911	735713	10186
山　东	53621241	47730365	1031189	693801	1184540	52388
河　南	57061685	49693430	1556225	893035	1071257	61946
湖　北	66572265	59561412	1487500	707940	805180	23911
湖　南	34382594	31010123	916059	268388	386720	16647
广　东	54694111	48083877	939828	663281	1622616	108842
广　西	8474173	7535631	192122	207242	388600	8637
海　南	1978952	1817512	42100	9843	6157	2115
重　庆	28413779	24755686	645598	624753	1037194	33783
四　川	38533599	34440286	751749	809414	1249921	29985
贵　州	9602481	8962163	95191	103957	128634	7459
云　南	15318034	13621832	269625	140605	203520	12953
西　藏	585209	507290	9740	14249	8294	514
陕　西	33820711	31454526	419147	244280	396127	17693
甘　肃	10580658	9452112	196729	127733	264061	16052
青　海	1013939	858986	17995	235561	278126	2245
宁　夏	1328587	1219232	25474	8250	10745	729
新　疆	13231199	12289348	204913	265431	287593	10707

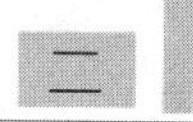

2-77 各地区股份制建筑业企业费用情况

单位：万元

地　　区	管理费用	#税　金	销售费用	财务费用	#利息收入	#利息支出
全国总计	**29465387**	**1127355**	**2785915**	**6080186**	**2217804**	**6400554**
北　京	2552733	28765	110769	513093	672270	1118192
天　津	1105848	11918	44957	236118	85510	321060
河　北	939218	33435	72030	202701	25382	149579
山　西	982223	10231	15814	91347	84333	137001
内蒙古	301585	13266	14258	41806	397	24044
辽　宁	858733	46065	33103	152164	42444	143481
吉　林	393620	26625	28226	87741	7470	55569
黑龙江	311407	13488	33694	38016	8673	32915
上　海	1580491	11234	73782	48192	105437	119474
江　苏	3163526	128328	336418	766534	100526	593878
浙　江	1563589	61735	153770	544283	77617	503710
安　徽	779636	29260	89169	149958	77693	159090
福　建	905655	39279	120811	162050	53235	142196
江　西	628357	44901	102128	112162	8800	79859
山　东	1671412	82529	147383	381739	122944	390031
河　南	1961998	161669	279872	408640	107252	343022
湖　北	2132815	76339	323903	378775	98809	295973
湖　南	1021735	43953	130498	127746	47921	128092
广　东	1975145	63860	201794	409295	68055	417992
广　西	273390	9455	25945	52208	4067	56947
海　南	39454	2004	1584	4003	611	3359
重　庆	782521	32733	61911	264678	70566	233499
四　川	1192556	62212	182675	288592	133912	320930
贵　州	239998	5026	8131	60266	9507	88569
云　南	524614	18776	73424	186734	29244	142593
西　藏	32367	287	360	4304	751	3287
陕　西	827175	34317	59026	163748	106275	199843
甘　肃	300952	19251	46058	89715	10920	68877
青　海	41991	2588	1636	10857	224	3593
宁　夏	44951	2157	793	5354	989	4925
新　疆	335694	11672	11996	97369	55970	118976

2-78 各地区股份制建筑业企业利润及税金情况

单位：万元

地区	利润总额	#应交所得税	税金总额	主营业务税金及附加	管理费用中的税金	应交增值税
全国总计	**38704018**	**7780502**	**29909276**	**18865798**	**1127355**	**9916123**
北京	5863325	436167	1307954	616030	28765	663158
天津	507445	125212	529697	236803	11918	280976
河北	992062	258147	1052829	703029	33435	316365
山西	607507	69544	378918	181278	10231	187409
内蒙古	342288	68094	282948	174986	13266	94696
辽宁	461143	177102	560789	306723	46065	208002
吉林	407932	155209	451246	301656	26625	122966
黑龙江	298615	80875	270098	174819	13488	81792
上海	1326103	180830	924647	493560	11234	419853
江苏	5657830	1263780	4456709	3191433	128328	1136948
浙江	2516828	568386	2467058	1638678	61735	766646
安徽	965584	168774	820031	489547	29260	301225
福建	1375870	438278	1280885	879080	39279	362526
江西	910739	207196	926441	676997	44901	204543
山东	2156293	466905	1550961	1031189	82529	437244
河南	2919605	568401	2642993	1556225	161669	925099
湖北	2541263	632969	2195228	1487500	76339	631390
湖南	1144601	212054	1267589	916059	43953	307577
广东	2333544	528348	1555706	939828	63860	552019
广西	206203	83827	282429	192122	9455	80853
海南	69640	46665	89415	42100	2004	45311
重庆	1429897	258985	1005416	645598	32733	327085
四川	1233839	280461	1214182	751749	62212	400222
贵州	204809	42649	189832	95191	5026	89615
云南	626481	117418	535093	269625	18776	246692
西藏	54897	3476	15734	9740	287	5707
陕西	832922	157134	771624	419147	34317	318160
甘肃	387705	70932	357633	196729	19251	141653
青海	36474	5788	31751	17995	2588	11169
宁夏	22668	14133	53569	25474	2157	25938
新疆	269906	92768	439871	204913	11672	223286

2-79 各地区股份制建筑业企业应收工程款及企业亏损情况

地　区	应收工程款(万元)	企业个数(个)	#亏损企业个数	亏损企业的比重(%)
全国总计	**235776460**	**31072**	**4243**	**13.7**
北　京	19003090	1035	209	20.2
天　津	10429882	545	99	18.2
河　北	9147268	1400	175	12.5
山　西	9970781	405	77	19.0
内蒙古	2777899	472	73	15.5
辽　宁	6996993	1726	416	24.1
吉　林	4372570	1096	170	15.5
黑龙江	2735189	767	164	21.4
上　海	10265882	524	94	17.9
江　苏	27056327	2781	119	4.3
浙　江	12614594	1256	129	10.3
安　徽	6418493	1016	119	11.7
福　建	4183464	1371	167	12.2
江　西	4008675	836	66	7.9
山　东	17641192	2347	297	12.7
河　南	10559324	3026	310	10.2
湖　北	13939269	1542	168	10.9
湖　南	5511943	930	88	9.5
广　东	14016347	2010	337	16.8
广　西	1157765	313	60	19.2
海　南	468805	84	15	17.9
重　庆	7701542	952	121	12.7
四　川	9150519	1449	208	14.4
贵　州	2446951	335	65	19.4
云　南	5469207	764	134	17.5
西　藏	204796	49	7	14.3
陕　西	8900207	757	107	14.1
甘　肃	3047649	618	104	16.8
青　海	416489	117	28	23.9
宁　夏	644241	94	19	20.2
新　疆	4519109	455	98	21.5

2-80 各地区股份制建筑业企业主要经济效益指标

地　区	产值利润率(%)	产值利税率(%)	资本利润率(%)	资本利税率(%)	人均利润(元/人)	人均利税(元/人)	资产负债率(%)
全国总计	**3.7**	**6.6**	**23.1**	**41.0**	**13542**	**24007**	**68.4**
北　京	9.3	11.4	30.9	37.8	52060	63673	67.1
天　津	1.7	3.5	8.1	16.5	7518	15365	78.1
河　北	2.7	5.5	18.0	37.1	10655	21964	66.7
山　西	3.2	5.3	22.0	35.7	10344	16796	84.8
内蒙古	4.7	8.6	18.8	34.3	12546	22917	60.4
辽　宁	2.4	5.3	11.2	24.7	8199	18170	74.7
吉　林	3.2	6.7	15.6	32.8	10005	21073	67.1
黑龙江	3.3	6.3	12.9	24.6	8655	16483	67.1
上　海	4.0	6.8	23.1	39.1	21322	36189	81.9
江　苏	3.8	6.9	48.1	86.0	12922	23101	58.0
浙　江	2.3	4.5	29.9	59.1	7984	15811	64.7
安　徽	3.6	6.7	24.1	44.5	14361	26558	71.6
福　建	3.4	6.6	22.5	43.4	9648	18630	55.9
江　西	3.2	6.5	18.2	36.7	10668	21520	56.9
山　东	3.8	6.5	27.2	46.8	11944	20536	73.5
河　南	4.7	9.0	27.1	51.7	16086	30647	65.7
湖　北	3.6	6.7	33.5	62.4	16298	30377	70.7
湖　南	3.0	6.4	25.1	52.9	9599	20230	62.8
广　东	4.5	7.5	23.5	39.1	20983	34972	68.2
广　西	2.0	4.8	17.8	42.3	5974	14156	64.7
海　南	3.6	8.2	17.8	40.7	14131	32275	61.3
重　庆	4.3	7.3	38.1	64.9	15245	25965	74.5
四　川	2.5	4.9	5.5	10.8	9081	18018	55.5
贵　州	2.3	4.4	14.5	28.0	7661	14762	70.7
云　南	3.6	6.7	22.6	42.0	11610	21525	72.2
西　藏	11.1	14.3	25.7	33.1	46864	60296	55.9
陕　西	2.7	5.2	18.4	35.5	12045	23203	80.0
甘　肃	3.5	6.7	19.5	37.4	11689	22471	70.3
青　海	3.8	7.1	9.6	18.0	7977	14920	60.0
宁　夏	1.9	6.4	7.8	26.1	5056	17004	75.7
新　疆	2.0	5.3	15.3	40.3	5861	15412	79.4

2-81 各地区外商投资建筑业企业签订合同情况

单位：万元

地 区	签订合同额	上年结转合同额	本年新签合同额
全国总计	**9124770**	**3925179**	**5199591**
北 京	1601359	961080	640280
天 津	90382	20048	70335
河 北	5277	2483	2794
山 西	52578	16734	35844
内蒙古			
辽 宁	174136	70266	103870
吉 林	19592	19592	
黑龙江	87750	14803	72947
上 海	1809601	1017717	791884
江 苏	817940	408284	409656
浙 江	2012073	560508	1451565
安 徽	30078	5037	25041
福 建	84915	9142	75773
江 西	3503	150	3353
山 东	66266	5297	60969
河 南	13132	391	12741
湖 北	560804	146932	413872
湖 南	112385	4550	107835
广 东	1498397	626429	871968
广 西			
海 南			
重 庆	1700	200	1500
四 川	3909	661	3248
贵 州			
云 南	2500	500	2000
西 藏			
陕 西	5253	3171	2082
甘 肃	521		521
青 海	54		54
宁 夏	70530	31080	39450
新 疆	135	125	10

2-82 各地区外商投资建筑业企业承包工程完成情况

单位：万元

地区	直接从建设单位承揽工程完成的产值	自行完成施工产值	分包出去工程的产值	从建设单位以外承揽工程完成的产值
全国总计	**5357772**	**4888274**	**469499**	**363827**
北京	524264	272418	251847	111208
天津	77570	77570		
河北	3565	3565		
山西	45053	45053		
内蒙古				
辽宁	89867	85248	4619	15246
吉林	3445	3445		
黑龙江	80917	80917		
上海	925638	761631	164007	165948
江苏	490897	456168	34729	33794
浙江	808976	808976		22651
安徽	31098	31098		
福建	33628	33628		1550
江西	4875	4875		
山东	43054	43054		5858
河南	11618	11618		
湖北	401327	401327		
湖南	122342	122342		
广东	1567156	1564993	2163	2050
广西				
海南				
重庆	1500	650	850	615
四川	3909	3909		
贵州				
云南	629	629		1064
西藏				
陕西	3971	3971		3801
甘肃	521	521		
青海	54	12	42	42
宁夏	81772	70530	11242	
新疆	125	125		

2-83 各地区外商投资企业建筑业总产值和竣工产值

单位：万元

地　　区	建筑业总产值	#装饰装修产　　值	#在外省完成的产值	按构成分组			竣工产值
				建筑工程产　　值	安装工程产　　值	其他产值	
全国总计	**5252101**	**517543**	**2068781**	**4478372**	**652650**	**121078**	**2751225**
北　　京	383626	64027	235771	314320	58344	10962	127972
天　　津	77570	512	33627	20663	46807	10100	11261
河　　北	3565	3565				3565	
山　　西	45053	1354	1746	40998		4055	25692
内 蒙 古							
辽　　宁	100494	25821	30112	39731	57422	3342	70311
吉　　林	3445			3445			3445
黑 龙 江	80917	1200	1490	78228	2690		79534
上　　海	927579	285703	411250	691521	164157	71902	421342
江　　苏	489962	22617	276468	361289	127401	1272	342213
浙　　江	831627	31870	755789	779226	52401		681629
安　　徽	31098			16908	9770	4420	25193
福　　建	35178	87	1273	32709		2469	15809
江　　西	4875				4875		4830
山　　东	48912		2812	36615	3615	8682	35485
河　　南	11618	3486	388	3875	7548	196	11618
湖　　北	401327	25419	69290	401327			101293
湖　　南	122342		45870	64507	57835		88313
广　　东	1567043	48046	129181	1515719	51215	109	625192
广　　西							
海　　南							
重　　庆	1265		1265	1265			586
四　　川	3909	1264	1479	1264	2645		3009
贵　　州							
云　　南	1693		429	1672	22		1016
西　　藏							
陕　　西	7773	2042		2042	5730		3799
甘　　肃	521	521		366	155		521
青　　海	54	10	10	30	20	4	
宁　　夏	70530		70530	70530			70530
新　　疆	125			125			633

2-84 各地区外商投资建筑业企业房屋建筑面积

地区	房屋施工面积(万平方米)	#本年新开工	#实行投标承包面积	房屋竣工面积(万平方米)	房屋竣工率(%)
全国总计	**2321.1**	**1458.3**	**1239.5**	**767.4**	**33.1**
北京	98.4	40.0	77.0	14.5	14.7
天津					
河北					
山西	23.2	12.7	23.2	2.6	11.2
内蒙古					
辽宁	5.0	3.8	3.9	1.1	21.1
吉林	8.1		8.1		
黑龙江					
上海	114.7	60.8	101.0	34.2	29.8
江苏	178.8	42.6	151.5	47.1	26.3
浙江	695.6	565.0	695.6	253.6	36.5
安徽					
福建	10.3	6.4	6.4	7.9	76.6
江西					
山东	34.8	29.4		0.4	1.2
河南					
湖北	222.2	162.5	162.5	61.4	27.6
湖南	15.4		10.2	10.2	66.6
广东	914.5	535.1		334.4	36.6
广西					
海南					
重庆	0.1	0.1			
四川					
贵州					
云南					
西藏					
陕西					
甘肃					
青海					
宁夏					
新疆					

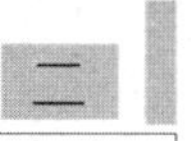

2-85 各地区按主要用途分的外商投资建筑业企业房屋竣工面积

单位：万平方米

地区	总计	住宅房屋	商业及服务用房屋			
				商厦房屋(批发和零售用房)	宾馆用房屋(住宿用房)	餐饮用房屋(餐饮用房)
全国总计	**767.4**	**608.4**	**31.1**			
北京	14.5	13.1				
天津						
河北						
山西	2.6	0.8				
内蒙古						
辽宁	1.1					
吉林						
黑龙江						
上海	34.2					
江苏	47.1	23.4				
浙江	253.6	198.7	17.6			
安徽						
福建	7.9					
江西						
山东	0.4					
河南						
湖北	61.4	27.6	13.5			
湖南	10.2	10.2				
广东	334.4	334.4				
广西						
海南						
重庆						
四川						
贵州						
云南						
西藏						
陕西						
甘肃						
青海						
宁夏						
新疆						

2-85 续表 1

单位：万平方米

地　区						
	商务会展用房屋	其他商业及服务用房屋(居民服务业用房)	办公用房屋	科研、教育和医疗用房屋	科学研究用房屋	教育用房屋
全国总计		**31.1**	**12.4**	**5.0**		**5.0**
北　京						
天　津						
河　北						
山　西				1.8		1.8
内蒙古						
辽　宁						
吉　林						
黑龙江						
上　海						
江　苏			0.2			
浙　江		17.6		3.2		3.2
安　徽						
福　建						
江　西						
山　东						
河　南						
湖　北		13.5	12.3			
湖　南						
广　东						
广　西						
海　南						
重　庆						
四　川						
贵　州						
云　南						
西　藏						
陕　西						
甘　肃						
青　海						
宁　夏						
新　疆						

2-85 续表 2 单位：万平方米

地区	医疗用房屋(卫生医疗用房)	文化、体育和娱乐用房屋	厂房及建筑物	#厂房	仓库	其他未列明的房屋建筑物
全国总计			**101.8**	**99.3**	**0.6**	**8.0**
北京			1.0	1.0	0.4	
天津						
河北						
山西						
内蒙古						
辽宁			1.1	1.1		
吉林						
黑龙江						
上海			34.2	34.2		
江苏			23.3	20.8	0.2	
浙江			34.0	34.0		
安徽						
福建			7.9	7.9		
江西						
山东			0.4	0.4		
河南						
湖北						8.0
湖南						
广东						
广西						
海南						
重庆						
四川						
贵州						
云南						
西藏						
陕西						
甘肃						
青海						
宁夏						
新疆						

2-86 各地区按主要用途分的外商投资建筑业企业房屋竣工价值

单位：万元

地　区	总　计	住宅房屋	商业及服务用房屋	商厦房屋(批发和零售用房)	宾馆用房屋(住宿用房)	餐饮用房屋(餐饮用房)
全国总计	**1723565**	**1296888**	**68204**			
北　京	26465	22851				
天　津						
河　北						
山　西	3648	1190				
内蒙古						
辽　宁	1230					
吉　林						
黑龙江						
上　海	101653					
江　苏	214972	45217				
浙　江	659329	583073	45920			
安　徽						
福　建	15809					
江　西						
山　东	190					
河　南						
湖　北	101293	45582	22285			
湖　南	30478	30478				
广　东	568498	568498				
广　西						
海　南						
重　庆						
四　川						
贵　州						
云　南						
西　藏						
陕　西						
甘　肃						
青　海						
宁　夏						
新　疆						

2-86 续表 1 单位：万元

地 区	商务会展用房屋	其他商业及服务用房屋(居民服务业用房)	办公用房屋	科研、教育和医疗用房屋	科学研究用房屋	教育用房屋
全国总计		**68204**	**20457**	**10579**		**10579**
北 京						
天 津						
河 北						
山 西				2458		2458
内 蒙 古						
辽 宁						
吉 林						
黑 龙 江						
上 海						
江 苏			198			
浙 江		45920		8121		8121
安 徽						
福 建						
江 西						
山 东						
河 南						
湖 北		22285	20259			
湖 南						
广 东						
广 西						
海 南						
重 庆						
四 川						
贵 州						
云 南						
西 藏						
陕 西						
甘 肃						
青 海						
宁 夏						
新 疆						

2-86 续表 2

单位：万元

地 区	医疗用房屋(卫生医疗用房)	文化、体育和娱乐用房屋	厂房及建筑物	#厂 房	仓 库	其他未列明的房屋建筑物
全国总计			**313417**	**241142**	**853**	**13168**
北 京			2975	2975	639	
天 津						
河 北						
山 西						
内蒙古						
辽 宁			1230	1230		
吉 林						
黑龙江						
上 海			101653	101653		
江 苏			169344	97069	213	
浙 江			22216	22216		
安 徽						
福 建			15809	15809		
江 西						
山 东			190	190		
河 南						
湖 北						13168
湖 南						
广 东						
广 西						
海 南						
重 庆						
四 川						
贵 州						
云 南						
西 藏						
陕 西						
甘 肃						
青 海						
宁 夏						
新 疆						

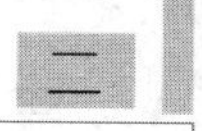

2-87 各地区外商投资建筑业企业主要生产效益指标

地区	建筑业企业个数(个)	从事建筑业活动的平均人数(人)	按总产值计算的劳动生产率(元/人)	人均竣工产值(元/人)	人均施工面积(平方米/人)	人均竣工面积(平方米/人)
全国总计	**222**	**90125**	**582757**	**305268**	**257.5**	**85.1**
北京	36	10722	357793	119355	91.8	13.5
天津	6	853	909383	132011		
河北	1	162	220062			
山西	3	2367	190338	108543	98.2	11.0
内蒙古						
辽宁	28	3740	268701	187996	13.3	2.8
吉林	1	120	287083	287083	674.6	
黑龙江	4	2937	275510	270800		
上海	48	17157	540642	245580	66.8	19.9
江苏	42	11393	430055	300371	156.9	41.3
浙江	5	17793	467390	383088	390.9	142.5
安徽	4	585	531591	430651		
福建	3	1206	291688	131088	85.6	65.5
江西	2	262	186061	184332		
山东	12	1264	386964	280734	275.4	3.3
河南	5	787	147625	147625		
湖北	2	5041	796125	200939	440.9	121.8
湖南	2	6271	195092	140827	24.5	16.3
广东	6	6379	2456565	980079	1433.5	524.2
广西						
海南						
重庆	1	35	361429	167429	22.9	
四川	3	187	209059	160904		
贵州						
云南	1	62	273113	163871		
西藏						
陕西	3	280	277593	135682		
甘肃	1	18	289444	289444		
青海	1	11	48636			
宁夏	1	488	1445287	1445287		
新疆	1	5	250000	1265800		

2-88 各地区外商投资建筑业企业资产构成

单位：万元

地 区	资产合计	#流动资产合计	#存货	#非流动资产合计	#固定资产合计
全国总计	**9057855**	**8277270**	**1382985**	**780586**	**326064**
北 京	1057677	937095	146061	120582	41556
天 津	87024	73551	20644	13473	11108
河 北	3887	3877	1621	10	10
山 西	36518	31494	202	5024	4514
内 蒙 古					
辽 宁	296498	235658	19183	60840	34466
吉 林	4127	2069	2069	2057	39
黑 龙 江	57482	45919	12599	11563	295
上 海	1457786	1428212	589877	29574	11430
江 苏	772950	518359	85725	254591	63614
浙 江	98175	84253	17333	13922	6151
安 徽	89424	30442	6114	58982	52978
福 建	50864	47043	194	3821	2461
江 西	2011	1663	30	348	322
山 东	100473	49085	4868	51389	34530
河 南	76270	48195	1501	28075	16884
湖 北	92756	90711	14986	2045	2045
湖 南	162056	122141	10748	39915	568
广 东	4406647	4356251	446370	50396	14133
广 西					
海 南					
重 庆	4174	3749	1174	425	8
四 川	9658	9184	533	474	142
贵 州					
云 南	4852	3877	201	976	505
西 藏					
陕 西	7412	7131	237	281	59
甘 肃	1557	1557		0	0
青 海	327	279		47	47
宁 夏	176991	145257	690	31734	28161
新 疆	262	217	24	45	35

2-89 各地区外商投资建筑业企业固定资产情况

单位：万元

地区	固定资产合计	固定资产原价	固定资产折旧	#本年折旧	在建工程
全国总计	**326064**	**482441**	**213415**	**33251**	**31871**
北京	41556	72708	37416	4388	5915
天津	11108	19272	8164	1188	
河北	10	42	32	2	
山西	4514	9684	5170	479	
内蒙古					
辽宁	34466	46299	16919	1597	3059
吉林	39	51	12		
黑龙江	295	1176	882	74	
上海	11430	38142	26832	1831	67
江苏	63614	74948	29931	11438	11848
浙江	6151	11686	5608	850	
安徽	52978	57098	12140	2428	8020
福建	2461	7374	4917	609	4
江西	322	765	443	39	
山东	34530	56660	22964	1844	833
河南	16884	1327	1221	107	863
湖北	2045	3378	1407	123	74
湖南	568	2691	2123	22	
广东	14133	33331	19931	2249	733
广西					
海南					
重庆	8	37	29	1	
四川	142	373	230	33	
贵州					
云南	505	278	191	21	419
西藏					
陕西	59	180	120	21	
甘肃	0	64	64		
青海	47	105	93		35
宁夏	28161	44668	16507	3901	
新疆	35	105	69	10	

2-90 各地区外商投资建筑业企业负债及所有者权益

单位：万元

地区	负债合计	#流动负债	#应付账款	所有者权益	#实收资本
全国总计	**6330787**	**5827383**	**1581009**	**2726604**	**1220538**
北京	761707	744741	357844	295970	169142
天津	44057	43596	29979	42967	21525
河北	2199	2199	494	1687	1600
山西	30972	30972	24133	5546	3600
内蒙古					
辽宁	234311	214972	41083	63529	54756
吉林	3536	3536	2554	591	591
黑龙江	54734	54734	2680	2748	2189
上海	1133927	1132010	322541	323859	158486
江苏	387148	344793	107808	383996	164054
浙江	47172	47172	19731	51003	23176
安徽	51076	49308	28131	38348	18956
福建	42226	42226	30115	8638	11864
江西	1011	1011	265	1000	826
山东	71362	62826	33430	29112	15309
河南	58261	23831	1253	18009	6920
湖北	65458	65458	47240	27298	10320
湖南	78544	10085	884	83511	13961
广东	3092211	2792211	445010	1314436	504609
广西					
海南					
重庆	1034	1034	656	3140	810
四川	5726	5726	437	3932	2632
贵州					
云南	2780	2780	2502	2072	2000
西藏					
陕西	3787	3787	1604	3625	2462
甘肃	189	189	54	1368	500
青海	27	27		300	
宁夏	157225	148052	80522	19766	30000
新疆	108	108	61	154	250

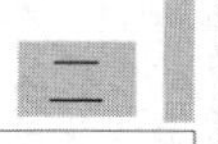

2-91 各地区外商投资建筑业企业实收资本

单位：万元

地区	合计	国家资本	集体资本	法人资本	个人资本	港澳台资本	外商资本
全国总计	**1220538**	**34425**	**13838**	**741156**	**54720**	**5019**	**371381**
北京	169142	6584	375	40030	18009	412	103733
天津	21525	45		5091	6799		9590
河北	1600			1200			400
山西	3600			2000	1200		400
内蒙古							
辽宁	54756	2916	5123	29065	5400		12253
吉林	591			591			
黑龙江	2189	954		243		87	905
上海	158486	3673	6546	43666	3935		100667
江苏	164054			63061	6782	3000	91211
浙江	23176			16170	3369	520	3118
安徽	18956	8548		10408			
福建	11864	5100		477		1000	5287
江西	826	321		505			
山东	15309	249	594	5085	2509		6872
河南	6920			59	5939		922
湖北	10320			2658	79		7583
湖南	13961			13961			
广东	504609	5768	1200	490600			7041
广西							
海南							
重庆	810						810
四川	2632			560	400		1672
贵州							
云南	2000			500			1500
西藏							
陕西	2462	267			300		1895
甘肃	500			370			130
青海							
宁夏	30000			14700			15300
新疆	250			156			94

2-92 各地区外商投资建筑业企业收入情况

单位：万元

地区	主营业务收入	#主营业务成本	#主营业务税金及附加	其他业务收入	#其他业务成本	#其他业务利润
全国总计	**5251901**	**4587589**	**60953**	**29767**	**26653**	**7409**
北京	983937	866904	6351	17431	13778	3527
天津	73636	54848	583	335	3743	218
河北	3445	3069	49			
山西	44389	42665	601	1		1
内蒙古						
辽宁	99293	82006	745	1923	1947	22
吉林	764	752	3			
黑龙江	15907	12659	45	47	1840	47
上海	1296536	1146706	14786	6121	3881	2662
江苏	523653	440892	5387	2926	999	439
浙江	474804	454383	7191			
安徽	58804	33909	308	346	105	241
福建	41779	38012	219	117	34	83
江西	3797	3632	26			
山东	68495	49322	769	94	0	94
河南	31290	24676	545	22		
湖北	89508	81780	2175			
湖南	155140	107968	10284			
广东	1214410	1070485	10559	255	180	72
广西						
海南						
重庆	2056	1247	10			
四川	4591	1977	77			
贵州						
云南	7025	6844	144	92		92
西藏						
陕西	14758	12150	202			
甘肃	526	491	4			
青海	1	0	0			
宁夏	43315	50188	-110	58	145	-87
新疆	43	23	1			

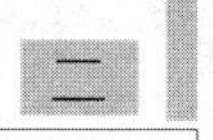

2-93 各地区外商投资建筑业企业费用情况

单位：万元

地　区	管理费用	#税　金	销售费用	财务费用	#利息收入	#利息支出
全国总计	**238732**	**5370**	**40682**	**24073**	**8439**	**27065**
北　京	50885	385	15687	1368	2733	4345
天　津	6950	141	2926	-43	51	83
河　北	197	1		78	1	79
山　西	792	31		-2	0	
内蒙古						
辽　宁	10544	648	1751	2768	112	2233
吉　林	120	22	0	0		0
黑龙江	1112	15	164	72	1	73
上　海	72165	325	6960	-2272	5592	1147
江　苏	37215	2330	4480	1533	1273	3105
浙　江	4755	87	214	1012	125	287
安　徽	3732	111	6502	388	-100	526
福　建	1590	93	194	914	23	855
江　西	145	4	0	-3	3	
山　东	4827	175	742	1121	49	994
河　南	2504	25	67	-580	1	
湖　北	4029	8		485		
湖　南	7705	92	8	276		
广　东	22427	712	616	10061	-1460	10089
广　西						
海　南						
重　庆	274	101	1	-4	6	-2
四　川	523	8	368	265	-23	1
贵　州						
云　南	100	14	0	0		
西　藏						
陕　西	1706	30		-15	14	
甘　肃	45	0				
青　海	0	0	0			
宁　夏	4352	15		6650	39	3249
新　疆	39	0	0	0		

2-94 各地区外商投资建筑业企业利润及税金情况

单位：万元

地　区	利润总额	#应交所得税	税金总额	主营业务税金及附加	管理费用中的税金	应交增值税
全国总计	**317867**	**75250**	**141976**	**60953**	**5370**	**75654**
北　京	52465	10944	22613	6351	385	15878
天　津	5722	1029	1147	583	141	424
河　北	52	14	55	49	1	6
山　西	266	61	1377	601	31	745
内蒙古						
辽　宁	872	1642	2959	745	648	1566
吉　林	-112	19	25	3	22	
黑龙江	165	66	107	45	15	47
上　海	62545	16848	35306	14786	325	20196
江　苏	41014	10061	11025	5387	2330	3308
浙　江	7237	1873	20703	7191	87	13426
安　徽	14296	3770	1204	308	111	785
福　建	524	2	686	219	93	374
江　西	76	40	29	26	4	
山　东	11853	2907	1977	769	175	1033
河　南	4215	1456	1344	545	25	774
湖　北	1039	257	2220	2175	8	37
湖　南	30539	6743	10376	10284	92	
广　东	100503	16998	25057	10559	712	13786
广　西						
海　南						
重　庆	553	84	181	10	101	71
四　川	1375	214	96	77	8	11
贵　州						
云　南	29	141	199	144	14	41
西　藏						
陕　西	712	191	1794	202	30	1562
甘　肃	-13		18	4	0	14
青　海	0		1	0	0	
宁　夏	-18039	-108	1476	-110	15	1572
新　疆	-21		1	1	0	

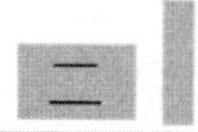

2-95 各地区外商投资建筑业企业应收工程款及企业亏损情况

地　　区	应收工程款 (万元)	企业个数 (个)	#亏损企业个数	亏损企业的比重 (%)
全国总计	**1801467**	**222**	**60**	**27.0**
北　　京	280877	36	9	25.0
天　　津	23521	6	1	16.7
河　　北	936	1		
山　　西	25436	3		
内 蒙 古				
辽　　宁	65894	28	9	32.1
吉　　林		1	1	100.0
黑 龙 江	9047	4	2	50.0
上　　海	254799	48	15	31.3
江　　苏	112784	42	11	26.2
浙　　江	32200	5	2	40.0
安　　徽	2927	4		
福　　建	16786	3	2	66.7
江　　西	265	2	1	50.0
山　　东	23579	12	2	16.7
河　　南	26458	5		
湖　　北	35610	2		
湖　　南	39907	2		
广　　东	733170	6		
广　　西				
海　　南				
重　　庆	1209	1		
四　　川	2253	3		
贵　　州				
云　　南	1703	1		
西　　藏				
陕　　西	3138	3	1	33.3
甘　　肃	145	1	1	100.0
青　　海		1	1	100.0
宁　　夏	108798	1	1	100.0
新　　疆	27	1	1	100.0

2-96 各地区外商投资建筑业企业主要经济效益指标

地　区	产值利润率(%)	产值利税率(%)	资本利润率(%)	资本利税率(%)	人均利润(元/人)	人均利税(元/人)	资产负债率(%)
全国总计	**6.1**	**8.8**	**26.0**	**37.7**	**35270**	**51023**	**69.9**
北　京	13.7	19.6	31.0	44.4	48932	70023	72.0
天　津	7.4	8.9	26.6	31.9	67075	80523	50.6
河　北	1.5	3.0	3.3	6.7	3235	6654	56.6
山　西	0.6	3.6	7.4	45.6	1123	6939	84.8
内蒙古							
辽　宁	0.9	3.8	1.6	7.0	2331	10243	79.0
吉　林	-3.2	-2.5	-18.9	-14.8	-9317	-7275	85.7
黑龙江	0.2	0.3	7.6	12.4	563	926	95.2
上　海	6.7	10.5	39.5	61.7	36455	57033	77.8
江　苏	8.4	10.6	25.0	31.7	35999	45676	50.1
浙　江	0.9	3.4	31.2	120.6	4067	15703	48.0
安　徽	46.0	49.8	75.4	81.8	244379	264966	57.1
福　建	1.5	3.4	4.4	10.2	4347	10035	83.0
江　西	1.6	2.2	9.3	12.8	2916	4034	50.3
山　东	24.2	28.3	77.4	90.3	93771	109407	71.0
河　南	36.3	47.8	60.9	80.3	53554	70630	76.4
湖　北	0.3	0.8	10.1	31.6	2061	6464	70.6
湖　南	25.0	33.4	218.7	293.1	48699	65246	48.5
广　东	6.4	8.0	19.9	24.9	157552	196834	70.2
广　西							
海　南							
重　庆	43.7	58.0	68.2	90.5	157886	209571	24.8
四　川	35.2	37.6	52.3	55.9	73551	78690	59.3
贵　州							
云　南	1.7	13.5	1.5	11.4	4710	36823	57.3
西　藏							
陕　西	9.2	32.2	28.9	101.8	25429	89493	51.1
甘　肃	-2.6	0.9	-2.7	1.0	-7389	2667	12.1
青　海	-0.2	0.9			-91	455	8.1
宁　夏	-25.6	-23.5	-60.1	-55.2	-369660	-339410	88.8
新　疆	-16.7	-15.7	-8.4	-7.8	-41800	-39200	41.1

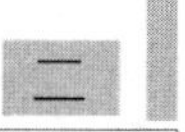

2-97 各地区港澳台商投资建筑业企业签订合同情况

单位：万元

地　区	签订合同额	上年结转合同额	本年新签合同额
全国总计	**18207902**	**10802868**	**7405033**
北　京	1332952	617982	714971
天　津	5121	485	4635
河　北	34732		34732
山　西	8089	556	7533
内蒙古			
辽　宁	2038686	1796097	242588
吉　林	196784	152041	44743
黑龙江	2071	333	1738
上　海	1362331	773934	588398
江　苏	647819	287750	360069
浙　江	1177960	522148	655813
安　徽	10438	3115	7323
福　建	1406238	390545	1015693
江　西	4022024	2797897	1224127
山　东	1244462	643686	600777
河　南	132164	53348	78815
湖　北	155502	49236	106266
湖　南	704419	331791	372628
广　东	3676060	2368097	1307963
广　西	14469	3753	10716
海　南	6975	1490	5486
重　庆	8801	450	8351
四　川	17463	7759	9704
贵　州	61		61
云　南	2035	308	1728
西　藏			
陕　西	217	70	147
甘　肃			
青　海			
宁　夏			
新　疆	31		31

2-98 各地区港澳台商投资建筑业企业承包工程完成情况

单位：万元

地区	直接从建设单位承揽工程完成的产值	自行完成施工产值	分包出去工程的产值	从建设单位以外承揽工程完成的产值
全国总计	**7096168**	**6350986**	**745182**	**488912**
北京	734523	650075	84448	42702
天津	46954	46954		13
河北	37300	37300		
山西	8010	8010		
内蒙古				
辽宁	655039	654818	220	110
吉林	98905	98905		
黑龙江	1542	1542		
上海	576580	510653	65927	194554
江苏	464284	463511	773	27524
浙江	753531	752958	573	36802
安徽	7026	7026		
福建	874073	864360	9713	7657
江西	713694	713694		
山东	385388	385332	56	55
河南	34576	34576		
湖北	76264	73877	2387	24939
湖南	223884	223884		
广东	1305954	790842	515113	79138
广西	9753	9753		
海南	2443	2443		
重庆	74324	8351	65972	66367
四川	10018	10018		9050
贵州	61	61		
云南	1797	1797		
西藏				
陕西	217	217		
甘肃				
青海				
宁夏				
新疆	31	31		

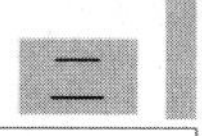

2-99 各地区港澳台商投资企业建筑业总产值和竣工产值

单位：万元

地区	建筑业总产值	#装饰装修产值	#在外省完成的产值	按构成分组 建筑工程产值	安装工程产值	其他产值	竣工产值
全国总计	**6839898**	**2214660**	**3640785**	**5532959**	**1182334**	**124606**	**4060615**
北京	692777	500552	417609	659323	32423	1032	604248
天津	46966	42121	50	42989	2956	1021	3611
河北	37300	33947		33947		3353	36777
山西	8010	3329	2417	8010			7515
内蒙古							
辽宁	654928	611863	492715	556506	46495	51927	140712
吉林	98905	4960	70455	63546	31412	3947	69767
黑龙江	1542	1542	71	1542			1471
上海	705207	264159	373994	413872	287997	3339	217943
江苏	491035	71708	253181	356146	134716	173	332269
浙江	789760	71286	636374	666074	119940	3746	592855
安徽	7026		1896	4962	2064		2536
福建	872017	82828	407159	756087	115505	425	411872
江西	713694	10089	304782	644824	61588	7282	616243
山东	385387	25793	130818	379377	569	5441	133200
河南	34576	28500		5527	549	28500	28826
湖北	98816	34912	12065	67415	24790	6611	101524
湖南	223884	46056	113721	223270		614	219312
广东	869980	377483	348632	566096	297144	6739	506483
广西	9753	60	1250	9290	400	63	9753
海南	2443			108	2336		144
重庆	74719	1440	66367	64624	9700	395	987
四川	19068	1784	7230	7318	11750		21079
贵州	61			61			61
云南	1797			1797			1218
西藏							
陕西	217	217		217			179
甘肃							
青海							
宁夏							
新疆	31	31		31			31

2-100 各地区港澳台商投资建筑业企业房屋建筑面积

地　区	房　屋 施工面积 (万平方米)	#本年新开工	#实行投标 承包面积	房　屋 竣工面积 (万平方米)	房屋竣工率(%)
全国总计	**4547.9**	**924.8**	**2820.1**	**924.0**	**20.3**
北　京	98.5	0.5	33.0		
天　津					
河　北					
山　西					
内蒙古					
辽　宁					
吉　林	17.6				
黑龙江					
上　海	76.5		76.5		
江　苏	120.4	22.4	100.0	34.4	28.6
浙　江	475.7	252.2	436.4	249.1	52.4
安　徽	6.4	2.1	4.4	0.6	8.9
福　建	1468.4	319.3	14.3	151.7	10.3
江　西	1273.4	188.0	1265.4	301.6	23.7
山　东	8.2	2.0	3.3	3.5	42.5
河　南	47.9	45.1	4.5	3.8	7.9
湖　北	66.0	31.1	24.2	52.8	80.0
湖　南	278.9	6.6	278.6	100.9	36.2
广　东	590.2	46.2	576.7	11.4	1.9
广　西	9.9	7.0	2.8	9.7	97.9
海　南					
重　庆					
四　川	5.3			2.6	49.0
贵　州	2.5	0.5		0.0	0.9
云　南	2.1	1.9		2.0	95.4
西　藏					
陕　西					
甘　肃					
青　海					
宁　夏					
新　疆					

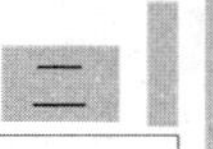

2-101 各地区按主要用途分的港澳台商投资建筑业企业房屋竣工面积

单位：万平方米

地区	总计	住宅房屋	商业及服务用房屋	商厦房屋(批发和零售用房)	宾馆用房屋(住宿用房)	餐饮用房屋(餐饮用房)
全国总计	**924.0**	**593.1**	**52.2**	**20.4**	**10.2**	**0.5**
北京						
天津						
河北						
山西						
内蒙古						
辽宁						
吉林						
黑龙江						
上海						
江苏	34.4	14.4	4.3	3.8		
浙江	249.1	65.3	18.9	0.0	0.0	0.0
安徽	0.6					
福建	151.7	151.7				
江西	301.6	229.1	20.0	11.1	8.9	
山东	3.5	3.5				
河南	3.8	3.8				
湖北	52.8	9.7	8.9	5.5	1.2	0.5
湖南	100.9	100.9				
广东	11.4	2.1	0.1			
广西	9.7	8.1				
海南						
重庆						
四川	2.6	2.6				
贵州	0.0	0.0				
云南	2.0	2.0				
西藏						
陕西						
甘肃						
青海						
宁夏						
新疆						

2-101 续表 1

单位：万平方米

地　区	商务会展用房屋	其他商业及服务用房屋(居民服务业用房)	办公用房屋	科研、教育和医疗用房屋	科学研究用房屋	教育用房屋
全国总计	**1.9**	**19.1**	**18.5**	**50.3**	**10.7**	**28.9**
北　京						
天　津						
河　北						
山　西						
内 蒙 古						
辽　宁						
吉　林						
黑 龙 江						
上　海						
江　苏	0.5		0.2	0.8		0.8
浙　江	0.0	18.8	1.1	9.3	4.1	2.5
安　徽				0.6		
福　建						
江　西			9.0	38.5	6.0	25.5
山　东						
河　南						
湖　北	1.4	0.3	8.1	1.2	0.6	0.2
湖　南						
广　东		0.1				
广　西						
海　南						
重　庆						
四　川						
贵　州						
云　南						
西　藏						
陕　西						
甘　肃						
青　海						
宁　夏						
新　疆						

2-101 续表 2

单位：万平方米

地区	医疗用房屋(卫生医疗用房)	文化、体育和娱乐用房屋	厂房及建筑物	#厂房	仓库	其他未列明的房屋建筑物
全国总计	**10.7**	**0.2**	**186.2**	**167.8**	**11.9**	**11.7**
北京						
天津						
河北						
山西						
内蒙古						
辽宁						
吉林						
黑龙江						
上海						
江苏			14.3	10.8	0.4	
浙江	2.7	0.0	150.6	137.9	0.8	3.2
安徽	0.6					
福建						
江西	7.0		5.0	5.0		
山东						
河南						
湖北	0.5	0.2	14.0	14.0	10.6	
湖南						
广东			0.7			8.5
广西			1.6			
海南						
重庆						
四川						
贵州						0.0
云南						
西藏						
陕西						
甘肃						
青海						
宁夏						
新疆						

2-102 各地区按主要用途分的港澳台商投资建筑业企业房屋竣工价值

单位：万元

地 区	总 计	住宅房屋	商业及服务用房屋	商厦房屋(批发和零售用房)	宾馆用房屋(住宿用房)	餐饮用房屋(餐饮用房)
全国总计	**1701475**	**1081513**	**162370**	**43720**	**34734**	**905**
北 京						
天 津						
河 北						
山 西						
内蒙古						
辽 宁						
吉 林						
黑龙江						
上 海						
江 苏	60708	26882	9690	8670		
浙 江	538719	201569	79293	12	14	20
安 徽	759					
福 建	303270	303270				
江 西	522855	332139	61008	28233	32775	
山 东	2492	2492				
河 南	4556	4556				
湖 北	60825	12744	12312	6805	1945	885
湖 南	172662	172662				
广 东	8671	874	67			
广 西	9150	7520				
海 南						
重 庆						
四 川	15531	15531				
贵 州	61	57				
云 南	1218	1218				
西 藏						
陕 西						
甘 肃						
青 海						
宁 夏						
新 疆						

2-102 续表 1

单位：万元

地　区	商务会展用房屋	其他商业及服务用房屋(居民服务业用房)	办公用房屋	科研、教育和医疗用房屋	科学研究用房屋	教育用房屋
全国总计	**3182**	**79829**	**28034**	**132549**	**23728**	**80652**
北　京						
天　津						
河　北						
山　西						
内蒙古						
辽　宁						
吉　林						
黑龙江						
上　海						
江　苏	1020		390	1331		1331
浙　江	10	79237	1710	32520	9505	10025
安　徽				759		
福　建						
江　西			20000	96124	13319	69062
山　东						
河　南						
湖　北	2152	525	5935	1816	904	234
湖　南						
广　东		67				
广　西						
海　南						
重　庆						
四　川						
贵　州						
云　南						
西　藏						
陕　西						
甘　肃						
青　海						
宁　夏						
新　疆						

2-102 续表 2

单位：万元

地　区	医疗用房屋(卫生医疗用房)	文化、体育和娱乐用房屋	厂房及建筑物	#厂　房	仓　库	其他未列明的房屋建筑物
全国总计	**28168**	**274**	**272566**	**244441**	**9256**	**14914**
北　京						
天　津						
河　北						
山　西						
内蒙古						
辽　宁						
吉　林						
黑龙江						
上　海						
江　苏			21435	16475	980	
浙　江	12990	10	211803	193703	1200	10614
安　徽	759					
福　建						
江　西	13743		13584	13584		
山　东						
河　南						
湖　北	677	264	20679	20679	7076	
湖　南						
广　东			3435			4295
广　西			1630			
海　南						
重　庆						
四　川						
贵　州						5
云　南						
西　藏						
陕　西						
甘　肃						
青　海						
宁　夏						
新　疆						

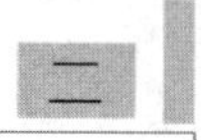

2-103 各地区港澳台商投资建筑业企业主要生产效益指标

地区	建筑业企业个数(个)	从事建筑业活动的平均人数(人)	按总产值计算的劳动生产率(元/人)	人均竣工产值(元/人)	人均施工面积(平方米/人)	人均竣工面积(平方米/人)
全国总计	**326**	**178878**	**382378**	**227005**	**254.2**	**51.7**
北京	37	15358	451086	393442	64.1	
天津	6	1122	418594	32180		
河北	4	498	748990	738488		
山西	3	454	176432	165537		
内蒙古						
辽宁	18	11310	579070	124414		
吉林	6	2577	383797	270731	68.2	
黑龙江	2	110	140164	133691		
上海	61	16642	423752	130960	45.9	
江苏	39	15773	311313	210657	76.4	21.8
浙江	15	15046	524897	394028	316.2	165.6
安徽	4	803	87496	31587	79.8	7.1
福建	24	28323	307883	145420	518.5	53.6
江西	8	31465	226821	195850	404.7	95.8
山东	13	5318	724684	250470	15.4	6.6
河南	5	585	591044	492754	819.0	64.9
湖北	14	4949	199668	205141	133.4	106.7
湖南	4	4471	500747	490522	623.8	225.7
广东	47	21992	395589	230303	268.4	5.2
广西	3	436	223681	223681	226.2	221.4
海南	1	94	259936	15319		
重庆	4	457	1634978	21600		
四川	4	889	214490	237105	59.8	29.3
贵州	1	25	24520	24520	1000.0	9.2
云南	1	170	105706	71647	120.8	115.3
西藏						
陕西	1	8	271500	224125		
甘肃						
青海						
宁夏						
新疆	1	3	102667	102667		

2-104 各地区港澳台商投资建筑业企业资产构成

单位：万元

地区	资产合计	#流动资产合计	#存货	#非流动资产合计	#固定资产合计
全国总计	**11917214**	**9733604**	**1840701**	**2183610**	**1024514**
北京	955146	896160	145818	58986	15631
天津	52887	51301	3211	1586	1248
河北	26763	19126	7587	7637	1128
山西	16120	14950	2442	1170	484
内蒙古					
辽宁	1933852	1653899	426959	279953	159009
吉林	271139	240784	44111	30355	25382
黑龙江	9174	8134	268	1040	990
上海	1648636	1451238	99774	197398	151390
江苏	859876	767752	150631	92124	57211
浙江	382481	317460	88713	65021	48662
安徽	82225	80038	46768	2186	2186
福建	395871	357910	82237	37961	6173
江西	1509078	1258195	288052	250883	15130
山东	624553	447983	44721	176570	34188
河南	124047	113383	23452	10664	5172
湖北	268412	191662	36977	76749	2945
湖南	99163	93147	1709	6016	1117
广东	1636409	1387400	267911	249009	48940
广西	11732	10871	56	862	581
海南	2645	2464		181	181
重庆	958836	330927	70482	627909	441690
四川	44740	38068	8822	6672	3397
贵州	1000			1000	
云南	2082	423		1658	1658
西藏					
陕西	242	227		14	14
甘肃					
青海					
宁夏					
新疆	108	102		6	6

2-105 各地区港澳台商投资建筑业企业固定资产情况

单位：万元

地区	固定资产合计	固定资产原价	固定资产折旧	#本年折旧	在建工程
全国总计	**1024514**	**1126547**	**451165**	**76965**	**196757**
北京	15631	38626	22996	2530	0
天津	1248	7274	6183	220	157
河北	1128	3607	2479	268	
山西	484	4202	3718	25	
内蒙古					
辽宁	159009	163238	84630	5005	19413
吉林	25382	46568	24809	1657	
黑龙江	990	1551	561	20	
上海	151390	186242	41888	22268	5096
江苏	57211	84492	34842	4753	2110
浙江	48662	74341	29149	4919	702
安徽	2186	2608	721	76	300
福建	6173	15152	10134	711	951
江西	15130	14111	3720	1410	1266
山东	34188	58493	25547	3216	124
河南	5172	6197	1026	231	
湖北	2945	4451	2348	176	661
湖南	1117	2255	1571	117	433
广东	48940	93860	51701	6250	255
广西	581	1925	1344		
海南	181	357	176	47	
重庆	441690	310569	98925	22771	164010
四川	3397	5590	2260	292	
贵州					
云南	1658	617	236	4	1278
西藏					
陕西	14	143	129	0	
甘肃					
青海					
宁夏					
新疆	6	79	74		

2-106 各地区港澳台商投资建筑业企业负债及所有者权益

单位：万元

地区	负债合计	#流动负债	#应付账款	所有者权益	#实收资本
全国总计	**8754280**	**7733234**	**2895340**	**3163865**	**1602672**
北京	772736	749085	259019	182411	148272
天津	37210	37210	25265	15677	13081
河北	18933	18932	5280	7830	4919
山西	13945	13945	4455	2175	3799
内蒙古					
辽宁	1372561	1330191	369169	561291	290196
吉林	194670	192713	30059	76469	24736
黑龙江	5612	5612	4958	3562	2729
上海	1174117	1167019	581376	474519	225230
江苏	567559	529167	184864	292316	127852
浙江	282830	260596	58237	99651	48898
安徽	76049	76049	1699	6175	5148
福建	237741	237364	61676	158129	60409
江西	1304722	1129997	452528	204356	119818
山东	429760	408040	92683	194793	67609
河南	107226	107073	22884	16822	7246
湖北	136370	125043	25523	132042	57015
湖南	84287	83979	46991	14875	7898
广东	1222716	970117	590127	414624	174768
广西	2883	2883	417	8849	8601
海南	887	887		1758	2000
重庆	699390	275258	73182	259446	187072
四川	11547	11547	4805	33192	13457
贵州				1000	1000
云南	2			2080	200
西藏					
陕西	413	413	36	-171	661
甘肃					
青海					
宁夏					
新疆	114	114	110	-6	60

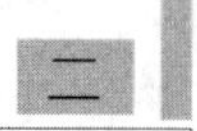

2-107 各地区港澳台商投资建筑业企业实收资本

单位：万元

地区	合计	国家资本	集体资本	法人资本	个人资本	港澳台资本	外商资本
全国总计	**1602672**	**83986**	**49458**	**347299**	**107914**	**943833**	**70183**
北京	148272	168	17	39579	8663	97714	2131
天津	13081	510	3586	2342		6643	
河北	4919		505	1098		3315	
山西	3799	1900		1799			100
内蒙古							
辽宁	290196	2991	20	62155	375	224655	
吉林	24736			11457	34	13245	
黑龙江	2729			914		1815	
上海	225230		11695	35417	7061	148013	23046
江苏	127852	1253	433	27094	29079	56030	13963
浙江	48898		353	21774	11297	14269	1204
安徽	5148		580			4568	
福建	60409		6260	24233	600	27456	1860
江西	119818	62820	149	2000	20922	6266	27660
山东	67609	5690	21287	21998	3663	14972	
河南	7246		2205	2188	2447	406	
湖北	57015			17975	700	38340	
湖南	7898	1275		196	5000	1427	
广东	174768	7379	2368	66777	1970	96056	219
广西	8601				8601		
海南	2000			887	1029	84	
重庆	187072				1160	185911	
四川	13457			6370	5193	1894	
贵州	1000			1000			
云南	200				120	80	
西藏							
陕西	661			48		614	
甘肃							
青海							
宁夏							
新疆	60					60	

2-108 各地区港澳台商投资建筑业企业收入情况

单位：万元

地区	主营业务收入	#主营业务成本	#主营业务税金及附加	其他业务收入	#其他业务成本	#其他业务利润
全国总计	**7800811**	**7100567**	**80001**	**260396**	**30970**	**16572**
北京	880651	801564	6875	13934	8962	4916
天津	49113	44812	434	13	0	
河北	35881	30987	425			
山西	10433	9540	171			
内蒙古						
辽宁	979680	997906	7549	213599	23	
吉林	98756	87241	1669	956	41	473
黑龙江	1471	1321	30			
上海	1094452	971327	7772	13840	4795	8975
江苏	499684	432614	8645	2242	831	321
浙江	619586	574927	5828	485	411	74
安徽	11104	8396	150		1040	
福建	891416	833292	18135	2969	904	203
江西	753001	704993	-3302	560	94	448
山东	446248	425996	6241	1591	1249	7
河南	88090	85777	2690	226		
湖北	41196	36165	450	1		0
湖南	193657	185082	4026	3		3
广东	943909	763912	10212	9909	12600	1105
广西	12341	9123	172			
海南	1764	1088	19			
重庆	128995	78726	1400	1		1
四川	17276	14125	314	67	21	46
贵州	66	54	5			
云南	1797	1422	88			
西藏						
陕西	217	164	5			
甘肃						
青海						
宁夏						
新疆	30	15	0			

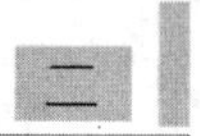

2-109 各地区港澳台商投资建筑业企业费用情况

单位：万元

地　区	管理费用	#税　金	销售费用	财务费用	#利息收入	#利息支出
全国总计	**442423**	**11935**	**64361**	**97490**	**17650**	**93750**
北　京	46968	569	10914	9085	1965	9085
天　津	3001	179	21	85	19	78
河　北	2535	25	710	59	19	72
山　西	828	10		168		23
内蒙古						
辽　宁	132708	3008	17201	19304	7	62
吉　林	4392	192	61	2585	-1	2509
黑龙江	162	3				
上　海	80071	771	9532	-1508	2536	3528
江　苏	27690	925	4929	4224	3621	7736
浙　江	16445	645	4171	8107	118	7725
安　徽	1173	4		96	1	39
福　建	12660	343	2050	86	919	966
江　西	10773	562	1150	15803	7584	22868
山　东	8895	626	2313	6794	879	6839
河　南	2535	84	169	774	-26	795
湖　北	2595	49	417	-888	-503	1227
湖　南	2708	42	677	208	24	
广　东	63653	1722	8329	7037	-372	3952
广　西	170	24	1	0	0	
海　南	577	2		0	1	
重　庆	19799	2030	1104	25294	853	26083
四　川	1977	72	567	150	2	141
贵　州	7	0				
云　南	52	49	46	19	4	23
西　藏						
陕　西	35	1		8		
甘　肃						
青　海						
宁　夏						
新　疆	14	0				

2-110 各地区港澳台商投资建筑业企业利润及税金情况

单位：万元

地 区	利润总额	#应交所得税	税金总额	主营业务税金及附加	管理费用中的税金	应交增值税
全国总计	**352008**	**75515**	**205082**	**80001**	**11935**	**113146**
北 京	12585	6384	21796	6875	569	14352
天 津	1423	442	655	434	179	43
河 北	1179	225	734	425	25	284
山 西	-256	4	181	171	10	
内蒙古						
辽 宁	42837	1682	26622	7549	3008	16065
吉 林	4155	1206	2442	1669	192	581
黑龙江	-42		33	30	3	
上 海	69488	10671	24262	7772	771	15719
江 苏	23705	6576	13254	8645	925	3684
浙 江	9153	2361	21676	5828	645	15203
安 徽	232	70	154	150	4	
福 建	26453	7849	35562	18135	343	17083
江 西	44049	5462	7197	-3302	562	9938
山 东	4673	795	10835	6241	626	3968
河 南	3657	850	2887	2690	84	113
湖 北	-5692	741	1732	450	49	1233
湖 南	1351	341	4314	4026	42	246
广 东	98304	24633	23108	10212	1722	11174
广 西	2917	230	196	172	24	
海 南	71	14	191	19	2	171
重 庆	11512	4881	6518	1400	2030	3088
四 川	80	50	582	314	72	196
贵 州	0	2	8	5	0	3
云 南	170	42	137	88	49	
西 藏						
陕 西	5	3	7	5	1	1
甘 肃						
青 海						
宁 夏						
新 疆	1	0	1	0	0	1

2-111 各地区港澳台商投资建筑业企业应收工程款及企业亏损情况

地　区	应收工程款（万元）	企业个数（个）	#亏损企业个数	亏损企业的比重（%）
全国总计	**3240069**	**326**	**88**	**27.0**
北　京	263173	37	11	29.7
天　津	27868	6	3	50.0
河　北	8101	4	2	50.0
山　西	6325	3	1	33.3
内蒙古				
辽　宁	476704	18	7	38.9
吉　林	93522	6	2	33.3
黑龙江	5966	2	2	100.0
上　海	658056	61	14	23.0
江　苏	325012	39	9	23.1
浙　江	128699	15	7	46.7
安　徽	10778	4	1	25.0
福　建	169852	24	5	20.8
江　西	323696	8	2	25.0
山　东	157614	13	6	46.2
河　南	4195	5		
湖　北	23586	14	5	35.7
湖　南	47638	4	1	25.0
广　东	438135	47	7	14.9
广　西	4510	3		
海　南	1013	1		
重　庆	51622	4	1	25.0
四　川	13664	4	1	25.0
贵　州		1	1	100.0
云　南	187	1		
西　藏				
陕　西	70	1		
甘　肃				
青　海				
宁　夏				
新　疆	84	1		

2-112 各地区港澳台商投资建筑业企业主要经济效益指标

地　区	产值利润率 (%)	产值利税率 (%)	资本利润率 (%)	资本利税率 (%)	人均利润 (元/人)	人均利税 (元/人)	资产负债率 (%)
全国总计	**5.1**	**8.1**	**22.0**	**34.8**	**19679**	**31144**	**73.5**
北　京	1.8	5.0	8.5	23.2	8195	22387	80.9
天　津	3.0	4.4	10.9	15.9	12686	18526	70.4
河　北	3.2	5.1	24.0	38.9	23673	38412	70.7
山　西	-3.2	-0.9	-6.7	-2.0	-5639	-1645	86.5
内蒙古							
辽　宁	6.5	10.6	14.8	23.9	37875	61414	71.0
吉　林	4.2	6.7	16.8	26.7	16124	25599	71.8
黑龙江	-2.7	-0.6	-1.5	-0.3	-3809	-791	61.2
上　海	9.9	13.3	30.9	41.6	41754	56333	71.2
江　苏	4.8	7.5	18.5	28.9	15029	23431	66.0
浙　江	1.2	3.9	18.7	63.0	6083	20489	73.9
安　徽	3.3	5.5	4.5	7.5	2888	4807	92.5
福　建	3.0	7.1	43.8	102.7	9340	21895	60.1
江　西	6.2	7.2	36.8	42.8	13999	16287	86.5
山　东	1.2	4.0	6.9	22.9	8788	29162	68.8
河　南	10.6	18.9	50.5	90.3	62516	111865	86.4
湖　北	-5.8	-4.0	-10.0	-6.9	-11502	-8003	50.8
湖　南	0.6	2.5	17.1	71.7	3021	12669	85.0
广　东	11.3	14.0	56.2	69.5	44700	55207	74.7
广　西	29.9	31.9	33.9	36.2	66897	71388	24.6
海　南	2.9	10.7	3.5	13.1	7500	27809	33.5
重　庆	15.4	24.1	6.2	9.6	251899	394514	72.9
四　川	0.4	3.5	0.6	4.9	899	7441	25.8
贵　州	-0.7	12.1	0.0	0.7	-160	2960	
云　南	9.4	17.1	84.9	153.3	9988	18035	0.1
西　藏							
陕　西	2.5	5.6	0.8	1.8	6750	15125	170.8
甘　肃							
青　海							
宁　夏							
新　疆	2.6	6.2	1.3	3.2	2667	6333	105.2

三、中央和地方建筑业企业

3-1 各地区中央建筑业企业签订合同情况

单位：万元

地　区	签订合同额	上年结转合同额	本年新签合同额
全国总计	**1101448018**	**559025949**	**542422070**
北　京	184473427	93043737	91429690
天　津	74739046	39383438	35355608
河　北	22992880	10407817	12585063
山　西	42000546	21689582	20310964
内蒙古	2956272	1295642	1660630
辽　宁	24542676	12823340	11719336
吉　林	6134865	3810923	2323942
黑龙江	3664912	1859197	1805716
上　海	72099701	33508751	38590951
江　苏	29508912	17360428	12148484
浙　江	7309638	3433414	3876224
安　徽	26695535	13628043	13067492
福　建	20595930	11764714	8831216
江　西	10863848	7137123	3726725
山　东	43664637	23558106	20106531
河　南	58847790	29086867	29760922
湖　北	140088534	62186740	77901793
湖　南	54959435	29198162	25761273
广　东	69848251	36984886	32863365
广　西	6142806	2359943	3782863
海　南	334	334	
重　庆	21685136	13882958	7802177
四　川	60617160	33618990	26998170
贵　州	20042196	8894770	11147425
云　南	16177651	10503810	5673842
西　藏	644		644
陕　西	55363795	26968825	28394970
甘　肃	4549827	2271718	2278108
青　海	4190426	2274542	1915884
宁　夏	811930	240367	571563
新　疆	15879281	5848783	10030499

3-2 各地区中央建筑业企业承包工程完成情况

单位：万元

地区	直接从建设单位承揽工程完成的产值	自行完成施工产值	分包出去工程的产值	从建设单位以外承揽工程完成的产值
全国总计	**345248509**	**323748146**	**21500364**	**18994399**
北京	55635330	42648265	12987066	9201982
天津	24142049	22809107	1332942	980571
河北	7872162	7867841	4321	515922
山西	11769201	11678027	91174	290714
内蒙古	753762	753762		34141
辽宁	7995601	7816957	178644	2144
吉林	2191821	2050955	140866	95938
黑龙江	1826189	1622497	203692	112503
上海	20872509	20395403	477107	524549
江苏	9910210	9513980	396230	301702
浙江	2654847	2077505	577342	187803
安徽	9704625	9395304	309321	312367
福建	5415447	5388599	26848	213434
江西	3800859	3724823	76036	88592
山东	15185895	14841650	344246	136379
河南	20443075	20386853	56222	343982
湖北	44365745	44275143	90602	361047
湖南	14960942	14960942		272886
广东	20041485	17242130	2799355	844733
广西	2225272	2225272		256272
海南	259	259		
重庆	6064474	6040424	24050	54195
四川	17825483	17629138	196345	1893051
贵州	6651274	6651274		
云南	3432362	3432362		39723
西藏	239	219	19	6
陕西	16868460	15826317	1042143	1353108
甘肃	2112544	2099418	13127	25111
青海	1176719	1130991	45728	467820
宁夏	487511	487511		164
新疆	8862159	8775218	86941	83560

3-3 各地区中央企业建筑业总产值和竣工产值

单位：万元

地区	建筑业总产值	#装饰装修产值	#在外省完成的产值	按构成分组			竣工产值
				建筑工程产值	安装工程产值	其他产值	
全国总计	**342742545**	**7191198**	**229414234**	**310121700**	**26824414**	**5796431**	**122602549**
北京	51850247	2662918	45289077	49254877	2169338	426032	23497581
天津	23789678	97853	17481811	22401075	1074865	313738	8661305
河北	8383764	79376	6103878	6888523	1223134	272107	1963479
山西	11968741	112511	9598848	11073180	775574	119988	2415972
内蒙古	787903	33445	382673	687773	66130	34000	133801
辽宁	7819101	35824	4707231	6833432	748857	236813	2609768
吉林	2146893	123	1005859	1646363	438205	62325	512617
黑龙江	1735001	4766	737794	781146	929796	24058	745713
上海	20919952	611708	17064026	18494981	2129427	295544	7703041
江苏	9815682	875	6779704	7987132	1693814	134735	5124229
浙江	2265309	207	1030816	1774309	450480	40519	1340623
安徽	9707670	11185	6924811	8739734	808251	159685	1584324
福建	5602034	52520	1406706	5220769	361667	19598	1783186
江西	3813415	4797	2583408	3345333	427333	40749	1124261
山东	14978029	400363	9222988	12795788	1980129	202112	5429250
河南	20730835	466542	12152011	18682084	1565199	483552	6792761
湖北	44636190	530131	32517882	40758358	3033843	843990	15787182
湖南	15233828	515574	12070470	13954600	885755	393473	7204094
广东	18086863	449924	7293860	16410014	1439567	237282	6549183
广西	2481544	3577	1243192	1966662	468372	46510	1066444
海南	259				259		
重庆	6094620	132982	4393112	5874752	219179	688	1614403
四川	19522189	200232	7757993	17449020	1551669	521500	2836459
贵州	6651274	84194	3395085	5640735	683556	326983	1545409
云南	3472085	45833	1673531	3422929	38344	10812	500619
西藏	225	16		160	55	10	331
陕西	17179425	590074	12574513	16330047	408433	440945	6562375
甘肃	2124529	34812	1169051	1754558	286991	82981	1116263
青海	1598811		1340578	1294447	304006	358	503002
宁夏	487675		162639	316141	160540	10994	163988
新疆	8858778	28839	1350690	8342781	501647	14350	5730888

3-4 各地区中央建筑业企业房屋建筑面积

地区	房屋施工面积(万平方米)	#本年新开工	#实行投标承包面积	房屋竣工面积(万平方米)	房屋竣工率(%)
全国总计	**174224.6**	**43503.3**	**144323.0**	**24457.6**	**14.0**
北京	42528.8	11153.6	41401.1	7114.9	16.7
天津	9754.8	2094.4	9564.5	1171.9	12.0
河北	2314.9	396.6	1739.4	136.0	5.9
山西	3519.6	926.2	3380.0	251.4	7.1
内蒙古	376.6	110.1	374.5	29.6	7.9
辽宁	2227.7	539.9	1416.5	468.2	21.0
吉林	192.1	75.3	143.9	30.7	16.0
黑龙江	54.8	25.9	53.1	22.2	40.5
上海	13297.1	3172.5	13052.6	1898.1	14.3
江苏	4271.4	907.5	4128.9	722.4	16.9
浙江	161.6	112.1	114.4	7.2	4.5
安徽	4915.7	1062.3	4903.4	297.0	6.0
福建	3944.4	843.6	3913.2	432.1	11.0
江西	337.9	148.7	273.0	205.0	60.7
山东	6294.3	1704.9	6259.2	1038.9	16.5
河南	7002.4	1130.5	4606.1	362.8	5.2
湖北	29160.1	6887.6	12128.5	3941.8	13.5
湖南	10687.7	3400.3	10458.8	1681.5	15.7
广东	11597.6	2665.0	7646.9	1319.7	11.4
广西	262.2	29.4	250.6	47.4	18.1
海南					
重庆	1896.9	415.0	1714.1	321.9	17.0
四川	5480.8	1612.7	5272.1	538.4	9.8
贵州	4990.3	1129.1	3575.6	533.1	10.7
云南	893.9	450.0	816.1	69.3	7.8
西藏	0.3	0.2	0.2	0.3	97.4
陕西	3408.8	829.4	2953.6	259.6	7.6
甘肃	190.3	93.0	189.0	16.7	8.8
青海	74.5	37.2	71.5	14.3	19.2
宁夏	186.7	46.6	45.9	24.7	13.2
新疆	4200.4	1503.8	3876.5	1500.6	35.7

3-5 各地区按主要用途分的中央建筑业企业房屋竣工面积

单位：万平方米

地　区	总计	住宅房屋	商业及服务用房屋	商厦房屋(批发和零售用房)	宾馆用房屋(住宿用房)	餐饮用房屋(餐饮用房)
全国总计	**24457.6**	**14682.3**	**4354.6**	**2817.3**	**519.0**	**46.3**
北　京	7114.9	3815.0	1756.7	1279.7	194.4	
天　津	1171.9	771.8	161.3	136.3	4.0	14.9
河　北	136.0	76.8	3.2			
山　西	251.4	177.4	0.3			
内蒙古	29.6		5.0		5.0	
辽　宁	468.2	252.6	64.7	22.1	3.6	
吉　林	30.7	19.1				
黑龙江	22.2	0.8				
上　海	1898.1	933.2	469.6	131.7	202.9	0.9
江　苏	722.4	500.0	19.5			
浙　江	7.2	1.5				
安　徽	297.0	172.3	78.4	78.4		
福　建	432.1	349.7	7.1		4.7	2.2
江　西	205.0	104.7	42.2	42.2		
山　东	1038.9	365.2	483.6	401.0		
河　南	362.8	175.6	40.5			0.1
湖　北	3941.8	2341.3	676.0	407.7	67.2	
湖　南	1681.5	1139.4	212.7	126.5	7.2	
广　东	1319.7	1229.7	1.0			
广　西	47.4	22.6				
海　南						
重　庆	321.9	225.4	55.1	54.6		
四　川	538.4	429.8	25.4	22.1	2.0	0.0
贵　州	533.1	343.1	89.5	45.0		
云　南	69.3	51.8	5.3	5.3		
西　藏	0.3	0.1	0.1		0.0	0.0
陕　西	259.6	191.8	2.7			
甘　肃	16.7	15.8				
青　海	14.3	6.5	1.0			
宁　夏	24.7	2.0				
新　疆	1500.6	967.4	153.8	64.6	27.8	28.1

3-5 续表 1

单位：万平方米

地　区	商务会展用房屋	其他商业及服务用房屋(居民服务业用房)	办公用房屋	科研、教育和医疗用房屋	科学研究用房屋	教育用房屋
全国总计	**280.9**	**691.1**	**1758.9**	**760.4**	**173.4**	**414.3**
北　京	171.0	111.6	556.0	192.5	85.7	65.7
天　津		6.0	19.8	42.6	19.7	21.5
河　北		3.2	4.2	8.2	3.4	2.8
山　西	0.1	0.2	22.2	5.2		3.0
内蒙古			1.1	3.7		3.7
辽　宁		39.0	32.8	1.1		0.9
吉　林						
黑龙江			4.6			
上　海	28.3	105.8	126.4	34.0		30.1
江　苏	19.5		119.6	7.9	7.5	
浙　江			1.1			
安　徽			0.4	4.1		4.1
福　建	0.2		22.7	17.6		14.4
江　西			1.8	4.7		0.6
山　东	1.0	81.6	41.2	43.0	7.5	12.0
河　南		40.4	4.9	68.1		59.4
湖　北	47.3	153.8	388.2	148.6	32.9	64.3
湖　南		78.9	214.7	43.9		21.2
广　东		1.0	62.3			
广　西				0.3		0.3
海　南						
重　庆		0.5	12.1	10.9	0.4	10.5
四　川		1.2	9.9	9.8	7.7	2.0
贵　州		44.4	24.4	46.0		46.0
云　南						
西　藏		0.0	0.0			
陕　西	2.7		8.1	21.1		21.1
甘　肃			0.6			
青　海		1.0		3.2		3.2
宁　夏			7.7	1.1	1.1	
新　疆	11.0	22.3	72.0	43.0	7.4	27.6

3-5 续表 2 单位：万平方米

地　　区	医疗用房屋（卫生医疗用房）	文化、体育和娱乐用房屋	厂房及建筑物	#厂　房	仓　库	其他未列明的房屋建筑物
全国总计	**172.8**	**596.3**	**1738.5**	**1355.2**	**111.7**	**455.0**
北　京	41.1	319.3	241.1	213.2	23.5	210.8
天　津	1.4	1.8	102.2	95.5	35.4	37.1
河　北	2.0		36.1	19.0	0.7	6.8
山　西	2.2	0.1	41.5	25.8	0.4	4.3
内蒙古		1.2	18.7	18.7		
辽　宁	0.2	6.1	100.7	53.4	3.3	6.9
吉　林			11.6	4.3		
黑龙江			9.1	9.1		7.7
上　海	4.0	49.7	260.9	146.5	13.5	10.9
江　苏	0.5	17.4	48.0	43.0	10.0	
浙　江			3.8	0.8		0.8
安　徽		0.4	38.7	28.9	1.9	0.7
福　建	3.2	12.0	16.4	11.9	1.7	5.0
江　西	4.1		51.3	51.3		0.4
山　东	23.5	31.4	59.8	49.8		14.6
河　南	8.6	3.6	58.2	38.8	0.6	11.3
湖　北	51.3	80.9	275.9	274.9		31.0
湖　南	22.7	7.3	51.2	50.0	7.1	5.1
广　东		9.3	5.1	0.5		12.2
广　西		0.2	21.3	0.9		3.0
海　南						
重　庆		2.7	15.8	14.8		
四　川	0.1	8.9	43.5	34.7	2.4	8.7
贵　州		3.7	19.0	16.0		7.6
云　南			12.2	7.7		
西　藏			0.0			0.0
陕　西			23.1	22.2		12.9
甘　肃			0.1	0.1		0.2
青　海			2.5	2.5		1.2
宁　夏			13.9	10.2		
新　疆	7.9	40.3	157.1	110.7	11.0	55.9

3-6 各地区按主要用途分的中央建筑业企业房屋竣工价值

单位：万元

地　区	总　计	住宅房屋	商业及服务用房屋	商厦房屋(批发和零售用房)	宾馆用房屋(住宿用房)	餐饮用房屋(餐饮用房)
全国总计	**53985081**	**27397253**	**10627380**	**6075465**	**1215742**	**78098**
北　京	17393837	7686036	4349492	2718333	541609	
天　津	1937091	1008801	190540	113436	21441	36245
河　北	404838	135172	5477			
山　西	679748	375000	200			
内蒙古	57332		11562		11562	
辽　宁	894092	419509	114338	38523	4167	
吉　林	61301	28652				
黑龙江	57922	1500				
上　海	4255989	1728753	1184226	385298	359670	1771
江　苏	1326745	783001	167107			
浙　江	15973	4000				
安　徽	653008	273260	192545	192545		
福　建	681369	513170	13952		9111	4396
江　西	505921	259783	51443	51443		
山　东	2373002	724245	953656	750246		
河　南	574174	293898	53740			129
湖　北	9184690	4551157	2107635	1128856	172577	
湖　南	3972716	2328093	624073	325477	37992	
广　东	2425042	2141844	3408			
广　西	78766	45040				
海　南						
重　庆	765983	470271	145168	143968		
四　川	1137111	764062	50084	43906	3990	15
贵　州	952167	539174	119628	64260		
云　南	138152	103174	4300	4300		
西　藏	330	150	73		33	28
陕　西	640775	394126	11477			
甘　肃	33190	31005				
青　海	42111	11944	4905			
宁　夏	46552	4288				
新　疆	2695159	1778148	268351	114876	53590	35514

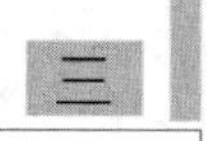

3-6 续表 1

单位：万元

地区	商务会展用房屋	其他商业及服务用房屋(居民服务业用房)	办公用房屋	科研、教育和医疗用房屋	科学研究用房屋	教育用房屋
全国总计	**1267199**	**1990877**	**5397708**	**2178966**	**578066**	**1050381**
北京	788051	301499	2039337	644092	276084	244670
天津		19418	53264	131983	97875	25871
河北		5477	14762	14139	1171	10468
山西	100	100	62447	17357		8511
内蒙古			2119	6469		6469
辽宁		71648	59943	1652		1255
吉林						
黑龙江			12048			
上海	62338	375150	384929	59851		42895
江苏	167107		215155	54842	54189	
浙江			3472			
安徽			624	6475		6475
福建	445		48096	41284		32173
江西			8141	10796		9082
山东	1740	201670	153626	116689	16497	24433
河南		53611	21127	71618		45865
湖北	211814	594389	1110703	465452	100343	191445
湖南		260604	697388	149466		62513
广东		3408	194205			
广西				460		460
海南						
重庆		1200	41246	52506	1052	51454
四川		2173	22894	19807	15686	3964
贵州		55368	90040	137380		137380
云南						
西藏		12	40			
陕西	11477		15693	79212		79212
甘肃			1213			
青海		4905		16474		16474
宁夏			16040	2969	2969	
新疆	24126	40246	129157	77995	12199	49312

3-6 续表 2

单位：万元

地　区	医疗用房屋(卫生医疗用房)	文化、体育和娱乐用房屋	厂房及建筑物	#厂　房	仓　库	其他未列明的房屋建筑物
全国总计	**550519**	**2000427**	**4046738**	**3128916**	**283524**	**2053086**
北　京	123337	1105294	679891	636215	64459	825235
天　津	8237	5538	144946	129599	108693	293326
河　北	2500		163161	87141	671	71456
山　西	8846	496	185216	154684	800	38233
内蒙古		2713	34469	34469		
辽　宁	397	16183	249027	95459	16405	17035
吉　林			32648	16290		
黑龙江			22624	22624		21750
上　海	16956	244417	579421	300380	45504	28888
江　苏	652	21073	70243	57991	15325	
浙　江			7619	1397		882
安　徽		1020	170716	137312	2367	6002
福　建	9110	22342	24312	16501	4779	13434
江　西	1714		175122	175122		637
山　东	75759	204479	134783	111647		85525
河　南	25753	11076	91955	56807	1151	29608
湖　北	173664	219999	555827	551946		173918
湖　南	86953	38551	105782	102724	6810	22553
广　东		8060	11499	495		66028
广　西		881	28484	340		3900
海　南						
重　庆		17838	38954	37816		
四　川	157	14515	94468	73679	2499	168783
贵　州		11425	36790	31880		17730
云　南			30678	19678		
西　藏			32			35
陕　西			56637	53012		83631
甘　肃			220	220		752
青　海			3304	3304		5484
宁　夏			23255	18694		
新　疆	16484	54526	294658	201489	14061	78263

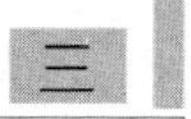

3-7 各地区中央建筑业企业主要生产效益指标

地区	建筑业企业个数(个)	从事建筑业活动的平均人数(人)	按总产值计算的劳动生产率(元/人)	人均竣工产值(元/人)	人均施工面积(平方米/人)	人均竣工面积(平方米/人)
全国总计	**1252**	**5241524**	**653899**	**233906**	**332.4**	**46.7**
北京	168	831624	623482	282551	511.4	85.6
天津	58	460052	517108	188268	212.0	25.5
河北	44	75734	1107001	259260	305.7	18.0
山西	51	257310	465149	93893	136.8	9.8
内蒙古	7	10872	724708	123069	346.4	27.2
辽宁	97	134257	582398	194386	165.9	34.9
吉林	35	32337	663912	158523	59.4	9.5
黑龙江	19	65303	265685	114193	8.4	3.4
上海	49	218088	959244	353208	609.7	87.0
江苏	33	153046	641355	334816	279.1	47.2
浙江	19	18444	1228209	726861	87.6	3.9
安徽	28	79949	1214233	198167	614.9	37.1
福建	24	151234	370422	117909	260.8	28.6
江西	20	63915	596638	175899	52.9	32.1
山东	60	240473	622857	225774	261.7	43.2
河南	64	284488	728707	238771	246.1	12.8
湖北	62	311924	1430996	506123	934.8	126.4
湖南	32	321104	474420	224354	332.8	52.4
广东	66	269185	671912	243297	430.8	49.0
广西	13	59286	418572	179881	44.2	8.0
海南	1	39	66487			
重庆	22	75296	809421	214407	251.9	42.8
四川	63	238651	818023	118854	229.7	22.6
贵州	19	173362	383664	89143	287.9	30.7
云南	10	49417	702609	101305	180.9	14.0
西藏	1	10	224700	330800	267.0	260.0
陕西	66	309858	554429	211787	110.0	8.4
甘肃	23	30750	690904	363012	61.9	5.4
青海	10	23254	687542	216308	32.1	6.2
宁夏	7	13767	354235	119117	135.6	17.9
新疆	81	288495	307069	198648	145.6	52.0

3-8 各地区中央建筑业企业资产构成

单位：万元

地区	资产合计	#流动资产合计	#存货	#非流动资产合计	#固定资产合计
全国总计	**484269683**	**372364181**	**77244399**	**111905502**	**23609220**
北京	138947924	89284055	12501686	49663868	2003102
天津	30796208	23492367	5405761	7303841	2534267
河北	9761139	8405788	2072390	1355352	722021
山西	18237503	15954930	1888975	2282573	611412
内蒙古	1377681	1154638	413066	223044	121404
辽宁	12330483	10933633	2418454	1396850	639431
吉林	1947289	1598481	418126	348808	131789
黑龙江	2854369	2618201	517031	236168	220647
上海	29695837	23432252	6204980	6263584	1381682
江苏	11508996	9917799	2472939	1591198	585979
浙江	3243823	2696150	610497	547674	220143
安徽	10763897	9141585	1618264	1622312	518980
福建	5178228	4178003	1211472	1000225	708846
江西	2531723	2337412	451863	194311	126334
山东	19931524	17508608	3249131	2422916	1126366
河南	21477169	18361292	4406047	3115877	1810744
湖北	51229745	40692368	10978042	10537378	3490446
湖南	14738315	11571048	3179709	3167267	571567
广东	22861228	17345818	4062544	5515411	1546041
广西	2329924	2006051	756068	323873	215592
海南	3447	825		2623	401
重庆	5680994	4801159	582591	879834	608041
四川	17406992	14427181	3824986	2979812	749376
贵州	7576632	6433098	1813204	1143534	260041
云南	4135922	2915846	589128	1220076	400891
西藏	658	153	60	505	112
陕西	23713797	19763162	3587471	3950636	1026348
甘肃	2537010	2057357	285780	479653	111884
青海	2166805	1761439	427748	405366	399858
宁夏	488247	442281	97578	45966	37673
新疆	8816175	7131204	1198810	1684971	727807

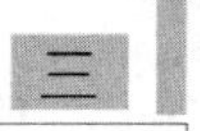

3-9 各地区中央建筑业企业固定资产情况

单位：万元

地 区	固定资产合计	固定资产原价	固定资产折旧	#本年折旧	在建工程
全国总计	**23609220**	**43266967**	**23152752**	**3288345**	**1847075**
北 京	2003102	4140439	2203621	286574	139964
天 津	2534267	4771500	2341771	335812	57993
河 北	722021	1565463	901032	127672	45644
山 西	611412	1412420	905106	119522	65005
内蒙古	121404	188070	89096	10910	22421
辽 宁	639431	1597881	1003857	95141	32554
吉 林	131789	295505	174056	23453	4149
黑龙江	220647	543336	329237	24579	347
上 海	1381682	2636795	1494773	125404	240588
江 苏	585979	1078044	572868	89894	48080
浙 江	220143	451687	237156	28581	4800
安 徽	518980	987074	488954	58274	18361
福 建	708846	419461	220244	36528	43336
江 西	126334	245447	143064	19252	4616
山 东	1126366	2280218	1290901	182517	59924
河 南	1810744	3142049	1763416	221966	119652
湖 北	3490446	5531074	2589454	453232	501697
湖 南	571567	1131798	638489	123938	38880
广 东	1546041	2444229	1158971	184280	203160
广 西	215592	415134	209344	30114	5670
海 南	401	1096	695	31	
重 庆	608041	1074976	486528	82287	18658
四 川	749376	1764690	1081640	140717	3627
贵 州	260041	469017	260660	35460	8929
云 南	400891	739687	368347	82213	7716
西 藏	112	112	25	25	16
陕 西	1026348	2368608	1422050	218003	42225
甘 肃	111884	237196	141253	19651	2159
青 海	399858	365697	196675	49828	789
宁 夏	37673	81170	44098	3221	601
新 疆	727807	887096	395372	79268	105517

3-10 各地区中央建筑业企业负债及所有者权益

单位：万元

地区	负债合计	#流动负债	#应付账款	所有者权益	#实收资本
全国总计	**379358857**	**345180234**	**168178982**	**104908370**	**51869641**
北京	92911650	81507420	35060530	46036274	17381466
天津	23938233	22237279	10843865	6857975	3873274
河北	8027593	7632263	3681668	1733547	1206770
山西	16031748	15381670	7206221	2205754	1563697
内蒙古	1196871	1151150	466358	180810	132149
辽宁	10397052	9929483	4647465	1927112	1577905
吉林	1645109	1596397	808747	302180	234939
黑龙江	2675766	2634411	1341380	178602	311852
上海	24306609	22650857	12819945	5393090	3710615
江苏	9559636	8800297	4681242	1949360	937833
浙江	2381698	2230555	1212802	862125	516410
安徽	8939048	8787506	3719036	1824849	1158160
福建	4285443	4175638	2415687	892785	604451
江西	2202303	2182266	1293197	329420	251718
山东	17602056	16406311	8141255	2329469	1519614
河南	18158246	17152835	7856165	3318923	2198600
湖北	41077933	35007221	19472568	10151812	3136911
湖南	12004758	10592706	5793710	2733557	1551163
广东	18588269	16664294	8288477	4272960	2495228
广西	2033524	1890472	898964	296400	210234
海南	430	430	103	3018	
重庆	4555328	4379163	2483631	1125665	753229
四川	14700169	13810529	6458292	2706823	1915202
贵州	6511524	5877687	3024299	1065108	642118
云南	3396097	2773312	1441864	739825	346496
西藏	555	99		103	
陕西	20536528	19313359	9722105	3177270	2309637
甘肃	2027595	2004992	802118	509415	372660
青海	1715901	1582715	891134	450904	124098
宁夏	406472	402006	177457	81775	61642
新疆	7544715	6424913	2528694	1271460	771572

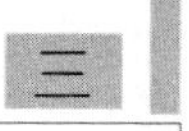

3-11 各地区中央建筑业企业实收资本

单位：万元

地区	合计	国家资本	集体资本	法人资本	个人资本	港澳台资本	外商资本
全国总计	**51869641**	**27240916**	**119086**	**22749341**	**1733686**	**26275**	**337**
北京	17381466	7549115	9839	8491549	1330840		124
天津	3873274	2249142	2480	1434884	186769		
河北	1206770	392100	13426	801816	-572		
山西	1563697	762443	810	799144	1300		
内蒙古	132149	131959	190				
辽宁	1577905	1136728	23432	376708	41012	25	
吉林	234939	47702	13854	165843	7540		
黑龙江	311852	99369	2389	210094			
上海	3710615	1025035	12363	2673117	100		
江苏	937833	503054	3960	411563	19257		
浙江	516410	356349	1010	159051			
安徽	1158160	456247	1220	697982	2711		
福建	604451	423512		180939			
江西	251718	173511	4500	65712	7995		
山东	1519614	1107273	100	393909	18331		
河南	2198600	1563490	354	632751	2005		
湖北	3136911	2835617	1200	297926	2168		
湖南	1551163	1138576		406906	5680		
广东	2495228	1013330		1454918	730	26250	
广西	210234	172474		37760			
海南							
重庆	753229	601293	101	139970	11865		
四川	1915202	1056042	3817	850951	4393		
贵州	642118	466728		174689	700		
云南	346496	309496		37000			
西藏							
陕西	2309637	970595	3901	1295098	40042		
甘肃	372660	106493		266167			
青海	124098	20946		103152			
宁夏	61642	56483	4159		1000		
新疆	771572	515814	15980	189745	49821		213

3-12 各地区中央建筑业企业收入情况

单位：万元

地 区	主营业务收入	#主营业务成本	#主营业务税金及附加	其他业务收入	#其他业务成本	#其他业务利润
全国总计	**372516914**	**346827264**	**2876522**	**2912133**	**2966370**	**252497**
北 京	70223996	65954273	387409	208795	154668	47734
天 津	21948154	20383630	143323	111237	97683	10979
河 北	8135964	7446337	67659	69738	59050	8095
山 西	12126426	11032283	82216	38249	30890	5894
内蒙古	842714	768325	6569	6629	5994	538
辽 宁	8052019	7508004	48878	410154	392415	5251
吉 林	1736190	1613431	18648	82127	82773	2019
黑龙江	2191387	2135456	9844	13608	15907	3334
上 海	26172029	24173166	270519	47382	35336	8639
江 苏	11163289	10422470	121089	51402	39381	14568
浙 江	3088302	2611964	33318	15336	152725	5526
安 徽	9709137	9152527	98438	36921	30580	5838
福 建	5302672	4975574	41376	60661	59950	4554
江 西	3655025	3457027	49191	108950	97801	-1412
山 东	17627186	16587449	155739	111244	99888	7853
河 南	20659702	19228757	169294	127844	87722	15246
湖 北	48455732	44624517	502498	531400	269282	38269
湖 南	15105737	14184435	100964	20350	16350	2780
广 东	18771989	17106151	133147	180979	580731	33660
广 西	2357490	2206554	17447	19726	16718	2682
海 南	259	249	3	55	31	
重 庆	5745898	5317730	60542	19301	12096	5878
四 川	13945067	12915885	95008	259380	288003	2311
贵 州	7425520	7137177	24710	23202	12981	2430
云 南	3245762	2941610	11872	8914	7582	468
西 藏				230	90	
陕 西	22870446	21675430	159663	93410	85421	9337
甘 肃	2009608	1898823	3593	23213	22820	459
青 海	1895115	1726947	5747	27131	24889	2943
宁 夏	510541	476298	2405	13023	11399	1383
新 疆	7543560	7164787	55413	191542	175215	5245

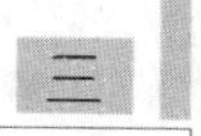

3-13 各地区中央建筑业企业费用情况

单位：万元

地 区	管理费用	#税 金	销售费用	财务费用	#利息收入	#利息支出
全国总计	**12569724**	**156881**	**474141**	**1899552**	**1828192**	**3625836**
北 京	2035571	17294	40952	405584	777613	1142304
天 津	902658	4951	24652	148372	67089	229679
河 北	379292	4765	17471	75410	13037	77477
山 西	674643	4420	2056	54550	69408	110737
内蒙古	37171	1438	774	21824	472	21795
辽 宁	421278	8532	1940	61572	39607	95074
吉 林	71456	1525	2545	12036	2172	12055
黑龙江	63882	1183	149	602	953	5120
上 海	897135	4258	54788	58848	89952	107107
江 苏	310833	3349	7208	5115	27539	69266
浙 江	181662	3673	3128	-1807	6115	6886
安 徽	316608	2870	2210	-66887	42041	29795
福 建	127639	1609	1684	39701	1997	38169
江 西	107404	7529	1904	5209	3112	8925
山 东	478919	10266	23369	102854	64595	137406
河 南	771346	19207	19867	117018	98424	303140
湖 北	1807744	10573	161880	335225	128473	341330
湖 南	430164	3172	12398	36875	68574	114678
广 东	577826	4803	20022	111327	52560	177748
广 西	74583	954	3630	29907	4020	23196
海 南	22	6		-108	108	
重 庆	186986	2408	17923	21653	22511	35029
四 川	493533	13408	23764	53083	62774	129945
贵 州	151606	1496	1250	37516	6381	68130
云 南	127333	1318	1373	47375	9599	48901
西 藏	60	50	15	10		
陕 西	576415	13180	15387	99783	97422	159502
甘 肃	62295	721	6773	11146	922	11462
青 海	104794	2940	264	4233	11549	20397
宁 夏	22246	938	1193	3257	133	3042
新 疆	176623	4050	3575	68271	59044	97543

3-14 各地区中央建筑业企业利润及税金情况

单位：万元

地区	利润总额	#应交所得税	税金总额	主营业务税金及附加	管理费用中的税金	应交增值税
全国总计	**12768964**	**1613653**	**6991041**	**2876522**	**156881**	**3957638**
北京	5790238	360969	853521	387409	17294	448817
天津	348651	69157	442334	143323	4951	294060
河北	120535	25391	177883	67659	4765	105459
山西	463509	28057	154409	82216	4420	67773
内蒙古	4533	-826	18608	6569	1438	10602
辽宁	35728	19590	157213	48878	8532	99803
吉林	-43634	5061	46982	18648	1525	26809
黑龙江	-3645	3985	18183	9844	1183	7156
上海	754380	128622	521466	270519	4258	246688
江苏	264097	42163	178744	121089	3349	54306
浙江	92155	29399	63973	33318	3673	26982
安徽	303131	28547	212059	98438	2870	110751
福建	124827	33373	100939	41376	1609	57954
江西	34524	7811	90085	49191	7529	33365
山东	348661	59991	340833	155739	10266	174829
河南	364959	101199	604896	169294	19207	416394
湖北	1392402	262521	1096623	502498	10573	583552
湖南	458968	59835	310538	100964	3172	206402
广东	570948	117849	280309	133147	4803	142359
广西	-20884	7237	56816	17447	954	38415
海南	118	9	19	3	6	9
重庆	143745	22007	145956	60542	2408	83007
四川	351913	50972	268820	95008	13408	160405
贵州	70124	18710	69130	24710	1496	42924
云南	114103	14046	109244	11872	1318	96054
西藏	80	20	50		50	
陕西	472341	83875	366178	159663	13180	193336
甘肃	49581	5830	31281	3593	721	26968
青海	58002	4921	56373	5747	2940	47687
宁夏	7088	742	12213	2405	938	8870
新疆	97786	22591	205363	55413	4050	145901

3-15 各地区中央建筑业企业应收工程款及企业亏损情况

地　区	应收工程款（万元）	企业个数（个）	#亏损企业个数	亏损企业的比重（%）
全国总计	**89991170**	**1252**	**147**	**11.7**
北　京	13732073	168	18	10.7
天　津	6650074	58	7	12.1
河　北	2719360	44	5	11.4
山　西	5399962	51	3	5.9
内蒙古	168270	7		
辽　宁	2974546	97	21	21.6
吉　林	350897	35	8	22.9
黑龙江	1420111	19	8	42.1
上　海	6282241	49	3	6.1
江　苏	2926687	33	3	9.1
浙　江	558943	19		
安　徽	2660766	28	1	3.6
福　建	660416	24	2	8.3
江　西	507843	20	2	10.0
山　东	4819631	60	3	5.0
河　南	4650779	64	7	10.9
湖　北	8591166	62	5	8.1
湖　南	3072516	32	1	3.1
广　东	4446800	66	5	7.6
广　西	490277	13	3	23.1
海　南	26	1		
重　庆	1381626	22		
四　川	4040942	63	7	11.1
贵　州	1341530	19	3	15.8
云　南	780365	10		
西　藏	50	1		
陕　西	5773376	66	9	13.6
甘　肃	629086	23	6	26.1
青　海	364015	10	2	20.0
宁　夏	227072	7		
新　疆	2369726	81	15	18.5

3-16 各地区中央建筑业企业主要经济效益指标

地　区	产值利润率(%)	产值利税率(%)	资本利润率(%)	资本利税率(%)	人均利润(元/人)	人均利税(元/人)	资产负债率(%)
全国总计	**3.7**	**5.8**	**24.6**	**38.1**	**24361**	**37699**	**78.3**
北　京	11.2	12.8	33.3	38.2	69626	79889	66.9
天　津	1.5	3.3	9.0	20.4	7579	17193	77.7
河　北	1.4	3.6	10.0	24.7	15916	39403	82.2
山　西	3.9	5.2	29.6	39.5	18014	24015	87.9
内蒙古	0.6	2.9	3.4	17.5	4169	21285	86.9
辽　宁	0.5	2.5	2.3	12.2	2661	14371	84.3
吉　林	-2.0	0.2	-18.6	1.4	-13493	1035	84.5
黑龙江	-0.2	0.8	-1.2	4.7	-558	2226	93.7
上　海	3.6	6.1	20.3	34.4	34591	58501	81.9
江　苏	2.7	4.5	28.2	47.2	17256	28935	83.1
浙　江	4.1	6.9	17.8	30.2	49965	84650	73.4
安　徽	3.1	5.3	26.2	44.5	37916	64440	83.0
福　建	2.2	4.0	20.7	37.4	8254	14928	82.8
江　西	0.9	3.3	13.7	49.5	5402	19496	87.0
山　东	2.3	4.6	22.9	45.4	14499	28672	88.3
河　南	1.8	4.7	16.6	44.1	12829	34091	84.5
湖　北	3.1	5.6	44.4	79.3	44639	79796	80.2
湖　南	3.0	5.1	29.6	49.6	14293	23964	81.5
广　东	3.2	4.7	22.9	34.1	21210	31624	81.3
广　西	-0.8	1.4	-9.9	17.1	-3523	6061	87.3
海　南	45.7	52.9			30359	35154	12.5
重　庆	2.4	4.8	19.1	38.5	19091	38475	80.2
四　川	1.8	3.2	18.4	32.4	14746	26010	84.4
贵　州	1.1	2.1	10.9	21.7	4045	8032	85.9
云　南	3.3	6.4	32.9	64.5	23090	45197	82.1
西　藏	35.6	57.9			80000	130000	84.4
陕　西	2.7	4.9	20.5	36.3	15244	27061	86.6
甘　肃	2.3	3.8	13.3	21.7	16124	26297	79.9
青　海	3.6	7.2	46.7	92.2	24943	49185	79.2
宁　夏	1.5	4.0	11.5	31.3	5149	14020	83.3
新　疆	1.1	3.4	12.7	39.3	3390	10508	85.6

3-17 各地区地方建筑业企业签订合同情况

单位：万元

地区	签订合同额		
		上年结转合同额	本年新签合同额
全国总计	**2620135170**	**1047589255**	**1572545915**
北京	79172042	35709372	43462671
天津	34546413	12075616	22470797
河北	72794728	28776606	44018123
山西	32494910	11072051	21422858
内蒙古	18077414	7427982	10649431
辽宁	54963864	24876160	30087704
吉林	29725279	10365516	19359763
黑龙江	22258541	7236179	15022362
上海	99289201	51245214	48043987
江苏	366390470	147292184	219098286
浙江	394872432	163580777	231291656
安徽	79765775	32191273	47574502
福建	135107776	49990752	85117024
江西	81531562	32769086	48762477
山东	131826715	40127741	91698974
河南	98349302	33114057	65235245
湖北	111317821	40747576	70570245
湖南	103560359	45707147	57853211
广东	167456410	78102765	89353645
广西	57287265	23388344	33898921
海南	7300474	4003168	3297306
重庆	86327854	32362630	53965224
四川	130323639	53071691	77251948
贵州	40204129	17561294	22642835
云南	61482461	21044935	40437525
西藏	1704229	544091	1160138
陕西	59963979	20963409	39000571
甘肃	28266267	10024784	18241483
青海	5058509	2958332	2100177
宁夏	7310466	2467859	4842607
新疆	21404886	6790665	14614221

3-18 各地区地方建筑业企业承包工程完成情况

单位：万元

地　区	直接从建设单位承揽工程完成的产值	自行完成施工产值	分包出去工程的产值	从建设单位以外承揽工程完成的产值
全国总计	**1567046949**	**1536658317**	**30388632**	**56266912**
北　京	35567477	32815225	2752252	3746434
天　津	24678980	24309102	369878	819323
河　北	46426160	46150608	275552	642549
山　西	21135743	21040343	95401	175656
内蒙古	11384997	11347843	37154	72344
辽　宁	31222342	30936520	285822	511512
吉　林	20495997	20445520	50476	243213
黑龙江	15394427	15352262	42165	78808
上　海	40909542	33180805	7728737	6361191
江　苏	234047731	233489003	558728	14612920
浙　江	243639700	241117103	2522597	6511289
安　徽	49965001	49563550	401451	1201679
福　建	78183391	77958414	224977	1754029
江　西	46640747	45969620	671127	2007250
山　东	85101822	84619958	481864	1276264
河　南	66505714	65708859	796855	1640171
湖　北	73537212	72193393	1343819	1794390
湖　南	57086396	56813378	273018	994957
广　东	82015046	74900281	7114765	3535929
广　西	31881467	31570717	310751	439597
海　南	3060431	3028136	32295	49253
重　庆	63300331	61820962	1479369	2442551
四　川	78515423	77119419	1396004	2955197
贵　州	16893276	16781442	111834	196802
云　南	34645066	34348073	296993	852005
西　藏	1122985	1043466	79519	69157
陕　西	35506386	35239400	266986	873520
甘　肃	17237640	17141386	96254	206517
青　海	2504825	2450801	54025	56638
宁　夏	4728170	4597410	130760	27457
新　疆	13712526	13605318	107208	118314

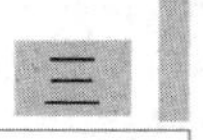

3-19 各地区地方企业建筑业总产值和竣工产值

单位：万元

地区	建筑业总产值	#装饰装修产值	#在外省完成的产值	按构成分组 建筑工程产值	安装工程产值	其他产值	竣工产值
全国总计	**1592925229**	**105760551**	**435022223**	**1408520606**	**130925585**	**53479038**	**1006213844**
北京	36561658	8805866	14736262	34318562	1788383	454713	19738661
天津	25128425	971177	2670723	20868104	3190273	1070048	13503171
河北	46793157	2406301	9949946	38968760	4651817	3172580	26920792
山西	21215998	1090566	2939189	17706989	2700373	808636	10369508
内蒙古	11420187	258575	320458	9258500	977041	1184647	6817207
辽宁	31448032	2925519	3102862	25412443	4771132	1264457	17860074
吉林	20688733	846246	1591306	17459493	1950926	1278314	14903989
黑龙江	15431070	683444	1790539	12907904	1940465	582702	10018574
上海	39541996	6258944	12376985	32307947	6354365	879684	25294059
江苏	248101923	14171043	112463976	234696469	11744037	1661417	207579905
浙江	247628392	16123130	127483018	223979820	18093040	5555532	156991846
安徽	50765229	2213605	6999724	42917769	3719400	4128060	31712841
福建	79712444	3602729	33442149	73478864	5377087	856493	48346546
江西	47976870	2462103	15947957	41883816	3395968	2697086	29156165
山东	85896222	6010379	8214810	73134185	10417361	2344675	48203801
河南	67349030	3817345	9678162	58271376	6305721	2771933	42618570
湖北	73987783	4724601	11615731	65364151	6192669	2430963	47651560
湖南	57808335	2788793	12870260	49235077	4125154	4448104	38608006
广东	78436210	13628610	13219708	65511514	9935901	2988795	41004772
广西	32010314	1747918	4517481	27714741	2484151	1811422	17350010
海南	3077388	196447	78725	2625819	308865	142705	1891916
重庆	64263513	2012980	6162574	58718160	3165162	2380192	34548354
四川	80074616	3214748	12703020	69678235	7117829	3278552	46749598
贵州	16978244	460277	1853964	15207911	870861	899472	6862379
云南	35200078	1359851	1081119	31114284	2602150	1483644	20626296
西藏	1112623	63559	11476	981021	68044	63559	659725
陕西	36112920	1846693	4638453	31125985	3606525	1380410	16237747
甘肃	17347903	486083	1991835	15085269	1613199	649435	9490881
青海	2507438	61124	223388	2002754	201008	303676	1149652
宁夏	4624868	90101	225697	4355852	197625	71391	3617884
新疆	13723632	431799	120726	12228835	1059054	435743	9729357

3-20 各地区地方建筑业企业房屋建筑面积

地　区	房　屋 施工面积 (万平方米)	#本年新开工	#实行投标 承包面积	房　屋 竣工面积 (万平方米)	房屋竣工率 (%)
全国总计	**1089991.7**	**436051.1**	**817404.4**	**397924.7**	**36.5**
北　京	18568.7	4623.6	17546.2	3588.5	19.3
天　津	7281.3	2835.7	5142.3	2256.8	31.0
河　北	32301.2	12611.6	25765.1	11009.2	34.1
山　西	11101.0	3606.0	9187.1	3101.8	27.9
内 蒙 古	5919.5	2808.1	4352.8	2509.0	42.4
辽　宁	18163.0	7381.2	11008.0	6384.3	35.2
吉　林	10442.3	5333.4	7101.5	5180.7	49.6
黑 龙 江	5349.4	3319.1	3878.0	2724.8	50.9
上　海	22722.6	6408.8	18450.6	5583.0	24.6
江　苏	217222.1	83128.2	193774.4	74267.9	34.2
浙　江	198239.7	73211.1	150259.0	68811.3	34.7
安　徽	35210.7	15118.5	21717.0	14293.7	40.6
福　建	58976.3	19898.7	40126.3	17689.1	30.0
江　西	28108.3	14108.5	17136.8	14630.8	52.1
山　东	65796.3	30073.6	51608.9	22682.5	34.5
河　南	48781.6	21247.9	37764.0	19063.0	39.1
湖　北	43674.9	25814.6	30420.8	24671.6	56.5
湖　南	39641.3	16410.2	32468.9	16947.7	42.8
广　东	42760.7	15395.5	22349.3	14342.1	33.5
广　西	26269.7	8131.0	21647.8	7950.7	30.3
海　南	2085.4	563.1	1776.9	652.4	31.3
重　庆	30180.2	13375.2	15242.5	13429.7	44.5
四　川	48567.5	21529.7	27856.0	20550.9	42.3
贵　州	14364.3	4055.8	7715.7	3579.0	24.9
云　南	16159.0	7539.9	10389.9	7032.7	43.5
西　藏	243.9	155.7	142.5	143.7	58.9
陕　西	21119.5	7856.0	17233.8	6499.3	30.8
甘　肃	10232.2	4431.1	6706.4	3898.5	38.1
青　海	812.3	327.8	509.8	287.6	35.4
宁　夏	2584.6	1007.0	2237.1	993.1	38.4
新　疆	7112.2	3744.5	5889.0	3169.4	44.6

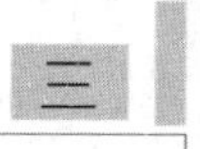

3-21 各地区按主要用途分的地方建筑业企业房屋竣工面积

单位：万平方米

地区	总计	住宅房屋	商业及服务用房屋	商厦房屋(批发和零售用房)	宾馆用房屋(住宿用房)	餐饮用房屋(餐饮用房)
全国总计	**397924.7**	**269346.5**	**25963.8**	**11437.1**	**2703.5**	**1006.0**
北京	3588.5	2211.7	353.4	133.8	38.6	1.7
天津	2256.8	1456.5	123.7	57.7	0.7	1.1
河北	11009.2	8034.9	419.1	224.4	21.2	12.3
山西	3101.8	2188.8	145.9	45.0	18.0	3.5
内蒙古	2509.0	1848.1	103.0	18.9	2.5	2.1
辽宁	6384.3	4459.2	408.9	200.1	26.3	10.6
吉林	5180.7	3822.8	254.1	120.3	31.0	8.5
黑龙江	2724.8	2068.2	99.9	35.8	13.5	1.9
上海	5583.0	3135.6	562.4	143.5	90.3	4.3
江苏	74267.9	54032.8	3235.4	1421.1	445.3	215.9
浙江	68811.3	39445.8	5944.3	2731.7	642.6	311.4
安徽	14293.7	9803.5	859.9	427.2	43.2	20.5
福建	17689.1	11637.7	1168.0	560.2	57.3	16.8
江西	14630.8	9629.3	1108.8	478.8	69.1	53.6
山东	22682.5	16005.6	1400.5	831.8	56.9	33.1
河南	19063.0	13739.0	921.2	335.4	151.4	50.5
湖北	24671.6	17705.8	1564.6	685.4	311.7	34.7
湖南	16947.7	11926.9	1132.7	500.4	118.3	11.5
广东	14342.1	9367.1	905.2	353.2	127.3	15.8
广西	7950.7	4818.5	589.4	282.6	72.3	17.6
海南	652.4	381.1	101.5	46.8	2.9	6.6
重庆	13429.7	9662.7	885.7	373.3	39.4	36.5
四川	20550.9	15420.3	1614.7	641.5	94.7	59.8
贵州	3579.0	2212.9	161.8	49.3	17.0	6.5
云南	7032.7	4221.1	709.4	219.3	117.7	32.6
西藏	143.7	102.0	6.5	2.9	0.3	0.0
陕西	6499.3	4774.8	474.2	222.2	20.4	16.8
甘肃	3898.5	2646.7	268.0	94.6	42.0	10.0
青海	287.6	151.7	44.8	11.6	4.4	0.4
宁夏	993.1	597.4	122.7	73.5	3.1	5.2
新疆	3169.4	1838.0	273.9	114.9	24.4	4.2

3-21 续表 1

单位：万平方米

地　　区	商务会展用房屋	其他商业及服务用房屋(居民服务业用房)	办公用房屋	科研、教育和医疗用房屋	科学研究用房屋	教育用房屋
全国总计	**1553.7**	**9263.4**	**21780.6**	**16931.6**	**1577.1**	**11747.3**
北　京	17.7	161.7	332.1	228.0	59.5	140.4
天　津	0.6	63.7	77.3	87.2	3.9	60.2
河　北	18.3	142.8	446.3	550.6	52.4	356.6
山　西	32.8	46.6	242.8	228.0	55.7	125.0
内蒙古	12.8	66.7	113.9	85.9	3.8	65.4
辽　宁	3.1	168.8	256.9	150.0	8.6	120.8
吉　林	12.6	81.7	242.7	116.6	6.0	84.6
黑龙江	7.8	40.9	119.8	73.8	14.3	47.9
上　海	163.1	161.2	445.4	211.7	51.9	109.8
江　苏	524.1	629.1	3405.4	2192.5	241.6	1337.3
浙　江	312.4	1946.2	4621.6	2153.4	376.2	1323.8
安　徽	40.3	328.6	810.0	645.9	38.8	498.4
福　建	26.9	506.8	1010.1	523.7	24.2	409.2
江　西	25.7	481.7	800.0	731.3	53.7	552.5
山　东	27.7	451.1	1231.5	938.3	58.5	704.4
河　南	41.1	342.8	1262.0	1031.6	67.7	785.5
湖　北	37.3	495.4	1233.7	1019.8	93.5	611.9
湖　南	32.6	470.0	889.3	1041.3	47.0	723.2
广　东	24.4	384.6	740.2	587.3	78.4	418.7
广　西	13.5	203.4	659.8	812.6	58.4	557.9
海　南	1.4	43.8	34.1	65.4	2.6	59.0
重　庆	56.8	379.6	554.3	465.2	24.1	344.7
四　川	46.8	771.8	657.8	692.0	47.1	491.3
贵　州	13.6	75.6	200.0	548.1	15.6	455.5
云　南	39.8	300.0	453.8	701.1	13.5	585.2
西　藏	0.4	2.8	13.8	9.4	0.0	7.3
陕　西	11.0	203.8	381.3	380.2	40.7	260.9
甘　肃	5.0	116.4	195.6	280.9	23.2	205.7
青　海	0.1	28.4	31.4	33.4	0.1	29.0
宁　夏	1.3	39.6	41.0	99.7	0.8	76.3
新　疆	2.7	127.8	276.8	246.5	15.4	198.8

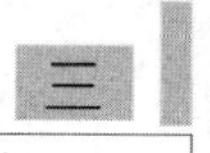

3-21 续表 2

单位：万平方米

地 区	医疗用房屋（卫生医疗用房）	文化、体育和娱乐用房屋	厂房及建筑物	#厂 房	仓 库	其他未列明的房屋建筑物
全国总计	**3607.2**	**3646.6**	**48189.7**	**31958.0**	**2693.4**	**9372.6**
北 京	28.0	65.5	208.3	169.1	41.8	147.5
天 津	23.2	2.5	353.0	143.5	20.7	135.9
河 北	141.6	66.5	1012.0	738.3	54.6	425.1
山 西	47.3	25.2	205.2	128.6	10.9	54.9
内 蒙 古	16.8	10.7	97.2	45.5	4.5	245.8
辽 宁	20.6	55.1	773.0	396.6	24.2	257.2
吉 林	26.0	80.9	381.2	255.9	45.7	236.7
黑 龙 江	11.6	7.5	248.2	92.3	62.6	44.7
上 海	50.0	40.9	951.6	598.5	46.3	189.2
江 苏	613.6	629.1	9315.5	7019.0	627.4	829.9
浙 江	453.4	682.5	14260.7	10372.0	428.6	1274.4
安 徽	108.6	69.7	1756.2	1039.3	89.6	258.8
福 建	90.2	85.0	3038.8	1282.8	123.8	102.0
江 西	125.1	244.2	1680.7	1070.7	136.4	300.1
山 东	175.4	171.5	2385.2	1492.4	187.9	362.0
河 南	178.3	119.1	1408.2	724.0	218.5	363.4
湖 北	314.4	206.1	2406.6	1465.4	76.6	458.4
湖 南	271.2	204.8	1356.0	862.9	105.6	291.0
广 东	90.3	124.5	2037.9	1334.9	78.0	501.8
广 西	196.3	205.0	538.5	385.6	35.8	291.2
海 南	3.8	16.3	18.9	12.1	0.1	35.0
重 庆	96.5	74.5	986.5	499.2	56.4	744.4
四 川	153.6	109.3	1342.4	884.3	91.8	622.6
贵 州	77.0	66.4	145.6	99.8	21.4	222.7
云 南	102.3	99.6	509.7	343.8	43.5	294.4
西 藏	2.1	2.6	0.8	0.1	0.1	8.5
陕 西	78.6	71.6	266.7	173.6	23.0	127.5
甘 肃	52.0	59.2	212.7	128.9	5.7	229.6
青 海	4.4	4.8	4.5	2.1	0.1	16.9
宁 夏	22.7	9.6	31.8	20.7	1.7	89.2
新 疆	32.2	36.2	256.2	175.9	30.2	211.6

3-22 各地区按主要用途分的地方建筑业企业房屋竣工价值

单位：万元

地区	总计	住宅房屋	商业及服务用房屋	商厦房屋(批发和零售用房)	宾馆用房屋(住宿用房)	餐饮用房屋(餐饮用房)
全国总计	**640641563**	**433691186**	**45207311**	**19717600**	**5196674**	**1777739**
北京	8722336	4749053	892519	297718	127797	6485
天津	4871442	3210500	329304	149586	970	2662
河北	17172729	11811830	782890	417138	46626	28332
山西	4800737	3188838	240266	70850	28134	5778
内蒙古	3866863	2661344	177074	61979	4815	9800
辽宁	8898773	6205588	642420	330384	36300	20674
吉林	8205106	5826442	477402	210910	38272	10471
黑龙江	4283889	3253692	184502	71518	22998	2475
上海	12913886	6834267	1701590	398967	347072	18716
江苏	140236413	102529397	6313400	2648063	1026931	465220
浙江	113052714	68298126	10899226	5182836	1286540	525538
安徽	18465559	12864778	1222436	636153	90222	31378
福建	29257431	19830760	2116442	1012018	120991	25153
江西	20440133	13224813	1621490	628137	119225	114458
山东	32414209	22196903	2170495	1200038	116504	48663
河南	24472059	17549310	1211894	433162	186595	59934
湖北	34515376	24731384	2210656	1064764	442076	47619
湖南	24001796	16746422	1668204	721541	158157	17930
广东	23353000	15585629	1478490	552398	201859	26175
广西	12088872	7191505	979227	505874	116119	25168
海南	1223469	726944	200643	76990	5442	18178
重庆	21242895	15253686	1559096	689982	58463	53900
四川	31166871	23420423	2621999	1029422	182234	100630
贵州	4572843	2426586	243930	67911	25753	10822
云南	11155537	6698234	1149409	338319	230940	29167
西藏	332113	229139	16485	7161	265	60
陕西	10921696	7631269	790778	389733	30037	28053
甘肃	6845044	4654904	523407	184788	91940	20932
青海	509521	267343	88973	21993	7077	721
宁夏	1676604	1016046	249433	134385	7956	15999
新疆	4961650	2876031	443233	182885	38363	6650

3-22 续表 1 单位：万元

地　　区	商务会展用房屋	其他商业及服务用房屋(居民服务业用房)	办公用房屋	科研、教育和医疗用房屋	科学研究用房屋	教育用房屋
全国总计	**3510252**	**15005047**	**38339004**	**30605466**	**3167874**	**20320174**
北　京	93447	367072	979562	736038	175998	491670
天　津	1145	174941	131206	311275	14644	180787
河　北	42156	248639	699002	926110	143859	518048
山　西	61417	74087	432930	459467	59358	265336
内蒙古	21340	79141	228235	206913	12682	138483
辽　宁	7452	247609	391548	205022	17567	160431
吉　林	22873	194876	450079	231110	18083	161228
黑龙江	16217	71295	207583	134197	25630	85062
上　海	572393	364441	1271638	711247	172399	340218
江　苏	1147048	1026138	7221231	4885524	633741	2820199
浙　江	765561	3138752	8184166	4099036	621108	2527303
安　徽	50954	413729	1064516	806292	53982	633776
福　建	63180	895100	1656711	968708	47544	707437
江　西	35157	724513	1108710	1147094	73509	865993
山　东	48842	756448	2549647	1587315	102782	1147968
河　南	54636	477567	1659747	1406906	94746	1017503
湖　北	71537	584662	1660255	1630688	198808	947509
湖　南	80594	689982	1271361	1641460	48752	1082151
广　东	49039	649019	1266177	1128941	230114	733204
广　西	18156	313909	1029027	1329507	87690	896025
海　南	2500	97533	51251	120363	4778	109537
重　庆	84531	672221	964737	791796	42695	604554
四　川	74530	1235183	1020564	1135006	90299	792891
贵　州	25187	114257	270202	907384	28990	740101
云　南	64811	486173	648021	1228415	27651	1008510
西　藏	2289	6710	34757	21582	10	15530
陕　西	11382	331573	791094	679306	64848	440605
甘　肃	13409	212338	402778	515866	43670	373289
青　海	176	59005	51389	56249	179	49286
宁　夏	2951	88142	90477	200002	1908	150161
新　疆	5343	209993	550408	396647	29849	315383

3-22 续表 2　　单位：万元

地　区	医疗用房屋(卫生医疗用房)	文化、体育和娱乐用房屋	厂房及建筑物	#厂　房	仓　库	其他未列明的房屋建筑物
全国总计	**7117418**	**7220972**	**66481502**	**43627046**	**3902761**	**15193361**
北　京	68371	232646	533370	463842	114231	484918
天　津	115844	5530	586057	272626	29228	268342
河　北	264203	133369	1821805	1436614	64387	933336
山　西	134773	64568	285102	194592	22421	107146
内蒙古	55748	27614	150346	85592	4990	410348
辽　宁	27024	48827	1040493	472904	38957	325919
吉　林	51798	117451	605017	365215	66259	431347
黑龙江	23505	20373	348382	98518	67587	67573
上　海	198630	126490	1696355	1176983	82463	489836
江　苏	1431584	1607630	14852054	11051665	1092506	1734670
浙　江	950625	1327837	17659343	12443932	563938	2021041
安　徽	118533	117096	1859648	1056271	119396	411399
福　建	213727	175256	4171679	1884153	170174	167701
江　西	207593	338393	2392275	1498938	210920	396439
山　东	336565	313230	2711018	1642158	213092	672509
河　南	294657	168984	1714760	806698	252682	507775
湖　北	484371	374753	3123699	1900032	100029	683913
湖　南	510558	324459	1796908	1188837	157166	395816
广　东	165624	255698	2893260	1697623	121632	623173
广　西	345793	363004	702111	498707	60060	434431
海　南	6049	26679	43223	21655	316	54050
重　庆	144548	134245	1447860	790316	61250	1030226
四　川	251815	177055	1850732	1225509	107377	833715
贵　州	138293	68254	220966	163704	29105	406416
云　南	192254	158276	743671	465142	66051	463460
西　藏	6042	7845	1492	201	145	20667
陕　西	173853	305390	464168	296223	36085	223607
甘　肃	98906	103464	409869	204215	7491	227265
青　海	6784	7772	11479	7416	420	25895
宁　夏	47932	19667	51048	36391	2583	47348
新　疆	51416	69119	293313	180373	39819	293080

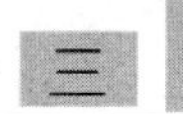

3-23 各地区地方建筑业企业主要生产效益指标

地　　区	建筑业企业个数（个）	从事建筑业活动的平均人数（人）	按总产值计算的劳动生产率（元/人）	人均竣工产值（元/人）	人均施工面积（平方米/人）	人均竣工面积（平方米/人）
全国总计	**81765**	**52198202**	**305169**	**192768**	**208.8**	**76.2**
北　　京	2690	824403	443493	239430	225.2	43.5
天　　津	1442	532446	471943	253606	136.8	42.4
河　　北	2423	1376997	339820	195504	234.6	80.0
山　　西	2481	865350	245172	119830	128.3	35.8
内 蒙 古	863	402158	283973	169516	147.2	62.4
辽　　宁	5141	1170615	268645	152570	155.2	54.5
吉　　林	2156	768331	269268	193979	135.9	67.4
黑 龙 江	1547	605048	255039	165583	88.4	45.0
上　　海	2613	1042978	379126	242518	217.9	53.5
江　　苏	8737	8305350	298725	249935	261.5	89.4
浙　　江	6155	7754872	319320	202443	255.6	88.7
安　　徽	2901	1615190	314299	196341	218.0	88.5
福　　建	3584	3067653	259848	157601	192.3	57.7
江　　西	1853	1620275	296103	179946	173.5	90.3
山　　东	5953	2985362	287725	161467	220.4	76.0
河　　南	5059	2441595	275840	174552	199.8	78.1
湖　　北	3306	2273740	325401	209573	192.1	108.5
湖　　南	2035	1970360	293390	195944	201.2	86.0
广　　东	4371	2032997	385816	201696	210.3	70.5
广　　西	1126	1081554	295966	160417	242.9	73.5
海　　南	154	81166	379147	233092	256.9	80.4
重　　庆	2555	2098823	306188	164608	143.8	64.0
四　　川	3746	3004179	266544	155615	161.7	68.4
贵　　州	872	541054	313799	126834	265.5	66.1
云　　南	2534	1273032	276506	162025	126.9	55.2
西　　藏	172	33200	335128	198712	73.5	43.3
陕　　西	2048	1057416	341520	153561	199.7	61.5
甘　　肃	1300	597463	290359	158853	171.3	65.3
青　　海	361	121206	206874	94851	67.0	23.7
宁　　夏	524	177309	260837	204044	145.8	56.0
新　　疆	1063	476080	288263	204364	149.4	66.6

3-24 各地区地方建筑业企业资产构成

单位：万元

地 区	资产合计	流动资产合计	#存货	非流动资产合计	#固定资产合计
全国总计	**1340550975**	**1072349376**	**215308351**	**268201598**	**112893173**
北 京	63688802	53513388	9290530	10175414	2559178
天 津	29371005	24858304	3314902	4512701	1938661
河 北	39965699	32098345	7028253	7867355	4272942
山 西	30216395	24502259	3627286	5714136	2347202
内蒙古	18380945	14615607	1955917	3765338	1677194
辽 宁	47514558	37710967	5671581	9803591	3987988
吉 林	22237767	18121197	2051588	4116570	2110194
黑龙江	16721969	12483156	1757436	4238813	1625319
上 海	60800588	53670314	11286783	7130274	2493733
江 苏	166843451	136878045	31863277	29965406	14928918
浙 江	117634953	96934567	25901706	20700386	9692543
安 徽	44199449	34126682	5580492	10072766	3916077
福 建	42406243	34244030	7170920	8162214	4229399
江 西	31943043	24300755	4711238	7642288	3167983
山 东	91427184	74526957	15042693	16900227	9018939
河 南	48958678	37431169	7683547	11527509	6974325
湖 北	47303317	37869302	8872912	9434014	5359261
湖 南	31580935	24078163	4528173	7502772	3794145
广 东	99139666	81651710	14100996	17487956	6158566
广 西	16651592	13380047	2638430	3271546	1820035
海 南	2511592	2149274	265635	362318	122604
重 庆	47578380	38647413	9636965	8930967	3856691
四 川	81180205	52315108	12810604	28865097	4504590
贵 州	27863321	22772089	4539395	5091232	966031
云 南	41769677	30742655	4829020	11027022	3592501
西 藏	1956930	1371293	114555	585637	223388
陕 西	29727889	24135191	4075923	5592699	2985753
甘 肃	16097415	12139580	2489916	3957836	2500882
青 海	3514053	2775286	398818	738767	399028
宁 夏	6988047	6087799	953228	900248	532531
新 疆	14377229	12218726	1115632	2158503	1136575

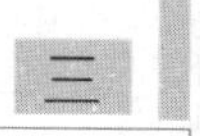

3-25 各地区地方建筑业企业固定资产情况

单位：万元

地 区	固定资产合计	固定资产原价	固定资产折旧	#本年折旧	在建工程
全国总计	**112893173**	**146531399**	**60089990**	**8491496**	**14362049**
北 京	2559178	4046590	2041832	254608	527047
天 津	1938661	2702436	1244332	178365	347664
河 北	4272942	5374775	2131810	263044	511080
山 西	2347202	3394351	1463662	213591	274426
内蒙古	1677194	2368764	945997	100550	180939
辽 宁	3987988	5642125	2666967	312863	415363
吉 林	2110194	2694354	1063194	138985	265770
黑龙江	1625319	2354799	958422	94188	112460
上 海	2493733	4001579	1921536	225990	221812
江 苏	14928918	18976142	7735983	1094333	1852481
浙 江	9692543	14388897	6204210	910127	696050
安 徽	3916077	5020641	1952255	258069	407631
福 建	4229399	5722395	2160380	342263	373464
江 西	3167983	3741272	1264179	207819	371094
山 东	9018939	11870996	4771084	692212	746137
河 南	6974325	8220209	2952288	565712	746578
湖 北	5359261	6443370	2477260	364965	702977
湖 南	3794145	4789137	1900699	236482	559679
广 东	6158566	8382239	3770252	485438	1146452
广 西	1820035	2230765	784364	116408	289301
海 南	122604	130512	68311	10255	51353
重 庆	3856691	3902375	1562242	251943	804316
四 川	4504590	5065439	2191460	289256	1028319
贵 州	966031	992846	401456	59508	249726
云 南	3592501	4477514	1785639	268520	498026
西 藏	223388	255739	75635	8723	9604
陕 西	2985753	3683466	1474633	248257	418428
甘 肃	2500882	2697335	806395	106514	281591
青 海	399028	574152	248154	33210	37055
宁 夏	532531	778782	304385	43992	43513
新 疆	1136575	1607408	760977	115306	191715

3-26 各地区地方建筑业企业负债及所有者权益

单位：万元

地区	负债合计	#流动负债	#应付账款	所有者权益	#实收资本
全国总计	**835693937**	**751404546**	**255706355**	**504556009**	**274155407**
北京	48502429	46287018	17524806	15186373	9714628
天津	22130882	20594102	8486319	7240013	5052569
河北	25259463	23347494	9005641	14706237	7691605
山西	21788014	19459427	8741206	8428381	5676471
内蒙古	11238726	10514274	2651123	7142219	3675741
辽宁	30957047	26280116	8347617	16417684	8251703
吉林	13524915	11774026	4181066	8712851	4758910
黑龙江	10865472	9066100	3169831	5856497	3953023
上海	45886801	44295343	15860035	14894277	8259848
江苏	93216827	87324321	30934388	73568960	28098738
浙江	68649533	63619715	20846860	48985420	23815736
安徽	28285304	23948040	7127090	15883246	8023774
福建	20992661	18956066	4823417	21406054	12998693
江西	16986215	14442813	4437621	14956828	9432515
山东	61096042	55753919	19373786	30331142	17173510
河南	26026425	23165573	6862609	22916552	14166235
湖北	26369408	22795982	9251998	20933909	10834907
湖南	16486612	13262677	4204202	15093823	7522268
广东	64338023	56928528	15887776	34773894	16937702
广西	10437310	9219589	2057051	6214283	3879192
海南	1559545	1370017	624965	952047	590789
重庆	33267077	28724064	9793146	14311302	7190409
四川	43979388	38401851	11083380	37199278	28288256
贵州	19552748	15108629	4140832	8310573	2932869
云南	27245717	23449694	8762360	14523959	8731740
西藏	1017529	799279	204902	939400	522566
陕西	18329170	16705385	7477793	11398719	7616185
甘肃	10571828	9656866	3200376	5525588	3301500
青海	2128129	1942844	762011	1385925	990830
宁夏	4815622	4627147	1966168	2172425	1341728
新疆	10189078	9583650	3915981	4188151	2730772

3-27 各地区地方建筑业企业实收资本

单位：万元

地区	合计	国家资本	集体资本	法人资本	个人资本	港澳台资本	外商资本
全国总计	**274155407**	**46432048**	**12104082**	**75891979**	**138138768**	**1029124**	**559406**
北京	9714628	1037035	369558	4560732	3543438	98126	105739
天津	5052569	552559	178241	1477648	2826969	6643	10508
河北	7691605	1209450	441260	1975380	4059641	5473	400
山西	5676471	1141235	215180	1702909	2616647		500
内蒙古	3675741	659347	109256	941199	1965939		
辽宁	8251703	741224	581979	2544710	4137139	224916	21735
吉林	4758910	316346	184708	1520652	2723169	14021	14
黑龙江	3953023	639088	333859	1145111	1831219	1902	1845
上海	8259848	1030265	436444	2899368	3619651	150183	123938
江苏	28098738	1438759	832728	7866662	17702128	79539	178923
浙江	23815736	647741	496110	6487451	16126535	53577	4321
安徽	8023774	849528	330136	2082429	4755611	6068	1
福建	12998693	629873	333244	2795188	9199929	30862	9597
江西	9432515	998334	395306	2666769	5337980	6366	27760
山东	17173510	2076124	1470146	4419344	9180082	20759	7054
河南	14166235	1094812	793632	4397066	7871795	4820	4111
湖北	10834907	1799766	483352	2289366	6202210	51631	8583
湖南	7522268	1520228	523601	2030749	3441617	6074	
广东	16937702	2078067	990197	6835230	6940776	74156	19277
广西	3879192	937562	263274	1032285	1645040	30	1000
海南	590789	128233	31265	234856	196351	84	
重庆	7190409	782524	238718	2080606	3897525	189047	1990
四川	28288256	17336077	480305	3719947	6747516	2097	2315
贵州	2932869	1188286	183383	795910	764801	489	
云南	8731740	3509818	272136	2038863	2908363	1060	1500
西藏	522566	62538	24500	236770	198758		
陕西	7616185	822391	617433	2590479	3582600	744	2539
甘肃	3301500	581940	248043	1092539	1378216	400	363
青海	990830	178563	47289	339118	425861		
宁夏	1341728	118938	18958	280362	898170		25300
新疆	2730772	325399	179844	812285	1413090	60	94

3-28 各地区地方建筑业企业收入情况

单位：万元

地 区	主营业务收入	#主营业务成本	#主营业务税金及附加	其他业务收入	#其他业务成本	#其他业务利润
全国总计	**1421696297**	**1253575519**	**35233507**	**20582160**	**36244667**	**1307254**
北 京	45934943	41741117	575057	364786	262310	100354
天 津	18898184	16516478	268762	504685	937346	32914
河 北	42027861	37876938	1013329	452900	894514	36355
山 西	20902910	18347043	395157	272480	783398	27662
内 蒙 古	11089268	9606745	269077	220096	321726	10525
辽 宁	30860029	26119205	683097	1352659	2151212	28281
吉 林	19391285	16200389	518255	491214	1155690	24633
黑 龙 江	13036360	11479798	338056	95123	171724	5187
上 海	52670358	48534166	719603	327955	252585	71758
江 苏	211398694	187195413	5789668	1360858	1759119	159829
浙 江	185273976	170204640	4242243	856396	780693	143314
安 徽	43818416	37839662	1103518	374858	1407748	19269
福 建	67786987	59717178	1942519	429567	1506728	37341
江 西	42596520	37088462	1327353	2431977	3257157	22747
山 东	79654616	69280729	1888836	1150744	2135160	71389
河 南	62265624	52289032	2189537	1341771	1945516	74551
湖 北	66886269	57754995	2014598	725223	1405689	24451
湖 南	52959773	46636918	1819739	1984628	2340735	26429
广 东	87518167	76969368	1723678	872945	2183000	128420
广 西	26456364	23589440	574752	675637	1376555	23668
海 南	3026258	2760967	65491	14251	11414	2535
重 庆	53364685	45358945	1500088	823414	1830904	46952
四 川	63155987	54785321	1647726	1318432	2513143	65212
贵 州	16404204	13814413	305420	220198	1372183	17760
云 南	29962362	26121533	688587	569663	819777	34589
西 藏	1141611	948394	23782	19385	28582	2395
陕 西	32780676	29193846	748806	355783	618557	19658
甘 肃	16400690	13915575	380133	284819	1102533	27148
青 海	2862356	2479550	54910	349961	426135	2624
宁 夏	6018889	5426382	106781	50510	98863	8674
新 疆	15151978	13782877	314951	289243	393973	10631

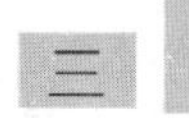

3-29 各地区地方建筑业企业费用情况

单位：万元

地　区	管理费用	#税　金	销售费用	财务费用	#利息收入	#利息支出
全国总计	**44293684**	**2269881**	**6140528**	**9760901**	**1350203**	**7696306**
北　京	2244313	30142	351421	280133	124857	344986
天　津	855449	30974	63214	133141	37015	150203
河　北	1057743	52219	105202	227410	16395	137617
山　西	890381	24746	95373	160343	41159	130518
内蒙古	471076	22109	21114	120821	2697	89469
辽　宁	1573790	108998	120856	252613	13938	137259
吉　林	648489	47572	51239	139592	9841	85471
黑龙江	516765	25513	53735	50671	9810	42452
上　海	2211488	39265	163974	128314	75852	154197
江　苏	5998252	270981	823901	1511152	129299	1121588
浙　江	3704258	165139	450920	1166004	115498	1057813
安　徽	1405115	70665	237411	454022	57655	305747
福　建	1892116	110510	240098	251684	68646	179144
江　西	1114036	97464	228379	216062	19295	149680
山　东	2640679	158307	295077	668935	94722	538840
河　南	2193072	224103	417975	442004	26600	267464
湖　北	1989340	125388	508882	502671	44813	335144
湖　南	1650843	99727	293350	253243	17865	181433
广　东	3079334	117574	375507	604890	60944	500899
广　西	722889	31717	58635	179174	12327	165295
海　南	63510	2530	2409	5501	814	4401
重　庆	1620417	100680	220979	484773	71345	371588
四　川	2050200	118085	482784	607269	123756	450886
贵　州	389557	17533	22025	166240	36861	181848
云　南	1081119	53321	206536	325158	73570	279282
西　藏	56324	1515	2699	6025	748	4671
陕　西	964205	59410	132674	159384	38284	128801
甘　肃	483426	32537	70229	125559	15505	92197
青　海	122031	5890	8071	18704	554	8888
宁　夏	165699	7715	12139	46466	1744	27443
新　疆	437770	17553	23722	72948	7794	71084

3-30 各地区地方建筑业企业利润及税金情况

单位：万元

地　　区	利润总额	#应交所得税	税金总额	主营业务税金及附加	管理费用中的税金	应交增值税
全国总计	**57091503**	**13514971**	**52783453**	**35233507**	**2269881**	**15280065**
北　京	962931	235877	1310412	575057	30142	705213
天　津	627183	157443	475606	268762	30974	175871
河　北	1425974	375349	1430148	1013329	52219	364600
山　西	508568	133441	748697	395157	24746	328794
内蒙古	601797	124877	416499	269077	22109	125314
辽　宁	1175646	384715	1089162	683097	108998	297068
吉　林	955085	283664	747777	518255	47572	181950
黑龙江	516028	126210	502495	338056	25513	138926
上　海	1423044	245320	1280629	719603	39265	521761
江　苏	9662193	2193254	8047893	5789668	270981	1987244
浙　江	5645632	1384112	6450094	4242243	165139	2042712
安　徽	1733091	374335	1672712	1103518	70665	498529
福　建	2669700	849018	2722214	1942519	110510	669185
江　西	1833486	438182	1736680	1327353	97464	311863
山　东	3804105	822518	2761997	1888836	158307	714855
河　南	4020310	827023	3333166	2189537	224103	919527
湖　北	3364793	898510	2870075	2014598	125388	730089
湖　南	1844045	409502	2416119	1819739	99727	496653
广　东	3611893	857855	2762261	1723678	117574	921010
广　西	698426	207527	940614	574752	31717	334146
海　南	121114	70161	130000	65491	2530	61979
重　庆	3121985	594265	2145238	1500088	100680	544470
四　川	2312444	550922	2375229	1647726	118085	609419
贵　州	530960	112981	569843	305420	17533	246889
云　南	1356135	289824	1095954	688587	53321	354045
西　藏	115701	9086	35296	23782	1515	9999
陕　西	1161847	206683	1218884	748806	59410	410668
甘　肃	594134	115186	607828	380133	32537	195157
青　海	97136	19434	90647	54910	5890	29847
宁　夏	192411	86309	203531	106781	7715	89035
新　疆	403705	131389	595755	314951	17553	263250

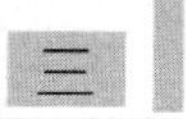

3-31 各地区地方建筑业企业应收工程款及企业亏损情况

地　区	应收工程款（万元）	企业个数（个）	#亏损企业个　数	亏损企业的比重（%）
全国总计	**335057843**	**81765**	**12163**	**14.9**
北　京	14154177	2690	630	23.4
天　津	8921164	1442	295	20.5
河　北	10912966	2423	308	12.7
山　西	10647946	2481	566	22.8
内蒙古	5146215	863	148	17.1
辽　宁	11715803	5141	1148	22.3
吉　林	7662273	2156	323	15.0
黑龙江	3912291	1547	341	22.0
上　海	12919164	2613	553	21.2
江　苏	52285227	8737	541	6.2
浙　江	25339807	6155	804	13.1
安　徽	10831191	2901	333	11.5
福　建	8325357	3584	483	13.5
江　西	6952105	1853	157	8.5
山　东	26114470	5953	765	12.9
河　南	10799485	5059	544	10.8
湖　北	13150158	3306	392	11.9
湖　南	7307533	2035	204	10.0
广　东	20246797	4371	754	17.3
广　西	3260400	1126	199	17.7
海　南	641376	154	24	15.6
重　庆	12645516	2555	328	12.8
四　川	13424638	3746	533	14.2
贵　州	4416832	872	204	23.4
云　南	11116776	2534	451	17.8
西　藏	437113	172	19	11.0
陕　西	8721505	2048	362	17.7
甘　肃	4371450	1300	233	17.9
青　海	904509	361	109	30.2
宁　夏	2638773	524	139	26.5
新　疆	5134828	1063	273	25.7

3-32 各地区地方建筑业企业主要经济效益指标

地　区	产值利润率 (%)	产值利税率 (%)	资本利润率 (%)	资本利税率 (%)	人均利润 (元/人)	人均利税 (元/人)	资产负债率 (%)
全国总计	**3.6**	**6.9**	**20.8**	**40.1**	**10937**	**21050**	**62.3**
北　京	2.6	6.2	9.9	23.4	11680	27576	76.2
天　津	2.5	4.4	12.4	21.8	11779	20712	75.3
河　北	3.0	6.1	18.5	37.1	10356	20742	63.2
山　西	2.4	5.9	9.0	22.1	5877	14529	72.1
内蒙古	5.3	8.9	16.4	27.7	14964	25321	61.1
辽　宁	3.7	7.2	14.2	27.4	10043	19347	65.2
吉　林	4.6	8.2	20.1	35.8	12431	22163	60.8
黑龙江	3.3	6.6	13.1	25.8	8529	16834	65.0
上　海	3.6	6.8	17.2	32.7	13644	25923	75.5
江　苏	3.9	7.1	34.4	63.0	11634	21324	55.9
浙　江	2.3	4.9	23.7	50.8	7280	15598	58.4
安　徽	3.4	6.7	21.6	42.4	10730	21086	64.0
福　建	3.3	6.8	20.5	41.5	8703	17577	49.5
江　西	3.8	7.4	19.4	37.8	11316	22034	53.2
山　东	4.4	7.6	22.2	38.2	12743	21994	66.8
河　南	6.0	10.9	28.4	51.9	16466	30118	53.2
湖　北	4.5	8.4	31.1	57.5	14798	27421	55.7
湖　南	3.2	7.4	24.5	56.6	9359	21621	52.2
广　东	4.6	8.1	21.3	37.6	17766	31353	64.9
广　西	2.2	5.1	18.0	42.3	6458	15154	62.7
海　南	3.9	8.2	20.5	42.5	14922	30938	62.1
重　庆	4.9	8.2	43.4	73.3	14875	25096	69.9
四　川	2.9	5.9	8.2	16.6	7697	15604	54.2
贵　州	3.1	6.5	18.1	37.5	9813	20346	70.2
云　南	3.9	7.0	15.5	28.1	10653	19262	65.2
西　藏	10.4	13.6	22.1	28.9	34850	45481	52.0
陕　西	3.2	6.6	15.3	31.3	10988	22515	61.7
甘　肃	3.4	6.9	18.0	36.4	9944	20118	65.7
青　海	3.9	7.5	9.8	19.0	8014	15493	60.6
宁　夏	4.2	8.6	14.3	29.5	10852	22331	68.9
新　疆	2.9	7.3	14.8	36.6	8480	20994	70.9

四、按资质等级分组的建筑业企业

4-1　各地区总承包建筑业企业签订合同情况

单位：万元

地　区	签订合同额	上年结转合同额	本年新签合同额
全国总计	**3468702915**	**1527280985**	**1941421930**
北　京	245584410	122730589	122853821
天　津	102818493	49355404	53463089
河　北	91571160	38240106	53331054
山　西	69818317	30820013	38998304
内蒙古	20091546	8353449	11738097
辽　宁	69412248	34231178	35181070
吉　林	32897776	13468964	19428812
黑龙江	23399919	8554848	14845071
上　海	157751875	80163534	77588340
江　苏	365829372	155708294	210121077
浙　江	379068505	159881788	219186717
安　徽	99178771	43903464	55275306
福　建	145614946	58774504	86840442
江　西	88172285	38791808	49380477
山　东	163926797	61187533	102739264
河　南	146137216	60313637	85823579
湖　北	239919282	98999551	140919732
湖　南	151631466	73093217	78538249
广　东	202617504	103445188	99172316
广　西	61537993	24924938	36613055
海　南	7012110	3895158	3116953
重　庆	100359778	42827882	57531896
四　川	177738601	81086326	96652275
贵　州	58751819	26082119	32669701
云　南	73560055	30494245	43065810
西　藏	1662695	528093	1134601
陕　西	109143179	45619391	63523789
甘　肃	31498904	11941747	19557157
青　海	8818119	5146008	3672112
宁　夏	7717501	2556191	5161310
新　疆	35460272	12161817	23298454

4-2 各地区总承包建筑业企业承包工程完成情况

单位：万元

地　区	直接从建设单位承揽工程完成的产值			从建设单位以外承揽工程完成的产值
		自行完成施工产值	分包出去工程的产值	
全国总计	**1744720562**	**1697315875**	**47404686**	**59462141**
北　京	80835973	65681618	15154355	9635329
天　津	43333806	42328666	1005140	1449706
河　北	51183177	50958151	225026	1046654
山　西	29732190	29636399	95791	316276
内蒙古	11451493	11416698	34795	100945
辽　宁	31954424	31539884	414540	373108
吉　林	20302000	20122965	179034	303889
黑龙江	15091848	14856793	235055	157154
上　海	53644295	45702413	7941882	4968074
江　苏	222248221	221388647	859574	11705362
浙　江	230374706	227514492	2860214	5073345
安　徽	54132248	53585923	546325	1273480
福　建	77212808	77085191	127617	1449603
江　西	47392646	46759754	632892	1879943
山　东	90930467	90197944	732523	1244864
河　南	78239426	77683321	556105	1344358
湖　北	110887481	109595152	1292329	1941145
湖　南	67872984	67621495	251489	1169373
广　东	82767939	73724407	9043533	3162574
广　西	33101635	32803087	298548	562900
海　南	2832004	2827820	4184	16241
重　庆	65023706	63607127	1416579	2270280
四　川	88889566	87591143	1298423	4324023
贵　州	22533758	22450772	82986	162891
云　南	35202101	34952191	249910	758095
西　藏	1095615	1016567	79048	68963
陕　西	48516856	47232840	1284016	1776668
甘　肃	18367172	18271162	96010	188298
青　海	3315292	3225160	90132	521909
宁　夏	4901576	4770861	130714	24039
新　疆	21353151	21167234	185917	192653

4-3 各地区总承包企业建筑业总产值和竣工产值

单位：万元

地区	建筑业总产值	#装饰装修产值	#在外省完成的产值	按构成分组 建筑工程产值	安装工程产值	其他产值	竣工产值
全国总计	**1756778016**	**55612051**	**613828374**	**1599495676**	**109558443**	**47723897**	**1023906380**
北京	75316947	5763946	53452579	71835057	2772247	709644	36351561
天津	43778372	281640	19723286	40611538	2530028	636805	19616699
河北	52004805	1695964	15371844	44285180	4714072	3005553	26940058
山西	29952675	842212	11609924	26593314	2666085	693276	11116612
内蒙古	11517644	265554	649353	9581590	744748	1191306	6530509
辽宁	31912992	915789	6816623	28439001	2518157	955834	16309325
吉林	20426855	499413	2494474	17876449	1336456	1213949	13531583
黑龙江	15013948	192970	1961723	12509576	2010373	493999	9091884
上海	50670487	2683044	26394423	44087071	5617427	965989	27972463
江苏	233094008	3277828	110084463	222728356	8832160	1533493	193102042
浙江	232587837	9514644	123081882	213486152	14131664	4970021	148096888
安徽	54859404	1131879	12582956	48985665	2896461	2977278	30036350
福建	78534794	1810250	32408445	74055021	3715692	764081	46076993
江西	48639697	1625701	17595452	42743617	3272696	2623384	28493670
山东	91442808	3446020	16246798	80416740	9594365	1431702	48332550
河南	79027679	2634061	20119982	71539104	5096451	2392123	43608043
湖北	111536297	3495568	42503291	101734379	7345815	2456104	59176391
湖南	68790867	2289679	23392958	61185946	3416907	4188014	42906153
广东	76886981	3649303	12973363	68725109	5847587	2314285	38355108
广西	33365987	1586890	5726142	29108580	2522966	1734441	17742858
海南	2844061	135406	48977	2560459	155064	128539	1790255
重庆	65877408	1172397	9548678	61847915	2085658	1943834	34027462
四川	91915166	2490428	18636612	82201308	6484865	3228994	45807385
贵州	22613662	437468	5200947	20236112	1314574	1062976	8116217
云南	35710286	908200	2545121	32870271	1568478	1271537	19397313
西藏	1085530	61637	11476	966778	55183	63569	640712
陕西	49009508	1986123	16305180	44480132	3034206	1495170	21255375
甘肃	18459459	368180	3092757	16187025	1625152	647282	10075330
青海	3747069	44156	1457196	3141195	426553	179321	1516171
宁夏	4794900	42413	371015	4413423	305309	76168	3536895
新疆	21359887	363291	1420453	20063614	921046	375226	14355528

4-4 各地区总承包建筑业企业房屋建筑面积

地　区	房　屋 施工面积 (万平方米)	#本年新开工	#实行投标承包面积	房　屋 竣工面积 (万平方米)	房屋竣工率(%)
全国总计	**1249618.7**	**471753.3**	**954344.4**	**414454.2**	**33.2**
北　京	61026.6	15754.4	58900.0	10663.8	17.5
天　津	16915.9	4916.9	14672.9	3379.8	20.0
河　北	34421.2	12898.1	27386.9	10974.5	31.9
山　西	14477.4	4467.8	12551.7	3297.9	22.8
内蒙古	6281.6	2907.3	4712.8	2498.4	39.8
辽　宁	20031.7	7686.3	12252.6	6659.7	33.2
吉　林	10101.0	5150.6	6859.7	5049.2	50.0
黑龙江	5364.2	3311.7	3930.1	2735.3	51.0
上　海	35683.4	9392.1	31334.3	7367.6	20.6
江　苏	220872.3	83767.9	197486.2	74721.3	33.8
浙　江	194960.4	71385.4	148360.3	66577.3	34.1
安　徽	39800.0	15963.2	26436.1	14343.0	36.0
福　建	62200.5	20444.8	43623.9	17825.2	28.7
江　西	28055.6	14031.0	17234.2	14641.6	52.2
山　东	70648.3	30853.5	57268.8	22932.0	32.5
河　南	54462.8	21879.0	41976.8	18859.5	34.6
湖　北	72057.1	32250.2	42117.6	28119.3	39.0
湖　南	50095.9	19679.4	42774.6	18509.5	36.9
广　东	53699.1	17729.8	29702.2	15508.5	28.9
广　西	26417.5	8124.2	21829.6	7925.3	30.0
海　南	2084.2	562.9	1776.9	652.3	31.3
重　庆	31499.8	13406.6	16669.1	13436.2	42.7
四　川	53026.1	22513.3	32736.5	20540.2	38.7
贵　州	19275.0	5131.7	11278.5	4087.3	21.2
云　南	16723.8	7802.9	11042.2	6809.0	40.7
西　藏	241.2	153.5	140.2	141.6	58.7
陕　西	24158.1	8531.8	19973.6	6609.6	27.4
甘　肃	10321.1	4453.4	6883.7	3843.4	37.2
青　海	864.3	344.8	580.7	294.1	34.0
宁　夏	2762.1	1048.4	2281.9	957.4	34.7
新　疆	11090.5	5210.4	9569.8	4494.6	40.5

4-5 各地区按主要用途分的总承包建筑业企业房屋竣工面积

单位：万平方米

地　区	总　计	住宅房屋	商业及服务用房屋	商厦房屋(批发和零售用房)	宾馆用房屋(住宿用房)	餐饮用房屋(餐饮用房)
全国总计	**414454.2**	**281916.7**	**29998.1**	**14137.4**	**3169.3**	**1018.8**
北　京	10663.8	6001.1	2107.6	1413.4	232.0	1.6
天　津	3379.8	2223.3	281.0	192.4	4.7	15.8
河　北	10974.5	7995.4	421.6	224.4	21.2	12.3
山　西	3297.9	2359.3	139.0	44.3	17.8	3.5
内蒙古	2498.4	1838.4	108.0	18.9	7.5	2.1
辽　宁	6659.7	4679.3	471.8	222.2	29.4	10.4
吉　林	5049.2	3764.6	215.6	113.8	18.0	2.5
黑龙江	2735.3	2062.0	99.9	35.8	13.5	1.9
上　海	7367.6	4068.7	1029.4	274.9	293.2	5.2
江　苏	74721.3	54402.3	3245.0	1417.0	445.0	215.7
浙　江	66577.3	39411.7	5889.0	2698.6	642.5	299.0
安　徽	14343.0	9914.7	931.0	499.4	43.1	20.5
福　建	17825.2	11966.4	1174.2	560.2	62.0	19.0
江　西	14641.6	9670.7	1140.5	517.0	68.0	53.4
山　东	22932.0	16164.7	1868.5	1229.0	56.5	32.8
河　南	18859.5	13787.3	935.2	327.6	145.8	48.7
湖　北	28119.3	19833.8	2222.8	1091.4	369.9	31.8
湖　南	18509.5	12999.2	1338.9	624.4	122.5	11.5
广　东	15508.5	10546.2	896.0	349.2	125.1	14.0
广　西	7925.3	4797.0	580.0	280.6	72.3	17.6
海　南	652.3	381.1	101.4	46.8	2.9	6.6
重　庆	13436.2	9790.2	933.3	424.4	38.7	36.1
四　川	20540.2	15501.9	1617.9	650.7	94.8	55.6
贵　州	4087.3	2550.5	248.7	93.3	16.9	6.5
云　南	6809.0	4194.9	691.7	219.0	117.5	30.6
西　藏	141.6	101.5	6.6	2.9	0.3	0.0
陕　西	6609.6	4831.0	473.5	220.4	19.8	16.4
甘　肃	3843.4	2644.8	260.4	92.4	41.5	9.6
青　海	294.1	158.0	45.6	11.6	4.4	0.4
宁　夏	957.4	599.4	122.7	73.5	3.1	5.2
新　疆	4494.6	2677.2	401.3	167.8	39.5	32.3

4-5 续表 1 单位：万平方米

地区	商务会展用房屋	其他商业及服务用房屋(居民服务业用房)	办公用房屋	科研、教育和医疗用房屋	科学研究用房屋	教育用房屋
全国总计	**1807.9**	**9864.7**	**23106.1**	**17522.8**	**1741.2**	**12038.2**
北京	187.7	272.9	886.0	419.5	144.7	205.6
天津	0.6	67.5	77.2	129.8	23.6	81.6
河北	18.3	145.3	450.2	557.1	55.8	357.8
山西	32.8	40.7	263.6	233.1	55.7	127.9
内蒙古	12.8	66.7	114.9	89.6	3.8	69.0
辽宁	2.7	207.2	287.8	150.8	8.6	121.4
吉林	4.6	76.6	226.3	104.7	3.0	76.8
黑龙江	7.8	40.9	123.1	73.7	14.3	47.8
上海	191.4	264.7	571.3	243.6	51.9	137.7
江苏	543.6	623.7	3517.1	2186.9	249.1	1326.6
浙江	308.4	1940.5	4595.9	2131.2	375.7	1314.4
安徽	40.3	327.7	774.5	642.8	36.6	499.5
福建	27.1	506.0	1021.9	535.9	23.6	418.9
江西	24.1	478.0	797.3	724.4	53.6	543.2
山东	28.3	521.9	1114.2	975.2	65.6	712.7
河南	38.5	374.6	1247.8	1093.1	67.2	839.7
湖北	84.0	645.6	1593.0	1143.9	126.5	654.6
湖南	32.6	547.9	1099.0	1080.8	47.0	739.9
广东	22.5	385.2	796.7	586.2	78.2	418.0
广西	10.5	199.0	653.3	811.2	58.3	557.0
海南	1.4	43.7	34.1	65.4	2.6	59.0
重庆	56.7	377.4	564.2	470.6	24.5	349.7
四川	46.1	770.9	650.5	694.6	54.4	490.3
贵州	12.7	119.3	220.7	589.1	15.2	497.0
云南	39.6	284.9	419.5	686.9	13.4	576.2
西藏	0.4	2.9	13.8	8.2	0.0	6.1
陕西	13.6	203.3	384.0	399.7	40.6	280.7
甘肃	3.9	113.0	179.9	269.3	23.1	194.4
青海	0.1	29.3	31.4	36.6	0.1	32.2
宁夏	1.3	39.6	48.7	100.8	1.9	76.3
新疆	13.7	148.0	348.2	287.9	22.9	226.0

4-5 续表 2

单位：万平方米

地区	医疗用房屋(卫生医疗用房)	文化、体育和娱乐用房屋	厂房及建筑物	#厂房	仓库	其他未列明的房屋建筑物
全国总计	**3743.4**	**3999.4**	**46220.4**	**30842.1**	**2716.3**	**8974.5**
北京	69.2	383.3	444.1	381.9	65.4	356.8
天津	24.6	4.2	441.8	235.0	56.1	166.4
河北	143.6	66.5	1004.7	728.5	53.7	425.2
山西	49.4	24.5	208.9	127.4	11.2	58.4
内蒙古	16.8	11.8	115.9	64.2	4.5	215.2
辽宁	20.8	61.0	801.8	408.8	27.3	180.0
吉林	24.9	80.5	387.8	257.4	45.6	224.2
黑龙江	11.6	7.5	257.2	101.4	62.6	49.2
上海	54.0	90.6	1106.0	741.4	58.4	199.7
江苏	611.3	637.2	9281.9	7005.6	633.1	817.8
浙江	441.1	539.0	12568.8	9024.7	414.2	1027.4
安徽	106.7	65.6	1671.6	996.1	88.2	254.7
福建	93.4	89.4	2814.5	1220.3	116.0	106.8
江西	127.5	203.5	1673.3	1078.7	135.0	297.0
山东	196.9	199.1	2079.6	1298.7	169.7	360.9
河南	186.2	119.7	1126.4	596.9	190.7	359.3
湖北	362.9	281.3	2597.1	1703.1	76.0	371.4
湖南	293.9	209.6	1373.2	888.4	112.7	296.1
广东	90.0	131.3	1995.5	1313.1	77.9	478.7
广西	196.0	204.9	549.5	383.0	35.8	293.5
海南	3.8	16.3	18.9	12.1	0.1	35.0
重庆	96.4	72.7	942.6	485.1	56.4	606.3
四川	149.9	115.8	1266.3	809.4	91.5	601.7
贵州	76.9	70.1	160.6	115.3	21.4	226.0
云南	97.3	97.8	388.5	230.5	41.3	288.4
西藏	2.1	2.6	0.8	0.1	0.1	7.9
陕西	78.4	71.6	286.8	194.0	23.0	140.0
甘肃	51.8	52.3	209.1	125.8	5.4	222.3
青海	4.4	4.7	6.6	4.6	0.1	11.0
宁夏	22.7	9.6	42.7	30.9	1.7	31.9
新疆	39.1	75.3	397.9	279.5	41.2	265.5

4-6 各地区按主要用途分的总承包建筑业企业房屋竣工价值

单位：万元

地 区	总 计	住宅房屋	商业及服务用房屋	商厦房屋(批发和零售用房)	宾馆用房屋(住宿用房)	餐饮用房屋(餐饮用房)
全国总计	**686273534**	**458252993**	**55470284**	**25684173**	**6341609**	**1828326**
北 京	26073484	12420089	5236113	3016013	666826	6205
天 津	6785341	4212633	515319	261333	22411	38255
河 北	17458917	11884106	786983	417138	46626	28332
山 西	5450301	3558270	237326	70252	28088	5776
内蒙古	3905676	2647586	188636	61979	16377	9800
辽 宁	9715338	6614471	753439	368779	40268	20598
吉 林	8059012	5731270	449664	209427	30463	2481
黑龙江	4321127	3238554	184502	71518	22998	2475
上 海	17081402	8562833	2877931	783857	706742	20488
江 苏	141170549	103101343	6459903	2643576	1026759	465034
浙 江	111333091	68232321	10868752	5166990	1286514	523488
安 徽	18901785	13064534	1407614	823554	90047	31312
福 建	29658714	20320469	2129594	1012018	130102	29549
江 西	20775990	13405295	1659562	673950	116739	114179
山 东	33464261	22695077	3098950	1946709	116285	48457
河 南	24603790	17699245	1237981	425222	179283	58079
湖 北	42921688	28999974	4292514	2190869	602829	44403
湖 南	27804478	18970426	2280817	1040807	193286	17930
广 东	25662644	17671688	1477259	550939	200737	25322
广 西	12073004	7173388	970570	504474	116115	25168
海 南	1223239	726944	200413	76990	5442	18178
重 庆	21799247	15657661	1694748	832543	58239	52930
四 川	31542297	23630445	2650827	1066355	183519	93784
贵 州	5497473	2958491	357994	129839	25353	10822
云 南	11031829	6687429	1128937	337453	230923	28104
西 藏	327243	227789	16558	7161	298	88
陕 西	11320037	7803947	797639	386899	29062	27942
甘 肃	6761025	4657649	518125	183467	91408	20264
青 海	538711	279140	93613	21993	7077	721
宁 夏	1719091	1020334	249433	134385	7956	15999
新 疆	7292748	4399593	648571	267686	62838	42164

4-6 续表 1

单位：万元

地 区	商务会展用房屋	其他商业及服务用房屋(居民服务业用房)	办公用房屋	科研、教育和医疗用房屋	科学研究用房屋	教育用房屋
全国总计	**4747539**	**16868637**	**42681444**	**32516993**	**3726603**	**21172208**
北 京	878811	668258	3014247	1378265	450935	735622
天 津	1145	192176	182098	443258	112519	206658
河 北	42156	252732	713265	937314	145030	525581
山 西	61304	71905	494175	476669	59356	273772
内蒙古	21340	79141	230354	213382	12682	144952
辽 宁	5317	318478	448680	206627	17567	161639
吉 林	13873	193419	433861	212526	6083	158403
黑龙江	16217	71295	218426	134157	25629	85025
上 海	634731	732114	1655909	766537	172399	378553
江 苏	1314155	1010379	7419723	4917899	687931	2801702
浙 江	761194	3130566	8155872	4072698	620669	2511712
安 徽	50953	411748	1032827	807795	52609	639532
福 建	63625	894299	1693033	995496	45713	726947
江 西	33581	721113	1112263	1139161	73433	857731
山 东	50255	937244	1944905	1698096	119094	1168477
河 南	52834	522564	1662117	1471189	94315	1056810
湖 北	283210	1171203	2721582	2045464	299149	1093752
湖 南	80594	948199	1955094	1778868	48752	1132606
广 东	48064	652197	1455164	1127408	229657	732450
广 西	15615	309197	1022423	1326167	87430	893557
海 南	2500	97303	51251	120363	4778	109537
重 庆	84418	666618	1002057	839472	43694	651332
四 川	73714	1233455	1021163	1144335	105775	792554
贵 州	23566	168414	356997	1039421	28558	872710
云 南	64357	468100	640447	1209709	27551	999632
西 藏	2289	6722	34797	19082	10	13030
陕 西	22859	330877	794979	756540	64700	518208
甘 肃	12267	210719	377386	492259	43479	350218
青 海	176	63646	51389	72723	179	65760
宁 夏	2951	88142	106518	202970	4877	150161
新 疆	29469	246415	678446	471142	42048	363588

4-6 续表 2

单位：万元

地 区	医疗用房屋（卫生医疗用房）	文化、体育和娱乐用房屋	厂房及建筑物	#厂 房	仓 库	其他未列明的房屋建筑物
全国总计	**7618182**	**8942586**	**67814776**	**45057163**	**4134157**	**16460301**
北 京	191708	1331745	1208951	1099747	178690	1305384
天 津	124081	10924	722234	400073	137917	560957
河 北	266703	133369	1947989	1498229	64596	991295
山 西	143541	64134	453341	336812	23187	143201
内蒙古	55748	30327	184815	120061	4990	405587
辽 宁	27421	64854	1241106	543118	55045	331116
吉 林	48040	116810	626429	373388	66133	422319
黑龙江	23503	20372	370960	121142	67584	86573
上 海	215586	370908	2203818	1472881	125427	518039
江 苏	1428266	1608928	14830320	11058711	1104974	1727459
浙 江	940316	1164874	16521281	11592647	555211	1762082
安 徽	115654	109952	1964074	1160302	120670	394319
福 建	222837	191279	3977300	1852075	170638	180906
江 西	207997	325004	2532388	1647256	210063	392254
山 东	410525	506861	2595669	1585081	201317	723386
河 南	320063	176386	1591328	762924	237833	527711
湖 北	652563	579068	3576093	2412481	99919	607074
湖 南	597511	357909	1879199	1275831	163976	418190
广 东	165301	259098	2868088	1678786	121581	682358
广 西	345180	363455	719470	495933	60060	437472
海 南	6049	26679	43223	21655	316	54050
重 庆	144446	149423	1414711	770007	61238	979938
四 川	246006	190127	1829664	1199120	108827	966911
贵 州	138153	79679	255349	194494	29105	420438
云 南	182526	157125	693794	414145	64792	449596
西 藏	6042	7845	1524	201	145	19502
陕 西	173632	305390	518445	347649	36043	307056
甘 肃	98561	89587	408063	202772	6996	210960
青 海	6784	7582	14008	10720	420	19835
宁 夏	47932	19667	72862	55085	2583	44723
新 疆	65506	123226	548282	353838	53880	369609

4-7 各地区总承包建筑业企业主要生产效益指标

地区	建筑业企业个数（个）	从事建筑业活动的平均人数（人）	按总产值计算的劳动生产率（元/人）	人均竣工产值（元/人）	人均施工面积（平方米/人）	人均竣工面积（平方米/人）
全国总计	**52023**	**51781034**	**339271**	**197738**	**241.3**	**80.0**
北京	923	1347913	558767	269688	452.7	79.1
天津	502	881316	496739	222584	191.9	38.3
河北	1730	1349651	385320	199608	255.0	81.3
山西	1282	990473	302408	112235	146.2	33.3
内蒙古	713	386673	297865	168890	162.5	64.6
辽宁	2340	1046024	305089	155917	191.5	63.7
吉林	1301	696661	293211	194235	145.0	72.5
黑龙江	1066	591090	254004	153816	90.8	46.3
上海	1272	1027056	493357	272356	347.4	71.7
江苏	5182	7506690	310515	257240	294.2	99.5
浙江	4154	7275889	319669	203545	268.0	91.5
安徽	2031	1533955	357634	195810	259.5	93.5
福建	2471	2966857	264707	155306	209.7	60.1
江西	1563	1607013	302671	177308	174.6	91.1
山东	4071	2913719	313835	165879	242.5	78.7
河南	2876	2376632	332520	183487	229.2	79.4
湖北	2205	2377946	469045	248855	303.0	118.3
湖南	1593	2130754	322848	201366	235.1	86.9
广东	2608	1810165	424751	211887	296.7	85.7
广西	868	1100024	303321	161295	240.2	72.0
海南	113	76670	370948	233501	271.8	85.1
重庆	1676	1989679	331096	171020	158.3	67.5
四川	2752	3009051	305462	152232	176.2	68.3
贵州	713	681975	331591	119010	282.6	59.9
云南	1729	1200085	297565	161633	139.4	56.7
西藏	156	31372	346019	204231	76.9	45.1
陕西	1699	1260291	388875	168654	191.7	52.4
甘肃	946	593072	311252	169884	174.0	64.8
青海	264	125638	298243	120678	68.8	23.4
宁夏	393	179300	267423	197261	154.0	53.4
新疆	831	717400	297740	200105	154.6	62.7

4-8 各地区总承包建筑业企业资产构成

单位：万元

地　区	资产合计	流动资产合　计	#存　货	非流动资产合计	#固定资产合计
全国总计	**1616294822**	**1275402459**	**264145981**	**340892363**	**118381519**
北　京	183096117	126322437	19714799	56773680	3530637
天　津	51738556	42584932	7738148	9153625	3300125
河　北	45338799	37102776	8433582	8236023	4495584
山　西	43560006	36377709	5024073	7182297	2401292
内蒙古	18422390	14886729	2252273	3535662	1657791
辽　宁	46968393	38402589	6560564	8565804	3408491
吉　林	20565703	16810495	2155119	3755209	1917592
黑龙江	17309020	13279965	2014515	4029055	1662428
上　海	79186955	67075355	15466721	12111599	3179395
江　苏	152751428	126089953	31105860	26661475	13239158
浙　江	103996872	86098761	23515393	17898111	8334253
安　徽	49462529	38874709	6532744	10587820	3902161
福　建	40974438	33041684	7382717	7932754	4347840
江　西	32201824	24859676	4751856	7342149	3078628
山　东	100392990	83274603	16657614	17118387	8886228
河　南	61374984	48961281	11087656	12413703	7642600
湖　北	91225074	72503651	18710085	18721422	8064240
湖　南	43114152	32993043	7291888	10121110	4032255
广　东	96159648	77053155	14231389	19106493	6598066
广　西	17792600	14367163	3235552	3425437	1948998
海　南	2200090	1901731	234566	298360	104156
重　庆	47683309	38625228	9375081	9058081	4008402
四　川	91886532	61255432	15617280	30631100	4681424
贵　州	33839657	28208403	6207238	5631254	1139501
云　南	42633387	31092190	5081230	11541197	3581824
西　藏	1900318	1327954	109695	572365	215499
陕　西	49574375	40657086	7071683	8917290	3681310
甘　肃	17129674	12964508	2609331	4165166	2440743
青　海	5324592	4271228	799162	1053364	750105
宁　夏	6940733	6110942	967566	829790	487172
新　疆	21549678	18027095	2210603	3522583	1663624

4-9 各地区总承包建筑业企业固定资产情况

单位：万元

地 区	固定资产合 计	固定资产原 价	固定资产折 旧	#本年折旧	在建工程
全国总计	**118381519**	**163013737**	**70973446**	**10192043**	**14401180**
北 京	3530637	6484867	3418324	534466	503314
天 津	3300125	5429749	2618623	418241	353075
河 北	4495584	6268652	2719974	351625	471214
山 西	2401292	3970713	1980673	282188	265259
内蒙古	1657791	2346867	939733	100362	194435
辽 宁	3408491	5422257	2764179	301765	346071
吉 林	1917592	2498887	1009697	128109	240534
黑龙江	1662428	2603531	1145269	102548	101273
上 海	3179395	5513167	2879473	287918	418044
江 苏	13239158	16852003	6904023	963555	1709223
浙 江	8334253	12290004	5259810	771842	568231
安 徽	3902161	5298131	2132099	273505	381504
福 建	4347840	5235461	1975857	319458	367005
江 西	3078628	3709938	1281612	206380	346118
山 东	8886228	12359869	5315600	754604	710666
河 南	7642600	10022095	4245926	703287	756209
湖 北	8064240	10942663	4602220	749942	1062030
湖 南	4032255	5422724	2314749	324125	573695
广 东	6598066	9129685	4106747	569099	1246565
广 西	1948998	2493709	908929	135400	281571
海 南	104156	105906	55564	8601	45555
重 庆	4008402	4290355	1747053	285861	784223
四 川	4681424	5977001	2845870	380782	949759
贵 州	1139501	1368407	614334	83439	231201
云 南	3581824	4621178	1865091	299205	459789
西 藏	215499	245640	72103	8289	8885
陕 西	3681310	5638693	2696892	441415	410455
甘 肃	2440743	2692188	838186	114103	263552
青 海	750105	867088	412575	79624	33251
宁 夏	487172	748267	303043	40552	35606
新 疆	1663624	2164043	999222	171756	282874

4-10 各地区总承包建筑业企业负债及所有者权益

单位：万元

地 区	负债合计	#流动负债	#应付账款	所有者权益	#实收资本
全国总计	**1088808371**	**979242801**	**378542773**	**527287520**	**279514955**
北 京	127431254	114217319	46752610	55664864	23070444
天 津	41609959	38699700	17425154	10128598	6018058
河 北	30928069	28732045	11819097	14410730	7900281
山 西	34763778	31899104	14535390	8796228	5894767
内蒙古	11772630	11055158	2866003	6649760	3596226
辽 宁	33647904	29365830	11116089	13235929	7109311
吉 林	13287862	11633692	4367714	7277841	4022015
黑龙江	12457174	10720222	4135253	4851846	3688890
上 海	62791244	59767462	25472104	16390053	9840344
江 苏	88688533	82801652	29827954	64017432	23667270
浙 江	60802211	56354542	18554219	43194661	20892876
安 徽	34029851	29846765	9937277	15410857	8001722
福 建	21946568	20047557	6232826	19027870	11513727
江 西	17931740	15491019	5287004	14270084	9108987
山 东	71970780	66168071	25295519	28422210	16465213
河 南	39785610	36405177	13281343	21574676	12671363
湖 北	62900308	53563108	26949403	28324766	12394456
湖 南	26524258	22053662	9316804	16589894	8345278
广 东	66249888	58555880	19016059	29883561	15521623
广 西	11768804	10463955	2741727	6023796	3751372
海 南	1372419	1236165	593424	827672	498289
重 庆	33966768	29408457	10897179	13716541	7035984
四 川	54297886	48156788	16080390	37588114	28883416
贵 州	24895680	19873925	6803692	8943977	3287780
云 南	28722963	24427444	9654506	13910423	8186019
西 藏	985593	769251	198319	914725	502149
陕 西	36253262	33492107	16137094	13321113	9095848
甘 肃	11743703	10910053	3694971	5385971	3253992
青 海	3641553	3351392	1565443	1683039	1001796
宁 夏	4957940	4772225	2020982	1982793	1228604
新 疆	16682182	15003076	5967223	4867497	3066857

4-11 各地区总承包建筑业企业实收资本

单位：万元

地区	合计	国家资本	集体资本	法人资本	个人资本	港澳台资本	外商资本
全国总计	**279514955**	**69850617**	**10047219**	**83897560**	**114887250**	**532768**	**299541**
北京	23070444	8184320	336789	11649586	2808419	42016	49314
天津	6018058	2461005	136538	2503394	917121		
河北	7900281	1544160	398232	2484979	3470752	2158	
山西	5894767	1824540	178323	1964154	1927650		100
内蒙古	3596226	766286	89270	884803	1855866		
辽宁	7109311	1648895	397549	2152069	2903832	175	6791
吉林	4022015	312687	146376	1410132	2140216	12604	
黑龙江	3688890	678727	232613	1197470	1579140		940
上海	9840344	1862231	393261	4696059	2721622	76903	90269
江苏	23667270	1720298	657461	6625177	14544709	45427	74199
浙江	20892876	920008	349096	5513179	14070811	39783	
安徽	8001722	1172121	244775	2456152	4124105	4568	
福建	11513727	889865	243277	2434765	7922934	14153	8733
江西	9108987	1125609	320797	2541885	5087836	5100	27760
山东	16465213	3070350	1252681	4112231	8011144	18626	182
河南	12671363	2562900	646096	3335445	6119773	4413	2736
湖北	12394456	4335409	400262	2284949	5333202	32090	8544
湖南	8345278	2557357	467990	2256702	3057885	5345	
广东	15521623	2725679	846553	6899583	5010211	39003	595
广西	3751372	1062768	245496	957009	1485068	30	1000
海南	498289	128150	14705	208585	146765	84	
重庆	7035984	1300997	196889	1895119	3453891	188408	680
四川	28883416	18212790	411473	4223924	6034384	203	643
贵州	3287780	1554560	159126	912089	661517	489	
云南	8186019	3742624	240865	1742702	2457268	1060	1500
西藏	502149	61926	23583	226527	190113		
陕西	9095848	1652697	598263	3579114	3265599	130	44
甘肃	3253992	628841	215137	1215662	1194352	0	
青海	1001796	190120	34745	405071	371861		
宁夏	1228604	152035	23117	264214	763938		25300
新疆	3066857	800664	145883	864829	1255268		213

4-12 各地区总承包建筑业企业收入情况

单位：万元

地　区	主营业务收　入	#主营业务成　本	#主营业务税金及附加	其他业务收　入	#其他业务成　本	#其他业务利　润
全国总计	**1610472674**	**1442848571**	**34691899**	**20006707**	**35360772**	**1211459**
北　京	99299465	92738287	754682	374005	279565	89298
天　津	36137823	32843163	354923	385832	730479	30896
河　北	46745623	42385248	1007203	414459	830889	36350
山　西	29759542	26556113	418692	223525	746992	26740
内蒙古	11169498	9740435	260180	209737	314554	9134
辽　宁	31279523	27224315	596750	1267034	2177638	21243
吉　林	18672401	15841151	480165	507095	1121969	18516
黑龙江	13515998	12213495	313031	89520	156880	7573
上　海	67055315	62328898	827221	276399	192650	66750
江　苏	197291427	176005370	5351132	1157013	1569411	139094
浙　江	172614357	159099741	4021710	718974	815762	110825
安　徽	48150603	42535296	1086286	358496	1295222	18366
福　建	66489366	59024386	1838792	416789	1508448	34086
江　西	43126810	37865513	1274325	2443650	3229545	19147
山　东	87737749	77829961	1864991	1118869	1986982	62282
河　南	74498816	64869441	2095447	1246842	1788241	75365
湖　北	108139854	96234383	2365114	1110748	1530093	54000
湖　南	63705482	57011095	1811866	1967948	2328230	25063
广　东	84496647	75288006	1549774	757431	2373951	124824
广　西	27520774	24682397	565566	648246	1345047	23132
海　南	2772763	2543278	61304	9640	9232	949
重　庆	54629930	46778750	1491379	544721	1571167	39474
四　川	70746674	62131900	1616022	1452383	2639551	53785
贵　州	22702069	19974620	314985	223658	1365545	18775
云　南	30602020	26921004	652031	493955	707389	26623
西　藏	1110164	923527	23270	18559	27672	2339
陕　西	51493496	47276846	825755	440794	600822	27332
甘　肃	17253837	14853397	358725	269537	1078250	25547
青　海	4326136	3822228	54263	362610	434505	4665
宁　夏	6155550	5573210	103265	47005	98829	6889
新　疆	21272966	19733118	353052	451235	505264	12400

4-13 各地区总承包建筑业企业费用情况

单位：万元

地　区	管理费用	#税　金	销售费用	财务费用	#利息收入	#利息支出
全国总计	**46002176**	**1994836**	**4705211**	**10527492**	**3034228**	**10407426**
北　京	3254307	32997	86911	624738	878003	1414380
天　津	1386279	26100	41369	268397	99089	364906
河　北	1252209	49714	102181	279727	26371	198468
山　西	1325522	21945	60258	202977	107893	231035
内蒙古	442786	20770	19131	139670	3189	109931
辽　宁	1249374	80106	50273	239068	52641	210883
吉　林	530765	38487	38794	129681	11425	90878
黑龙江	469724	22499	39155	44693	9752	40494
上　海	2359958	27026	94162	155500	158134	238531
江　苏	4981100	218602	561637	1375499	143695	1082763
浙　江	3037585	132650	324626	1010303	112226	873357
安　徽	1402163	59746	163958	355894	94894	318190
福　建	1596151	92243	169883	256861	63423	195746
江　西	1088956	88441	212584	209918	21946	150505
山　东	2600474	143219	234893	699970	153315	625373
河　南	2462284	199121	327081	501992	122101	545449
湖　北	3408078	119080	593456	781507	168273	639485
湖　南	1858017	96130	279039	279433	84648	287737
广　东	2496786	92260	181498	549999	95987	528051
广　西	707438	30656	50334	202604	15374	184213
海　南	49338	1054	1393	4265	917	3522
重　庆	1541183	85546	201338	469816	85572	378362
四　川	2246948	120890	454613	623038	174521	545791
贵　州	480084	17425	20581	187411	39817	234047
云　南	1004937	47018	164841	343953	81949	311923
西　藏	52941	1494	2604	5976	747	4668
陕　西	1356439	67150	126392	251524	133473	281099
甘　肃	473375	29350	65524	129065	15414	97747
青　海	201699	7857	6562	21377	11949	28324
宁　夏	159598	7523	11316	46340	1810	28375
新　疆	525681	17737	18826	136296	65683	163195

4-14 各地区总承包建筑业企业利润及税金情况

单位：万元

地区	利润总额	#应交所得税	税金总额	主营业务税金及附加	管理费用中的税金	应交增值税
全国总计	**61284739**	**13291870**	**53539804**	**34691899**	**1994836**	**16853070**
北京	6370068	504259	1655618	754682	32997	867939
天津	856392	192950	797019	354923	26100	415995
河北	1317521	361098	1487862	1007203	49714	430945
山西	846785	133065	803230	418692	21945	362593
内蒙古	570720	114622	409987	260180	20770	129037
辽宁	860230	321238	984214	596750	80106	307358
吉林	754447	249155	698597	480165	38487	179945
黑龙江	382988	106046	466191	313031	22499	130662
上海	1825279	297896	1496513	827221	27026	642267
江苏	8574966	1952014	7321766	5351132	218602	1752032
浙江	5070047	1260815	6033834	4021710	132650	1879475
安徽	1730821	347762	1674468	1086286	59746	528435
福建	2523804	809002	2578857	1838792	92243	647822
江西	1722758	408321	1669425	1274325	88441	306659
山东	3605397	768497	2789713	1864991	143219	781503
河南	3586849	764273	3512191	2095447	199121	1217623
湖北	4371904	1073521	3700665	2365114	119080	1216471
湖南	2113450	429365	2565830	1811866	96130	657834
广东	3126180	756275	2382208	1549774	92260	740174
广西	635590	204239	951093	565566	30656	354871
海南	104559	65190	119734	61304	1054	57375
重庆	3047081	581761	2123959	1491379	85546	547034
四川	2444639	552071	2445642	1616022	120890	708731
贵州	549871	126603	600966	314985	17425	268557
云南	1356620	282577	1113437	652031	47018	414387
西藏	113275	8823	34368	23270	1494	9603
陕西	1468195	264150	1443012	825755	67150	550107
甘肃	575118	110380	592738	358725	29350	204663
青海	141029	22674	132017	54263	7857	69897
宁夏	190159	80740	202043	103265	7523	91255
新疆	448000	142488	752610	353052	17737	381821

4-15 各地区总承包建筑业企业应收工程款及企业亏损情况

地 区	应收工程款(万元)	企业个数(个)	#亏损企业个数	亏损企业的比重(%)
全国总计	**365047606**	**52023**	**6564**	**12.6**
北 京	22489997	923	207	22.4
天 津	13528644	502	59	11.8
河 北	12497674	1730	205	11.8
山 西	14585261	1282	261	20.4
内蒙古	5012755	713	114	16.0
辽 宁	11590119	2340	497	21.2
吉 林	6924168	1301	171	13.1
黑龙江	4770192	1066	210	19.7
上 海	15797349	1272	229	18.0
江 苏	45785046	5182	233	4.5
浙 江	21191880	4154	463	11.1
安 徽	12056460	2031	214	10.5
福 建	7389029	2471	292	11.8
江 西	6816233	1563	112	7.2
山 东	27937099	4071	473	11.6
河 南	13296600	2876	233	8.1
湖 北	19598615	2205	199	9.0
湖 南	9448322	1593	138	8.7
广 东	16719930	2608	396	15.2
广 西	3465205	868	149	17.2
海 南	547311	113	12	10.6
重 庆	12412888	1676	161	9.6
四 川	15623618	2752	338	12.3
贵 州	5532477	713	162	22.7
云 南	11021777	1729	226	13.1
西 藏	425736	156	15	9.6
陕 西	13238356	1699	290	17.1
甘 肃	4595223	946	139	14.7
青 海	1141134	264	72	27.3
宁 夏	2702327	393	92	23.4
新 疆	6906181	831	202	24.3

4-16 各地区总承包建筑业企业主要经济效益指标

地　区	产值利润率(%)	产值利税率(%)	资本利润率(%)	资本利税率(%)	人均利润(元/人)	人均利税(元/人)	资产负债率(%)
全国总计	**3.5**	**6.5**	**21.9**	**41.1**	**11835**	**22175**	**67.4**
北　京	8.5	10.7	27.6	34.8	47259	59542	69.6
天　津	2.0	3.8	14.2	27.5	9717	18761	80.4
河　北	2.5	5.4	16.7	35.5	9762	20786	68.2
山　西	2.8	5.5	14.4	28.0	8549	16659	79.8
内蒙古	5.0	8.5	15.9	27.3	14760	25363	63.9
辽　宁	2.7	5.8	12.1	25.9	8224	17633	71.6
吉　林	3.7	7.1	18.8	36.1	10829	20857	64.6
黑龙江	2.6	5.7	10.4	23.0	6479	14366	72.0
上　海	3.6	6.6	18.5	33.8	17772	32343	79.3
江　苏	3.7	6.8	36.2	67.2	11423	21177	58.1
浙　江	2.2	4.8	24.3	53.1	6968	15261	58.5
安　徽	3.2	6.2	21.6	42.6	11283	22199	68.8
福　建	3.2	6.5	21.9	44.3	8507	17199	53.6
江　西	3.5	7.0	18.9	37.2	10720	21109	55.7
山　东	3.9	7.0	21.9	38.8	12374	21948	71.7
河　南	4.5	9.0	28.3	56.0	15092	29870	64.8
湖　北	3.9	7.2	35.3	65.1	18385	33948	69.0
湖　南	3.1	6.8	25.3	56.1	9919	21961	61.5
广　东	4.1	7.2	20.1	35.5	17270	30430	68.9
广　西	1.9	4.8	16.9	42.3	5778	14424	66.1
海　南	3.7	7.9	21.0	45.0	13637	29254	62.4
重　庆	4.6	7.8	43.3	73.5	15314	25989	71.2
四　川	2.7	5.3	8.5	16.9	8124	16252	59.1
贵　州	2.4	5.1	16.7	35.0	8063	16875	73.6
云　南	3.8	6.9	16.6	30.2	11304	20582	67.4
西　藏	10.4	13.6	22.6	29.4	36107	47062	51.9
陕　西	3.0	5.9	16.1	32.0	11650	23099	73.1
甘　肃	3.1	6.3	17.7	35.9	9697	19692	68.6
青　海	3.8	7.3	14.1	27.3	11225	21733	68.4
宁　夏	4.0	8.2	15.5	31.9	10606	21874	71.4
新　疆	2.1	5.6	14.6	39.1	6245	16736	77.4

4-17 各地区按资质等级划分的总承包建筑业企业单位数

单位：个

地区	合计	特级	一级	二级	三级及以下
全国总计	**52023**	**339**	**5939**	**18289**	**27456**
北京	923	37	256	251	379
天津	502	10	122	159	211
河北	1730	7	207	713	803
山西	1282	6	104	354	818
内蒙古	713	1	78	237	397
辽宁	2340	17	214	646	1463
吉林	1301	7	76	368	850
黑龙江	1066	3	114	459	490
上海	1272	15	160	468	629
江苏	5182	44	619	1819	2700
浙江	4154	43	736	1175	2200
安徽	2031	6	203	751	1071
福建	2471	4	218	584	1665
江西	1563	7	161	597	798
山东	4071	16	374	1592	2089
河南	2876	19	339	1104	1414
湖北	2205	13	302	833	1057
湖南	1593	15	212	541	825
广东	2608	17	345	656	1590
广西	868	3	74	265	526
海南	113	1	19	50	43
重庆	1676	3	203	616	854
四川	2752	19	264	1246	1223
贵州	713	4	45	245	419
云南	1729	4	88	541	1096
西藏	156	1	3	93	59
陕西	1699	7	241	990	461
甘肃	946	4	61	328	553
青海	264	1	14	119	130
宁夏	393	1	18	171	203
新疆	831	4	69	318	440

4-18 各地区按资质等级划分的总承包建筑业企业从业人员

单位：人

地区	合计	特级	一级	二级	三级及以下
全国总计	**46819982**	**6250827**	**18986716**	**12694205**	**8888234**
北京	401849	90225	243818	32525	35281
天津	637241	198187	293349	99996	45709
河北	1210266	157838	380997	465036	206395
山西	651139	78609	308877	140720	122933
内蒙古	276386	3859	103726	94263	74538
辽宁	1016135	45002	248816	275576	446741
吉林	494485	11639	86376	229479	166991
黑龙江	323604	34962	110923	97758	79961
上海	837022	175524	365481	208445	87572
江苏	6905876	1531484	2555151	1728806	1090435
浙江	7200839	1612009	3713417	1230398	645015
安徽	1523591	54010	683503	487395	298683
福建	3005628	90392	1589047	731929	594260
江西	1456079	50154	660794	456079	289052
山东	2658000	339784	973150	812293	532773
河南	2272844	328203	720398	723201	501042
湖北	2446547	411003	736552	627898	671094
湖南	2058449	350995	767264	557664	382526
广东	1805491	138655	863549	403946	399341
广西	1159885	130548	635788	209883	183666
海南	69626	7346	31504	18686	12090
重庆	1905484	17745	726636	620629	540474
四川	2617333	100285	733235	1175645	608168
贵州	642585	111976	298815	129545	102249
云南	1049212	54007	312827	338713	343665
西藏	26755	78	315	20553	5809
陕西	1092999	52689	527499	375962	136849
甘肃	531281	48073	164326	178740	140142
青海	101112	16632	12897	51563	20020
宁夏	92084	3742	29664	33957	24721
新疆	350155	5172	108022	136922	100039

4-19 各地区按资质等级划分的总承包企业建筑业总产值

单位：万元

地区	合计	特级	一级	二级	三级及以下
全国总计	**1756778016**	**352799338**	**807015426**	**364779409**	**232183843**
北京	75316947	34143049	36672243	2307943	2193711
天津	43778372	12783677	17634092	8254439	5106163
河北	52004805	8145608	25988255	12334569	5536373
山西	29952675	5418100	17337787	4098223	3098565
内蒙古	11517644	320028	4927904	3349497	2920214
辽宁	31912992	2077310	12739034	8680010	8416637
吉林	20426855	1009227	6820119	6799550	5797958
黑龙江	15013948	1613087	6797623	3582171	3021068
上海	50670487	18772335	20640422	8076159	3181571
江苏	233094008	71277088	87505987	46000497	28310436
浙江	232587837	58638479	123362969	32966341	17620049
安徽	54859404	4519632	30788382	12289418	7261972
福建	78534794	2867641	42588005	18298615	14780533
江西	48639697	1759433	27276331	12366537	7237396
山东	91442808	12856802	45340136	21207757	12038113
河南	79027679	19397231	30091976	16868195	12670277
湖北	111536297	35586126	46742323	20527285	8680564
湖南	68790867	15466053	29287872	13630760	10406182
广东	76886981	9138768	44657256	12205408	10885549
广西	33365987	4132361	17806208	6663164	4764254
海南	2844061	142733	1472563	781499	447267
重庆	65877408	940233	28848006	19999683	16089485
四川	91915166	14570406	28465536	32237162	16642062
贵州	22613662	4543978	11495244	3459994	3114446
云南	35710286	3296499	13137799	10398303	8877685
西藏	1085530	651	38272	839543	207064
陕西	49009508	5339516	29284081	10538906	3847005
甘肃	18459459	1894697	8759872	4440618	3364272
青海	3747069	1342786	646081	1261804	496399
宁夏	4794900	133888	1634332	2018308	1008372
新疆	21359887	671915	8228718	8297051	4162204

4-20 各地区按资质等级划分的总承包建筑业企业签订合同额

单位：万元

地区	合计	特级	一级	二级	三级及以下
全国总计	**3468702915**	**931565829**	**1671337993**	**552289799**	**313509294**
北京	245584410	136487920	101341252	4365704	3389535
天津	102818493	39755754	43384091	13683068	5995580
河北	91571160	14858272	53095206	16736507	6881174
山西	69818317	17194183	43130912	5741936	3751286
内蒙古	20091546	2220505	8562310	5274051	4034681
辽宁	69412248	6851912	30517812	16221142	15821383
吉林	32897776	1997738	12739502	10495884	7664653
黑龙江	23399919	3367273	11862100	4940834	3229713
上海	157751875	83736627	54379170	13547951	6088126
江苏	365829372	119819787	149191398	61921608	34896579
浙江	379068505	101815975	201352148	49883718	26016664
安徽	99178771	15215124	56337871	17564335	10061441
福建	145614946	7693351	87312016	28903867	21705712
江西	88172285	6564282	53351540	18467247	9789216
山东	163926797	25152134	85849986	37194142	15730535
河南	146137216	46181533	61970104	23716102	14269478
湖北	239919282	98253746	102999107	27995995	10670435
湖南	151631466	55270596	62049688	21409497	12901685
广东	202617504	39221726	123112397	23011357	17272024
广西	61537993	9914083	33373011	11260065	6990835
海南	7012110	757716	3590993	2105611	557790
重庆	100359778	2767277	53450228	26088203	18054070
四川	177738601	41891019	66986022	46769069	22092490
贵州	58751819	11054619	35158309	7029878	5509013
云南	73560055	15055507	30006574	16675920	11822054
西藏	1662695	651	7358	1325173	329512
陕西	109143179	19337564	69386406	15492472	4926737
甘肃	31498904	3129795	16473091	6907340	4988677
青海	8818119	3728629	1596805	2804679	688006
宁夏	7717501	254883	2697745	3058181	1706692
新疆	35460272	2015650	16072843	11698261	5673518

4-21 各地区按资质等级划分的总承包建筑业企业竣工产值

单位：万元

地区	合计	特级	一级	二级	三级及以下
全国总计	**1023906380**	**190309582**	**438235852**	**238228933**	**157132013**
北京	36351561	15979694	17495491	1483670	1392706
天津	19616699	4309738	8996307	2901227	3409428
河北	26940058	4436008	11500235	7390160	3613655
山西	11116612	722265	6021342	2447065	1925940
内蒙古	6530509	77470	2009704	2411492	2031843
辽宁	16309325	1000948	5364386	5073905	4870086
吉林	13531583	398391	3615873	4823250	4694069
黑龙江	9091884	602345	3290174	2675604	2523762
上海	27972463	11061869	10207962	4587115	2115518
江苏	193102042	55082101	73601728	41039256	23378957
浙江	148096888	39368319	75551430	21711439	11465701
安徽	30036350	955724	16424317	7653351	5002958
福建	46076993	1756615	25104329	10525323	8690725
江西	28493670	1475622	13112844	8563667	5341537
山东	48332550	5767317	22388693	12779719	7396821
河南	43608043	7018445	15863235	12000376	8725987
湖北	59176391	17599821	21883835	13465915	6226820
湖南	42906153	9110647	16765605	9475100	7554801
广东	38355108	3810589	21094074	6890455	6559990
广西	17742858	1944216	8656098	4160637	2981907
海南	1790255	107522	858823	496113	327797
重庆	34027462	416404	12434177	10327936	10848944
四川	45807385	2360654	13429911	19565596	10451224
贵州	8116217	540684	3845117	2063343	1667073
云南	19397313	576984	6055195	6822637	5942496
西藏	640712	651	2105	497673	140284
陕西	21255375	1409006	12541307	5724173	1580889
甘肃	10075330	1359370	3737141	2797541	2181277
青海	1516171	396745	98897	685522	335006
宁夏	3536895	139563	1162121	1552750	682461
新疆	14355528	523858	5123394	5636924	3071352

4-22 各地区按资质等级划分的总承包建筑业企业房屋施工面积

单位：万平方米

地区	合计	特级	一级	二级	三级及以下
全国总计	**1249618.7**	**315758.1**	**567534.4**	**231017.7**	**135308.5**
北京	61026.6	32255.3	27559.5	724.5	487.4
天津	16915.9	4452.8	8812.9	2951.9	698.2
河北	34421.2	6731.1	15564.2	8618.5	3507.3
山西	14477.4	2124.1	9126.4	2089.9	1137.0
内蒙古	6281.6	374.5	2388.6	1930.8	1587.7
辽宁	20031.7	1650.0	6136.3	5252.0	6993.4
吉林	10101.0	881.1	2626.8	2813.7	3779.3
黑龙江	5364.2	639.0	1940.2	1485.3	1299.7
上海	35683.4	17537.2	14042.5	3469.7	634.0
江苏	220872.3	76684.1	82894.3	37931.2	23362.7
浙江	194960.4	64974.9	97475.3	22421.9	10088.3
安徽	39800.0	1470.4	23526.8	9576.1	5226.8
福建	62200.5	3132.5	39081.5	12371.2	7615.3
江西	28055.6	2262.1	13313.5	7594.5	4885.5
山东	70648.3	11509.8	33376.3	16370.3	9392.0
河南	54462.8	17751.5	18717.5	11223.2	6770.6
湖北	72057.1	27712.6	25487.0	13577.5	5280.0
湖南	50095.9	15702.6	16993.5	10124.5	7275.3
广东	53699.1	8961.0	30511.8	8134.0	6092.3
广西	26417.5	5097.1	14544.3	4491.4	2284.8
海南	2084.2	141.6	1194.5	515.2	232.9
重庆	31499.8	912.2	16020.9	8461.8	6104.9
四川	53026.1	6863.7	19003.0	18375.4	8783.9
贵州	19275.0	991.3	14161.0	2182.0	1940.7
云南	16723.8	1267.9	7097.8	4299.7	4058.3
西藏	241.2		1.6	195.4	44.2
陕西	24158.1	1956.4	15003.7	5704.0	1494.0
甘肃	10321.1	778.4	5410.3	2549.5	1582.9
青海	864.3	25.1	180.3	504.4	154.5
宁夏	2762.1	151.5	778.4	1175.9	656.3
新疆	11090.5	766.1	4564.1	3902.2	1858.2

4-23 各地区按资质等级划分的总承包建筑业企业房屋竣工面积

单位：万平方米

地区	合计	特级	一级	二级	三级及以下
全国总计	**414454.2**	**72644.5**	**167838.1**	**105104.4**	**68867.2**
北京	10663.8	5683.4	4738.9	168.6	72.9
天津	3379.8	372.0	2085.3	613.7	308.8
河北	10974.5	1353.1	4020.7	3795.0	1805.7
山西	3297.9	189.4	1653.3	879.9	575.2
内蒙古	2498.4	27.6	550.2	939.4	981.1
辽宁	6659.7	452.7	1850.1	2159.3	2197.7
吉林	5049.2	216.9	1372.4	1607.5	1852.3
黑龙江	2735.3	77.1	679.5	972.2	1006.5
上海	7367.6	3153.0	2832.1	1046.6	335.8
江苏	74721.3	21023.8	27205.6	16427.6	10064.3
浙江	66577.3	18593.7	34422.0	9014.9	4546.7
安徽	14343.0	267.2	6496.1	4666.4	2913.4
福建	17825.2	1030.9	10074.7	4090.7	2628.9
江西	14641.6	537.8	5523.0	5345.4	3235.5
山东	22932.0	2549.4	9165.0	6873.0	4344.5
河南	18859.5	2679.7	6145.4	5770.5	4263.9
湖北	28119.3	7122.2	10224.9	7476.5	3295.7
湖南	18509.5	3013.1	5781.6	5007.5	4707.2
广东	15508.5	807.4	8307.5	3442.4	2951.1
广西	7925.3	781.4	3645.3	2064.7	1433.9
海南	652.3	18.6	240.6	252.5	140.7
重庆	13436.2	154.7	5318.7	3931.4	4031.5
四川	20540.2	1091.1	5547.8	8877.3	5024.0
贵州	4087.3	235.3	1974.5	890.1	987.4
云南	6809.0	199.2	1851.9	2462.0	2295.8
西藏	141.6		1.6	101.6	38.4
陕西	6609.6	412.6	3087.3	2383.5	726.2
甘肃	3843.4	308.2	1456.5	1265.8	812.9
青海	294.1		19.8	176.7	97.6
宁夏	957.4	60.0	200.6	509.1	187.6
新疆	4494.6	233.3	1364.9	1892.3	1004.1

4-24 各地区按资质等级划分的总承包建筑业企业实收资本

单位：万元

地　区	合计	特级	一级	二级	三级及以下
全国总计	**279514955**	**39349247**	**95883195**	**76099456**	**68183056**
北　京	23070444	12916348	7983615	1191818	978662
天　津	6018058	2200100	2473467	890101	454391
河　北	7900281	424447	3697344	2480208	1298282
山　西	5894767	1232976	1886171	1415275	1360344
内蒙古	3596226	77929	1254060	1086563	1177674
辽　宁	7109311	531031	2538319	2059124	1980837
吉　林	4022015	105340	1181765	1372449	1362461
黑龙江	3688890	282114	1176123	1512934	717720
上　海	9840344	2510946	3838636	2321042	1169720
江　苏	23667270	2135885	7736642	8265284	5529460
浙　江	20892876	2333026	9111788	5336443	4111618
安　徽	8001722	844100	2623902	2694905	1838815
福　建	11513727	151918	4012401	3266467	4082940
江　西	9108987	186544	2595730	2693693	3633021
山　东	16465213	1444944	5438555	6583010	2998705
河　南	12671363	1791132	4172889	4143938	2563403
湖　北	12394456	1815513	4819090	3717788	2042066
湖　南	8345278	1606370	2784969	2365682	1588257
广　东	15521623	1943060	7249567	3477641	2851355
广　西	3751372	314027	1326976	1238583	871785
海　南	498289	30000	225457	176925	65907
重　庆	7035984	208400	2934220	2325194	1568170
四　川	28883416	1787798	3913867	5182211	17999540
贵　州	3287780	518400	1220029	768833	780518
云　南	8186019	305420	4076021	1970073	1834505
西　藏	502149		9398	390001	102751
陕　西	9095848	1090272	3515971	3601709	887895
甘　肃	3253992	269544	849610	1173239	961599
青　海	1001796	94300	138502	550378	218616
宁　夏	1228604	28218	184609	697361	318416
新　疆	3066857	169147	913502	1150583	833625

4-25 各地区按资质等级划分的总承包建筑业企业资产

单位：万元

地 区	合计	特级	一级	二级	三级及以下
全国总计	**1616294822**	**414202146**	**694198229**	**305334258**	**202560189**
北 京	183096117	117964122	55195429	5227384	4709182
天 津	51738556	17842794	23388466	7450230	3057066
河 北	45338799	4402684	25536068	9980102	5419944
山 西	43560006	14688757	19904728	4945256	4021265
内蒙古	18422390	849068	7566074	6156250	3850999
辽 宁	46968393	4754319	21824225	11100585	9289263
吉 林	20565703	1109185	7437402	6629721	5389396
黑龙江	17309020	2680544	7960081	4776918	1891478
上 海	79186955	24713045	35125447	13863391	5485071
江 苏	152751428	33476121	59000565	37564522	22710220
浙 江	103996872	25613434	48354394	18355088	11673956
安 徽	49462529	9503847	24528490	9813475	5616717
福 建	40974438	1539419	20281959	10557200	8595859
江 西	32201824	1631439	14630648	8327051	7612686
山 东	100392990	16087612	49014952	23539194	11751233
河 南	61374984	16926630	23713155	12907372	7827827
湖 北	91225074	39114467	31857281	14064070	6189256
湖 南	43114152	13344629	16558212	7886518	5324793
广 东	96159648	17320907	53296607	14476330	11065804
广 西	17792600	2110615	8571534	4085978	3024472
海 南	2200090	145498	1130253	647185	277155
重 庆	47683309	3071620	25124760	11700563	7786366
四 川	91886532	18571502	28094045	20034542	25186443
贵 州	33839657	5783082	17553237	4126141	6377197
云 南	42633387	4204343	21927040	9501327	7000677
西 藏	1900318	1641	40303	1639787	218588
陕 西	49574375	11817985	25830484	9447088	2478818
甘 肃	17129674	1436956	8464608	4028510	3199600
青 海	5324592	1874295	819686	1907702	722910
宁 夏	6940733	156188	1816896	3461267	1506381
新 疆	21549678	1465399	9651200	7133511	3299569

4-26 各地区按资质等级划分的总承包建筑业企业所有者权益

单位：万元

地区	合计	特级	一级	二级	三级及以下
全国总计	**527287520**	**108709606**	**185966979**	**129118766**	**103492169**
北京	55664864	40715594	11822098	1598588	1528583
天津	10128598	3240681	3741595	2086876	1059445
河北	14410730	1314652	6581623	4429800	2084656
山西	8796228	2323275	2555467	2013873	1903613
内蒙古	6649760	106209	2402412	2151302	1989837
辽宁	13235929	1310677	4551049	3943583	3430621
吉林	7277841	195395	2241334	2542762	2298351
黑龙江	4851846	290670	1585437	2011155	964584
上海	16390053	3854656	6834580	3969560	1731257
江苏	64017432	11890199	22972931	17859018	11295283
浙江	43194661	8671145	19680706	8810431	6032378
安徽	15410857	1758832	6234254	4587997	2829774
福建	19027870	526412	7351868	5474079	5675511
江西	14270084	325652	4686603	4583059	4674770
山东	28422210	3277587	11499892	8597907	5046825
河南	21574676	3318323	7233875	6648706	4373774
湖北	28324766	9237392	9135062	6695489	3256823
湖南	16589894	3228387	6003451	4293312	3064745
广东	29883561	4460127	14795757	5998903	4628775
广西	6023796	498565	2278934	1604638	1641659
海南	827672	44744	359447	306001	117480
重庆	13716541	374319	5567076	4584697	3190450
四川	37588114	3300905	6326968	8335246	19624995
贵州	8943977	1053783	3863689	1206234	2820271
云南	13910423	846506	5840126	3791431	3432361
西藏	914725	1641	24541	733712	154832
陕西	13321113	1447346	5804491	4859414	1209862
甘肃	5385971	351586	1666054	1841776	1526555
青海	1683039	406566	243278	740022	293172
宁夏	1982793	35329	382171	1092976	472317
新疆	4867497	302452	1700213	1726221	1138611

4-27 各地区按资质等级划分的总承包建筑业企业负债

单位：万元

地 区	合计	特级	一级	二级	三级及以下
全国总计	**1088808371**	**305492540**	**508165367**	**176181357**	**98969106**
北 京	127431254	77248528	43373330	3628796	3180599
天 津	41609959	14602112	19646872	5363354	1997621
河 北	30928069	3088033	18954445	5550302	3335289
山 西	34763778	12365482	17349261	2931383	2117652
内 蒙 古	11772630	742859	5163662	4004948	1861162
辽 宁	33647904	3443643	17213913	7141912	5848436
吉 林	13287862	913790	5196068	4086960	3091045
黑 龙 江	12457174	2389874	6374644	2765763	926894
上 海	62791244	20858389	28290868	9888174	3753814
江 苏	88688533	21585922	36027635	19699290	11375687
浙 江	60802211	16942289	28673688	9544657	5641577
安 徽	34029851	7745015	18287618	5220877	2776341
福 建	21946568	1013008	12930092	5083121	2920348
江 西	17931740	1305787	9944045	3743992	2937916
山 东	71970780	12810025	37515060	14941287	6704408
河 南	39785610	13608307	16479281	6256626	3441396
湖 北	62900308	29877075	22722219	7368581	2932433
湖 南	26524258	10116242	10554761	3593207	2260048
广 东	66249888	12860780	38500850	8477428	6410831
广 西	11768804	1612050	6292601	2481340	1382813
海 南	1372419	100754	770806	341185	159675
重 庆	33966768	2697300	19557684	7115867	4595917
四 川	54297886	15270597	21767078	11698764	5561448
贵 州	24895680	4729300	13689548	2919906	3556926
云 南	28722963	3357838	16086915	5709895	3568316
西 藏	985593		15762	906075	63756
陕 西	36253262	10370639	20025993	4587674	1268956
甘 肃	11743703	1085370	6798553	2186734	1673045
青 海	3641553	1467729	576407	1167680	429737
宁 夏	4957940	120859	1434725	2368292	1034064
新 疆	16682182	1162947	7950987	5407290	2160958

4-28 各地区按资质等级划分的总承包建筑业企业营业收入

单位：万元

地 区	合计	特级	一级	二级	三级及以下
全国总计	**1630479380**	**358093617**	**734553142**	**333660843**	**204171778**
北 京	99673469	51856055	41055212	3666320	3095883
天 津	36523655	12675922	16601876	5263345	1982513
河 北	47160082	7564906	23344061	11620507	4630609
山 西	29983067	5463494	17370986	4105202	3043385
内蒙古	11379235	424027	4750189	3385064	2819955
辽 宁	32546556	2068919	13746797	8646811	8084029
吉 林	19179497	866131	6122831	6619755	5570780
黑龙江	13605518	1613971	5754882	3406662	2830003
上 海	67331714	25451765	26263184	11145388	4471378
江 苏	198448439	60037512	73979062	40232031	24199835
浙 江	173333331	40946107	90217221	26906144	15263859
安 徽	48509099	4771272	26392224	11095400	6250203
福 建	66906154	2611891	35764754	15761205	12768305
江 西	45570460	1688739	23973998	11714968	8192755
山 东	88856618	12661581	43762959	21315046	11117033
河 南	75745657	19068116	28435557	16815761	11426223
湖 北	109250602	40577121	43207660	18258054	7207767
湖 南	65673430	16828156	27215841	12757549	8871884
广 东	85254078	11693734	49176953	13620610	10762781
广 西	28169020	3765606	14816713	5645846	3940856
海 南	2782402	140443	1467425	757930	416604
重 庆	55174651	1167894	24247931	16390917	13367910
四 川	72199057	10959185	25132104	24755861	11351907
贵 州	22925727	5174831	11594755	3350845	2805296
云 南	31095974	3345902	12730175	8454391	6565506
西 藏	1128723	651	40658	948148	139267
陕 西	51934290	10471403	28688339	9593527	3181021
甘 肃	17523374	1819905	8182606	4384527	3136336
青 海	4688746	1611836	810319	1635417	631174
宁 夏	6202555	136027	1831144	2797891	1437493
新 疆	21724200	630516	7874728	8609723	4609233

4-29 各地区按资质等级划分的总承包建筑业企业利税总额

单位：万元

地 区	合计	特级	一级	二级	三级及以下
全国总计	**114824543**	**22959715**	**42170824**	**28947043**	**20746962**
北 京	8025686	5799414	1771486	235243	219543
天 津	1653411	449829	672262	383096	148224
河 北	2805383	307942	1159136	930152	408153
山 西	1650015	499155	656223	267521	227117
内蒙古	980707	5572	313310	313237	348587
辽 宁	1844444	63958	562083	596914	621489
吉 林	1453044	-34647	374912	560864	551915
黑龙江	849179	6928	226892	287306	328053
上 海	3321792	1105140	1105045	865675	245933
江 苏	15896732	4190213	5628084	3605527	2472909
浙 江	11103881	2300494	5625697	1972590	1205101
安 徽	3405289	347263	1558398	902156	597472
福 建	5102661	122579	2302979	1351217	1325886
江 西	3392183	105609	1466906	1089289	730378
山 东	6395110	695176	2691716	1853675	1154542
河 南	7099040	1045984	1885134	2180412	1987509
湖 北	8072569	2514656	2939869	1802778	815265
湖 南	4679280	879369	1719399	1120364	960148
广 东	5508388	788941	2522169	1146952	1050326
广 西	1586683	122528	629865	452239	382051
海 南	224292	14878	101131	57778	50505
重 庆	5171040	46085	1664771	1707563	1752622
四 川	4890281	666896	1221204	1931849	1070332
贵 州	1150837	146852	436630	304094	263261
云 南	2470057	235595	767988	798833	667641
西 藏	147643	243	2513	116355	28532
陕 西	2911207	327222	1405971	864818	313196
甘 肃	1167856	63699	343896	411706	348554
青 海	273046	106187	25762	98305	42791
宁 夏	392202	6842	85526	189881	109954
新 疆	1200611	29114	303867	548656	318974

4-30 各地区按资质等级划分的总承包建筑业企业利润总额

单位：万元

地　区	合计	特级	一级	二级	三级及以下
全国总计	**61284739**	**14819174**	**20412177**	**14840910**	**11212478**
北　京	6370068	5258109	891166	117918	102875
天　津	856392	229479	312649	222398	91866
河　北	1317521	172165	469048	447448	228861
山　西	846785	399780	209745	121336	115925
内蒙古	570720	1243	165091	165691	238696
辽　宁	860230	32194	210675	297420	319941
吉　林	754447	-52460	191792	308817	306299
黑龙江	382988	-6240	79033	141103	169092
上　海	1825279	634972	571004	494656	124647
江　苏	8574966	2403131	2983683	1852382	1335770
浙　江	5070047	1060576	2471514	939552	598404
安　徽	1730821	245800	739078	440034	305910
福　建	2523804	60005	1143175	649992	670632
江　西	1722758	62714	705932	553906	400206
山　东	3605397	439812	1426879	1029869	708837
河　南	3586849	430568	853573	1151430	1151278
湖　北	4371904	1380091	1536672	1014751	440391
湖　南	2113450	478728	730464	470360	433899
广　东	3126180	609597	1323354	637135	556094
广　西	635590	41504	189264	225934	178889
海　南	104559	8450	46558	23232	26319
重　庆	3047081	23229	947730	1007711	1068411
四　川	2444639	424484	568563	891184	560409
贵　州	549871	67741	212333	151716	118081
云　南	1356620	113222	481134	410503	351761
西　藏	113275	210	843	88701	23521
陕　西	1468195	179186	667437	452732	168840
甘　肃	575118	35585	121929	218292	199312
青　海	141029	57782	12600	47117	23530
宁　夏	190159	1544	36685	94971	56959
新　疆	448000	25975	112579	172620	136826

4-31 各地区按资质等级划分的总承包建筑业企业税金总额

单位：万元

地 区	合计	特级	一级	二级	三级及以下
全国总计	**53539804**	**8140541**	**21758647**	**14106133**	**9534484**
北 京	1655618	541305	880321	117325	116668
天 津	797019	220350	359613	160698	56358
河 北	1487862	135777	690089	482704	179292
山 西	803230	99375	446478	146185	111192
内蒙古	409987	4329	148219	147547	109891
辽 宁	984214	31764	351409	299494	301548
吉 林	698597	17814	183120	252047	245616
黑龙江	466191	13168	147859	146204	158961
上 海	1496513	470167	534041	371019	121286
江 苏	7321766	1787082	2644400	1753145	1137139
浙 江	6033834	1239918	3154183	1033037	606696
安 徽	1674468	101463	819320	462122	291562
福 建	2578857	62575	1159804	701226	655253
江 西	1669425	42895	760975	535383	330172
山 东	2789713	255364	1264837	823806	445705
河 南	3512191	615416	1031561	1028982	836232
湖 北	3700665	1134566	1403197	788028	374875
湖 南	2565830	400641	988935	650004	526249
广 东	2382208	179344	1198815	509816	494232
广 西	951093	81024	440602	226305	203162
海 南	119734	6428	54573	34546	24186
重 庆	2123959	22855	717041	699852	684211
四 川	2445642	242413	652641	1040665	509923
贵 州	600966	79111	224298	152377	145180
云 南	1113437	122373	286854	388330	315880
西 藏	34368	33	1670	27654	5011
陕 西	1443012	148036	738534	412087	144356
甘 肃	592738	28115	221967	193414	149243
青 海	132017	48406	13162	51188	19261
宁 夏	202043	5298	48841	94910	52995
新 疆	752610	3138	191289	376035	182148

4-32 各地区按资质等级划分的总承包建筑业企业主营业务收入

单位：万元

地区	合计	特级	一级	二级	三级及以下
全国总计	**1610472674**	**354413756**	**727573600**	**328906638**	**199578680**
北京	99299465	51672299	40925432	3630157	3071577
天津	36137823	12621969	16398481	5188231	1929141
河北	46745623	7548648	23062427	11564124	4570425
山西	29759542	5443684	17289133	4048823	2977902
内蒙古	11169498	422411	4687591	3323029	2736468
辽宁	31279523	2057894	12958841	8424092	7838695
吉林	18672401	792325	6040442	6426790	5412845
黑龙江	13515998	1612225	5714154	3375367	2814251
上海	67055315	25380076	26128489	11103248	4443502
江苏	197291427	59603185	73580228	40046643	24061370
浙江	172614357	40649481	89984384	26760516	15219975
安徽	48150603	4743345	26217304	11024963	6164990
福建	66489366	2611872	35416019	15717622	12743853
江西	43126810	1688225	23721226	11503167	6214193
山东	87737749	12615509	43099969	21052800	10969471
河南	74498816	18956397	27935661	16432015	11174744
湖北	108139854	40089344	43096951	17936242	7017317
湖南	63705482	15369248	26968424	12590355	8777455
广东	84496647	11546906	48910346	13371038	10668356
广西	27520774	3758654	14548422	5304860	3908837
海南	2772763	140147	1463841	756647	412128
重庆	54629930	1152994	24055081	16184497	13237359
四川	70746674	10802436	24709326	24086169	11148743
贵州	22702069	5166856	11556564	3280423	2698227
云南	30602020	3335790	12415692	8359683	6490855
西藏	1110164	651	39506	932629	137378
陕西	51493496	10457548	28522768	9396553	3116627
甘肃	17253837	1819700	8015259	4327057	3091821
青海	4326136	1589407	721844	1427898	586986
宁夏	6155550	134237	1819904	2778965	1422445
新疆	21272966	630295	7569889	8552036	4520746

4-33 各地区按资质等级划分的总承包建筑业企业管理费用

单位：万元

地区	合计	特级	一级	二级	三级及以下
全国总计	**46002176**	**8536291**	**18747376**	**10660883**	**8057627**
北京	3254307	1269380	1529123	220184	235620
天津	1386279	453537	670101	181404	81236
河北	1252209	102339	718185	298996	132689
山西	1325522	343520	672906	165965	143131
内蒙古	442786	18327	180283	129118	115058
辽宁	1249374	73115	550124	292656	333479
吉林	530765	17566	153781	185270	174149
黑龙江	469724	30447	194033	145409	99835
上海	2359958	902800	857475	374886	224797
江苏	4981100	871367	1774733	1335979	999021
浙江	3037585	406105	1375929	695087	560465
安徽	1402163	213848	608740	335773	243802
福建	1596151	38337	608509	442444	506862
江西	1088956	16196	481492	330735	260533
山东	2600474	303218	1198244	663190	435823
河南	2462284	602554	826908	611253	421569
湖北	3408078	1344282	1116599	632359	314839
湖南	1858017	425589	669254	425157	338017
广东	2496786	271595	1314483	445035	465672
广西	707438	67378	288735	179085	172240
海南	49338	2669	21206	17853	7611
重庆	1541183	24686	538371	487251	490876
四川	2246948	229769	728524	793344	495311
贵州	480084	65003	237915	93819	83347
云南	1004937	124896	290214	321126	268701
西藏	52941	16	2739	40585	9600
陕西	1356439	173769	683462	364007	135202
甘肃	473375	30389	193988	135789	113209
青海	201699	90640	26951	52203	31905
宁夏	159598	1230	47393	69874	41102
新疆	525681	21728	186977	195048	121928

4-34 各地区按资质等级划分的总承包建筑业企业财务费用

单位：万元

地区	合计	特级	一级	二级	三级及以下
全国总计	**10527492**	**2437019**	**4830996**	**2083637**	**1175839**
北京	624738	446023	167028	5381	6307
天津	268397	129426	116082	22812	77
河北	279727	10935	177811	59882	31098
山西	202977	74342	91034	24412	13189
内蒙古	139670	19709	45907	51663	22391
辽宁	239068	8402	132460	58093	40113
吉林	129681	5806	54505	35381	33989
黑龙江	44693	3172	25758	7948	7815
上海	155500	34320	86820	18781	15579
江苏	1375499	371005	555031	298048	151415
浙江	1010303	236739	554061	157749	61754
安徽	355894	16935	232517	69228	37213
福建	256861	12171	163157	42721	38813
江西	209918	20173	112326	48358	29061
山东	699970	108531	374078	149859	67502
河南	501992	138979	162187	112625	88200
湖北	781507	282983	331048	112258	55217
湖南	279433	68800	110882	56045	43706
广东	549999	113593	298565	80570	57271
广西	202604	60280	89295	37009	16021
海南	4265	968	1921	921	455
重庆	469816	34429	236289	112419	86679
四川	623038	73231	237613	227086	85109
贵州	187411	52860	68337	16250	49964
云南	343953	56764	131867	98476	56846
西藏	5976	2	-7	5467	514
陕西	251524	48892	122606	61338	18688
甘肃	129065	1701	52962	41700	32703
青海	21377	2866	7141	9953	1418
宁夏	46340	-3	12479	24874	8990
新疆	136296	2986	79236	36331	17744

4-35 各地区按资质等级划分的总承包建筑业企业应收工程款

单位：万元

地区	合计	特级	一级	二级	三级及以下
全国总计	**365047606**	**70826427**	**174466647**	**76405021**	**43349512**
北京	22489997	9991928	10839418	868242	790410
天津	13528644	3309962	7526520	2078437	613725
河北	12497674	1736594	7085400	2655685	1019995
山西	14585261	3512524	8304578	1633282	1134877
内蒙古	5012755	28823	2552024	1413731	1018178
辽宁	11590119	1300730	4999072	3138954	2151363
吉林	6924168	402047	2704140	2115221	1702760
黑龙江	4770192	1028926	2129679	1154891	456697
上海	15797349	5314317	7123967	2194206	1164860
江苏	45785046	8904258	18342409	11730483	6807896
浙江	21191880	5807002	9513061	3476581	2395236
安徽	12056460	2322629	6183481	2316351	1233999
福建	7389029	204607	3661789	1686020	1836613
江西	6816233	390196	3562090	1538165	1325782
山东	27937099	4299822	14034016	6664127	2939135
河南	13296600	3005718	6105140	2654375	1531366
湖北	19598615	6141345	8321699	3802389	1333181
湖南	9448322	2021588	4203662	2020105	1202967
广东	16719930	2220443	9624525	2611260	2263702
广西	3465205	342451	1732723	847885	542146
海南	547311	12269	310045	158393	66604
重庆	12412888	569052	6671738	3402768	1769330
四川	15623618	3108563	5991724	4436068	2087263
贵州	5532477	550069	3039694	944170	998545
云南	11021777	1059608	6005166	2407557	1549447
西藏	425736	651	21620	347196	56269
陕西	13238356	2158409	7950382	2545284	584281
甘肃	4595223	299189	2325385	1094455	876194
青海	1141134	214891	243632	508046	174565
宁夏	2702327	47422	660207	1442394	552303
新疆	6906181	520395	2697661	2518304	1169822

4-36 各地区专业承包建筑业企业签订合同情况

单位：万元

地区	签订合同额	上年结转合同额	本年新签合同额
全国总计	**252880274**	**79334218**	**173546055**
北京	18061059	6022520	12038539
天津	6466966	2103650	4363316
河北	4216448	944317	3272132
山西	4677139	1941620	2735518
内蒙古	942140	370175	571965
辽宁	10094292	3468322	6625970
吉林	2962368	707475	2254893
黑龙江	2523534	540527	1983007
上海	13637028	4590430	9046598
江苏	30070010	8944318	21125693
浙江	23113565	7132402	15981163
安徽	7282539	1915852	5366688
福建	10088759	2980961	7107798
江西	4223125	1114401	3108724
山东	11564555	2498315	9066241
河南	11059876	1887287	9172589
湖北	11487072	3934766	7552306
湖南	6888327	1812093	5076235
广东	34687156	11642463	23044693
广西	1892078	823348	1068730
海南	288698	108345	180353
重庆	7653212	3417706	4235506
四川	13202198	5604356	7597843
贵州	1494505	373946	1120560
云南	4100057	1054500	3045557
西藏	42178	15998	26180
陕西	6184595	2312843	3871752
甘肃	1317190	354755	962435
青海	430815	86866	343949
宁夏	404895	152035	252860
新疆	1823896	477630	1346265

4-37 各地区专业承包建筑业企业承包工程完成情况

单位：万元

地区	直接从建设单位承揽工程完成的产值	自行完成施工产值	分包出去工程的产值	从建设单位以外承揽工程完成的产值
全国总计	**167574897**	**163090587**	**4484310**	**15799171**
北京	10366834	9781871	584963	3313086
天津	5487223	4789543	697680	350188
河北	3115146	3060299	54847	111817
山西	3172754	3081971	90784	150094
内蒙古	687265	684906	2359	5540
辽宁	7263518	7213594	49925	140548
吉林	2385818	2373510	12308	35262
黑龙江	2128768	2117966	10802	34157
上海	8137756	7873795	263961	1917666
江苏	21709720	21614336	95384	3209260
浙江	15919842	15680116	239725	1625747
安徽	5537377	5372930	164447	240566
福建	6386030	6261823	124207	517861
江西	3048960	2934689	114270	215898
山东	9357251	9263664	93587	167779
河南	8709363	8412391	296972	639795
湖北	7015476	6873384	142092	214292
湖南	4174354	4152826	21528	98471
广东	19288592	18418004	870588	1218089
广西	1005105	992902	12203	132969
海南	228687	200575	28111	33011
重庆	4341099	4254259	86841	226466
四川	7451340	7157414	293926	524225
贵州	1010792	981944	28848	33911
云南	2875327	2828245	47083	133632
西藏	27609	27119	490	200
陕西	3857990	3832877	25113	449960
甘肃	983013	969643	13370	43330
青海	366252	356632	9620	2548
宁夏	314105	314060	46	3583
新疆	1221534	1213302	8231	9222

4-38 各地区专业承包企业建筑业总产值和竣工产值

单位：万元

地 区	建筑业总产值	#装饰装修产 值	#在外省完成的产值	按构成分组			竣工产值
				建筑工程产 值	安装工程产 值	其他产值	
全国总计	**178889758**	**57339698**	**50608083**	**119146630**	**48191556**	**11551572**	**104910013**
北 京	13094958	5704838	6572760	11738382	1185474	171102	6884681
天 津	5139730	787390	429247	2657640	1735110	746980	2547777
河 北	3172116	789713	681980	1572102	1160880	439134	1944214
山 西	3232065	360865	928113	2186855	809862	235348	1668868
内蒙古	690446	26466	53778	364683	298422	27341	420498
辽 宁	7354141	2045554	993471	3806873	3001833	545435	4160517
吉 林	2408772	346956	102691	1229407	1052675	126690	1885024
黑龙江	2152123	495241	566609	1179474	859888	112761	1672403
上 海	9791461	4187608	3046588	6715857	2866364	209240	5024637
江 苏	24823596	10894090	9159216	19955246	4605692	262659	19602092
浙 江	17305863	6608693	5431952	12267977	4411856	626030	10235581
安 徽	5613496	1092911	1341579	2671839	1631190	1310467	3260815
福 建	6779683	1844999	2440409	4644613	2023061	112010	4052739
江 西	3150588	841199	935913	2485532	550605	114451	1786756
山 东	9431443	2964722	1191000	5513233	2803125	1115085	5300501
河 南	9052186	1649826	1710191	5414356	2774469	863361	5803288
湖 北	7087676	1759163	1630322	4388130	1880697	818850	4262351
湖 南	4251296	1014688	1547773	2003730	1594002	653564	2905947
广 东	19636093	10429231	7540205	13196419	5527882	911793	9198846
广 西	1125871	164605	34531	572823	429557	123491	673595
海 南	233587	61041	29748	65360	154060	14166	101661
重 庆	4480725	973564	1007008	2744997	1298683	437046	2135295
四 川	7681639	924552	1824401	4925947	2184634	571059	3778671
贵 州	1015855	107002	48102	612534	239843	163479	291571
云 南	2961877	497483	209530	1666942	1072016	222919	1729602
西 藏	27319	1938		14402	12916		19343
陕 西	4282837	450643	907786	2975900	980752	326184	1544748
甘 肃	1012973	152716	68129	652801	275038	85133	531814
青 海	359180	16968	106770	156006	78462	124712	136484
宁 夏	317643	47688	17322	258570	52856	6217	244978
新 疆	1222524	97346	50963	508002	639655	74867	1104716

4-39 各地区专业承包建筑业企业房屋建筑面积

地区	房屋施工面积(万平方米)	#本年新开工	#实行投标承包面积	房屋竣工面积(万平方米)	房屋竣工率(%)
全国总计	**14597.6**	**7801.1**	**7383.1**	**7928.0**	**54.3**
北京	70.9	22.7	47.3	39.7	56.0
天津	120.3	13.3	33.9	49.0	40.7
河北	195.0	110.1	117.6	170.6	87.5
山西	143.2	64.4	15.5	55.4	38.7
内蒙古	14.5	10.9	14.5	40.3	278.5
辽宁	359.0	234.8	171.9	192.7	53.7
吉林	533.4	258.1	385.6	162.2	30.4
黑龙江	40.0	33.2	1.1	11.6	29.1
上海	336.3	189.2	168.9	113.5	33.8
江苏	621.2	267.9	417.1	269.0	43.3
浙江	3440.8	1937.8	2013.1	2241.2	65.1
安徽	326.4	217.6	184.3	247.6	75.9
福建	720.2	297.5	415.6	296.1	41.1
江西	390.6	226.1	175.6	194.2	49.7
山东	1442.3	925.0	599.3	789.4	54.7
河南	1321.2	499.4	393.3	566.3	42.9
湖北	777.9	452.0	431.7	494.1	63.5
湖南	233.1	131.2	153.1	119.7	51.3
广东	659.2	330.7	294.1	153.2	23.2
广西	114.4	36.1	68.7	72.7	63.6
海南	1.3	0.2		0.1	7.2
重庆	577.3	383.6	287.5	315.4	54.6
四川	1022.2	629.1	391.6	549.1	53.7
贵州	79.6	53.2	12.9	24.8	31.2
云南	329.1	187.1	163.8	293.1	89.1
西藏	3.0	2.4	2.4	2.4	80.2
陕西	370.2	153.6	213.8	149.3	40.3
甘肃	101.3	70.6	11.7	71.8	70.8
青海	22.5	20.2	0.6	7.8	34.9
宁夏	9.2	5.2	1.0	60.3	652.6
新疆	222.1	37.9	195.7	175.4	79.0

4-40 各地区按主要用途分的专业承包建筑业企业房屋竣工面积

单位：万平方米

地　区	总　计	住宅房屋	商业及服务用房屋			
				商厦房屋(批发和零售用房)	宾馆用房屋(住宿用房)	餐饮用房屋(餐饮用房)
全国总计	**7928.0**	**2112.1**	**320.3**	**117.0**	**53.2**	**33.5**
北　京	39.7	25.7	2.5	0.1	1.0	0.1
天　津	49.0	5.0	4.0	1.6		0.3
河　北	170.6	116.3	0.8			
山　西	55.4	6.9	7.3	0.7	0.2	0.0
内蒙古	40.3	9.7				
辽　宁	192.7	32.5	1.8	0.0	0.6	0.2
吉　林	162.2	77.3	38.6	6.5	13.0	6.0
黑龙江	11.6	6.9				
上　海	113.5	0.2	2.6	0.3		
江　苏	269.0	130.4	9.9	4.1	0.3	0.2
浙　江	2241.2	35.7	55.2	33.1	0.0	12.4
安　徽	247.6	61.2	7.4	6.3	0.1	0.0
福　建	296.1	21.0	0.8			
江　西	194.2	63.3	10.5	3.9	1.1	0.2
山　东	789.4	206.1	15.7	3.8	0.4	0.3
河　南	566.3	127.3	26.5	7.8	5.5	1.9
湖　北	494.1	213.3	17.8	1.7	9.0	2.9
湖　南	119.7	67.1	6.5	2.5	3.0	
广　东	153.2	50.6	10.3	4.0	2.2	1.7
广　西	72.7	44.0	9.4	2.0	0.0	
海　南	0.1		0.1			
重　庆	315.4	97.8	7.5	3.5	0.7	0.4
四　川	549.1	348.2	22.1	13.0	1.9	4.2
贵　州	24.8	5.4	2.6	1.0	0.1	
云　南	293.1	78.0	23.1	5.6	0.1	2.0
西　藏	2.4	0.6				
陕　西	149.3	135.5	3.4	1.8	0.7	0.4
甘　肃	71.8	17.8	7.6	2.1	0.5	0.4
青　海	7.8	0.2	0.1			
宁　夏	60.3					
新　疆	175.4	128.2	26.4	11.6	12.7	

4-40 续表 1

单位：万平方米

地　区	商务会展用房屋	其他商业及服务用房屋(居民服务业用房)	办公用房屋	科研、教育和医疗用房屋	科学研究用房屋	教育用房屋
全国总计	**26.7**	**89.8**	**433.3**	**169.2**	**9.4**	**123.3**
北　京	1.0	0.4	2.1	1.0	0.5	0.5
天　津		2.2	19.8			
河　北		0.8	0.3	1.7		1.7
山　西	0.1	6.2	1.5	0.1	0.0	0.1
内蒙古						
辽　宁	0.5	0.5	1.9	0.3		0.3
吉　林	8.0	5.1	16.5	11.9	3.0	7.8
黑龙江			1.3	0.1	0.0	0.1
上　海		2.3	0.5	2.1		2.1
江　苏		5.4	7.9	13.5		10.7
浙　江	4.1	5.7	26.9	22.2	0.4	9.4
安　徽	0.0	0.9	35.9	7.2	2.3	3.0
福　建		0.8	10.9	5.4	0.7	4.7
江　西	1.6	3.6	4.5	11.6	0.1	9.9
山　东	0.3	10.9	158.5	6.0	0.4	3.7
河　南	2.7	8.6	19.1	6.5	0.5	5.2
湖　北	0.6	3.6	28.9	24.5	0.0	21.6
湖　南		1.1	5.0	4.4		4.4
广　东	1.9	0.4	5.8	1.1	0.2	0.7
广　西	3.0	4.4	6.5	1.7	0.1	1.2
海　南		0.1				
重　庆	0.1	2.7	2.1	5.6	0.0	5.5
四　川	0.7	2.2	17.2	7.2	0.4	3.0
贵　州	0.8	0.6	3.6	5.0	0.4	4.5
云　南	0.2	15.1	34.3	14.2	0.1	9.0
西　藏				1.2		1.2
陕　西		0.5	5.4	1.6	0.1	1.4
甘　肃	1.1	3.4	16.3	11.6	0.2	11.3
青　海		0.1				
宁　夏						
新　疆		2.1	0.5	1.5		0.4

4-40 续表 2 单位：万平方米

地　区	医疗用房屋(卫生医疗用房)	文化、体育和娱乐用房屋	厂房及建筑物	#厂　房	仓　库	其他未列明的房屋建筑物
全国总计	**36.5**	**243.6**	**3707.7**	**2471.1**	**88.8**	**853.1**
北　京		1.5	5.3	0.3		1.5
天　津		0.1	13.4	4.0	0.0	6.6
河　北			43.3	28.8	1.6	6.6
山　西	0.0	0.9	37.8	27.0	0.1	0.9
内蒙古						30.6
辽　宁		0.2	71.9	41.2	0.2	84.1
吉　林	1.1	0.5	5.0	2.8	0.0	12.4
黑龙江	0.0	0.0	0.1		0.0	3.2
上　海			106.4	3.6	1.3	0.4
江　苏	2.8	9.2	81.6	56.4	4.4	12.1
浙　江	12.3	143.5	1695.6	1348.1	14.4	247.8
安　徽	2.0	4.5	123.3	72.1	3.3	4.8
福　建		7.6	240.6	74.4	9.5	0.2
江　西	1.7	40.8	58.6	43.2	1.4	3.5
山　东	1.9	3.8	365.5	243.5	18.1	15.7
河　南	0.8	3.1	340.0	165.9	28.3	15.5
湖　北	2.8	5.7	85.4	37.2	0.6	117.9
湖　南		2.6	34.0	24.6		0.1
广　东	0.3	2.5	47.5	22.3	0.0	35.4
广　西	0.4	0.2	10.3	3.5		0.7
海　南						
重　庆	0.1	4.6	59.7	28.9	0.0	138.1
四　川	3.8	2.5	119.6	109.6	2.8	29.6
贵　州	0.1		3.9	0.5		4.3
云　南	5.1	1.8	133.4	120.9	2.3	6.0
西　藏						0.6
陕　西	0.2		3.0	1.9	0.0	0.4
甘　肃	0.2	6.9	3.7	3.3	0.3	7.6
青　海		0.1	0.4			7.0
宁　夏			3.0			57.3
新　疆	1.1	1.2	15.4	7.0		2.1

4-41 各地区按主要用途分的专业承包建筑业企业房屋竣工价值

单位：万元

地区	总计	住宅房屋	商业及服务用房屋			
				商厦房屋(批发和零售用房)	宾馆用房屋(住宿用房)	餐饮用房屋(餐饮用房)
全国总计	**8353110**	**2835446**	**364408**	**108892**	**70807**	**27511**
北京	42688	15000	5898	38	2580	279
天津	23191	6668	4525	1689		652
河北	118650	62896	1384			
山西	30184	5568	3140	597	47	2
内蒙古	18519	13758				
辽宁	77526	10626	3320	129	200	76
吉林	207394	123824	27738	1483	7809	7990
黑龙江	20684	16638				
上海	88473	187	7884	408		
江苏	392609	211055	20604	4486	172	186
浙江	1735596	69805	30474	15846	26	2050
安徽	216781	73504	7367	5144	176	66
福建	280086	23461	801			
江西	170063	79301	13371	5629	2486	279
山东	1322950	226071	25201	3575	219	207
河南	442443	143964	27653	7941	7312	1984
湖北	778377	282567	25777	2750	11824	3215
湖南	170033	104088	11461	6211	2863	
广东	115398	55785	4639	1459	1122	853
广西	94633	63157	8657	1400	4	
海南	230		230			
重庆	209630	66296	9516	1407	224	970
四川	761684	554040	21256	6974	2705	6861
贵州	27537	7269	5564	2332	400	
云南	261860	113979	24772	5166	16	1063
西藏	5200	1500				
陕西	242434	221447	4616	2835	975	111
甘肃	117209	28260	5282	1321	532	668
青海	12921	147	265			
宁夏	4065					
新疆	364061	254586	63014	30075	29115	

4-41 续表 1

单位：万元

地区	商务会展用房屋	其他商业及服务用房屋(居民服务业用房)	办公用房屋	科研、教育和医疗用房屋	科学研究用房屋	教育用房屋
全国总计	**29911**	**127287**	**1055268**	**267438**	**19337**	**198347**
北京	2687	313	4652	1865	1147	718
天津		2184	2373			
河北		1384	499	2935		2935
山西	213	2282	1202	155	2	75
内蒙古						
辽宁	2136	779	2810	46		46
吉林	9000	1457	16218	18584	12000	2826
黑龙江			1205	40	1	37
上海		7477	658	4560		4560
江苏		15759	16663	22467		18497
浙江	4367	8186	31766	26339	438	15591
安徽	0	1980	32312	4972	1374	719
福建		801	11774	14495	1832	12664
江西	1576	3401	4588	18729	75	17344
山东	327	20874	758368	5907	185	3924
河南	1802	8614	18757	7336	430	6558
湖北	141	7847	49376	50676	3	45201
湖南		2387	13655	12058		12058
广东	975	230	5218	1533	456	754
广西	2541	4712	6604	3801	260	2928
海南		230				
重庆	113	6803	3926	4830	52	4676
四川	816	3901	22295	10478	211	4302
贵州	1621	1211	3245	5343	432	4771
云南	454	18072	7574	18706	101	8878
西藏				2500		2500
陕西		696	11809	1978	148	1609
甘肃	1142	1620	26605	23607	191	23071
青海		265				
宁夏						
新疆		3824	1120	3500		1106

4-41 续表 2

单位：万元

地　区	医疗用房屋（卫生医疗用房）	文化、体育和娱乐用房屋	厂房及建筑物	#厂　房	仓　库	其他未列明的房屋建筑物
全国总计	**49754**	**278812**	**2713464**	**1698799**	**52129**	**786145**
北　京		6196	4310	310		4768
天　津		144	8768	2152	4	711
河　北			36978	25527	462	13497
山　西	78	930	16977	12464	34	2178
内蒙古						4761
辽　宁		156	48414	25245	317	11837
吉　林	3759	641	11236	8117	126	9028
黑龙江	2	1	46		3	2750
上　海			71958	4482	2540	685
江　苏	3970	19775	91976	50945	2857	7211
浙　江	10309	162963	1145682	852682	8727	259841
安　徽	2879	8163	66290	33281	1093	23081
福　建		6320	218691	48579	4315	229
江　西	1310	13389	35008	26804	857	4821
山　东	1799	10848	250132	168724	11775	34648
河　南	347	3674	215387	100581	16000	9673
湖　北	5472	15684	103432	39496	110	250757
湖　南		5101	23492	15730		179
广　东	323	4660	36671	19333	51	6843
广　西	613	430	11126	3114		859
海　南						
重　庆	102	2660	72102	58125	12	50288
四　川	5966	1443	115536	100068	1049	35587
贵　州	140		2407	1090		3709
云　南	9727	1151	80555	70676	1259	13865
西　藏						1200
陕　西	222		2360	1585	42	182
甘　肃	345	13877	2026	1664	495	17057
青　海		190	776			11544
宁　夏			1441			2624
新　疆	2394	418	39689	28025		1734

4-42 各地区专业承包建筑业企业主要生产效益指标

地　区	建筑业企业个数（个）	从事建筑业活动的平均人数（人）	按总产值计算的劳动生产率（元/人）	人均竣工产值（元/人）	人均施工面积（平方米/人）	人均竣工面积（平方米/人）
全国总计	**30994**	**5658692**	**316133**	**185396**	**25.8**	**14.0**
北　京	1935	308114	425004	223446	2.3	1.3
天　津	998	111182	462281	229154	10.8	4.4
河　北	737	103080	307733	188612	18.9	16.6
山　西	1250	132187	244507	126251	10.8	4.2
内蒙古	157	26357	261959	159539	5.5	15.3
辽　宁	2898	258848	284110	160732	13.9	7.4
吉　林	890	104007	231597	181240	51.3	15.6
黑龙江	500	79261	271524	210999	5.0	1.5
上　海	1390	234010	418421	214719	14.4	4.9
江　苏	3588	951706	260833	205968	6.5	2.8
浙　江	2020	497427	347908	205771	69.2	45.1
安　徽	898	161184	348266	202304	20.2	15.4
福　建	1137	252030	269003	160804	28.6	11.7
江　西	310	77177	408229	231514	50.6	25.2
山　东	1942	312116	302177	169825	46.2	25.3
河　南	2247	349451	259040	166069	37.8	16.2
湖　北	1163	207718	341216	205199	37.5	23.8
湖　南	474	160710	264532	180819	14.5	7.4
广　东	1829	492017	399094	186962	13.4	3.1
广　西	271	40816	275841	165032	28.0	17.8
海　南	42	4535	515075	224170	2.8	0.2
重　庆	901	184440	242937	115772	31.3	17.1
四　川	1057	233779	328586	161634	43.7	23.5
贵　州	178	32441	313139	89877	24.5	7.6
云　南	815	122364	242055	141349	26.9	24.0
西　藏	17	1838	148632	105241	16.3	13.1
陕　西	415	106983	400329	144392	34.6	14.0
甘　肃	377	35141	288259	151337	28.8	20.4
青　海	107	18822	190830	72513	11.9	4.2
宁　夏	138	11776	269737	208031	7.9	51.2
新　疆	313	47175	259147	234174	47.1	37.2

4-43 各地区专业承包建筑业企业资产构成

单位：万元

地区	资产合计	流动资产合计	#存货	非流动资产合计	#固定资产合计
全国总计	**208525836**	**169311098**	**28406769**	**39214738**	**18120875**
北京	19540608	16475007	2077417	3065602	1031643
天津	8428656	5765739	982515	2662918	1172803
河北	4388040	3401356	667061	986684	499379
山西	4893891	4079480	492188	814412	557322
内蒙古	1336235	883516	116710	452719	140807
辽宁	12876648	10242010	1529471	2634638	1218929
吉林	3619353	2909184	314596	710169	324391
黑龙江	2267317	1821391	259953	445926	183538
上海	11309470	10027211	2025041	1282259	696020
江苏	25601019	20705891	3230355	4895128	2275739
浙江	16881905	13531956	2996811	3349948	1578432
安徽	5500816	4393558	666013	1107258	532895
福建	6610033	5380349	999675	1229685	590404
江西	2272942	1778492	411245	494450	215690
山东	10965718	8760963	1634211	2204755	1259077
河南	9060863	6831180	1001938	2229683	1142469
湖北	7307988	6058019	1140868	1249970	785466
湖南	3205097	2656168	415994	548930	333457
广东	25841247	21944372	3932150	3896874	1106540
广西	1188917	1018935	158945	169982	86629
海南	314949	248368	31069	66581	18849
重庆	5576064	4823344	844476	752721	456330
四川	6700665	5486857	1018310	1213809	572542
贵州	1600296	996784	145361	603512	86571
云南	3272212	2566311	336918	705901	411568
西藏	57269	43492	4921	13777	8002
陕西	3867311	3241267	591711	626045	330791
甘肃	1504751	1232429	166365	272322	172022
青海	356266	265498	27404	90769	48781
宁夏	535561	419138	83239	116423	83031
新疆	1643725	1322835	103839	320891	200758

4-44 各地区专业承包建筑业企业固定资产情况

单位：万元

地　区	固定资产合　计	固定资产原　价	固定资产折　旧	#本年折旧	在建工程
全国总计	**18120875**	**26784630**	**12269296**	**1587798**	**1807944**
北　京	1031643	1702161	827128	6717	163698
天　津	1172803	2044187	967480	95936	52582
河　北	499379	671586	312869	39092	85510
山　西	557322	836057	388095	50925	74172
内蒙古	140807	209967	95360	11098	8925
辽　宁	1218929	1817749	906644	106239	101846
吉　林	324391	490972	227553	34329	29385
黑龙江	183538	294604	142390	16218	11534
上　海	696020	1125206	536836	63476	44356
江　苏	2275739	3202183	1404828	220672	191339
浙　江	1578432	2550580	1181555	166866	132619
安　徽	532895	709585	309110	42839	44488
福　建	590404	906395	404767	59334	49795
江　西	215690	276781	125631	20692	29591
山　东	1259077	1791346	746385	120125	95396
河　南	1142469	1340163	469777	84390	110021
湖　北	785466	1031781	464494	68255	142644
湖　南	333457	498211	224439	36294	24865
广　东	1106540	1696783	822476	100619	103047
广　西	86629	152190	84778	11122	13400
海　南	18849	25701	13443	1684	5798
重　庆	456330	686995	301717	48368	38751
四　川	572542	853128	427230	49192	82187
贵　州	86571	93456	47782	11529	27454
云　南	411568	596022	288896	51528	45953
西　藏	8002	10211	3558	460	735
陕　西	330791	413381	199791	24845	50198
甘　肃	172022	242343	109462	12063	20198
青　海	48781	72761	32255	3413	4593
宁　夏	83031	111685	45440	6661	8507
新　疆	200758	330461	157127	22819	14358

4-45 各地区专业承包建筑业企业负债及所有者权益

单位：万元

地区	负债合计	#流动负债	#应付账款	所有者权益	#实收资本
全国总计	**126244423**	**117341979**	**45342564**	**82176859**	**46510093**
北京	13982826	13577120	5832726	5557783	4025650
天津	4459156	4131680	1905030	3969390	2907785
河北	2358986	2247713	868213	2029054	998094
山西	3055984	2941993	1412037	1837907	1345401
内蒙古	662967	610266	251477	673269	211665
辽宁	7706195	6843769	1878993	5108867	2720297
吉林	1882162	1736731	622099	1737191	971834
黑龙江	1084064	980290	375958	1183253	575985
上海	7402166	7178738	3207876	3897313	2130118
江苏	14087930	13322966	5787676	11500888	5369301
浙江	10229019	9495728	3505444	6652885	3439269
安徽	3194500	2888781	908848	2297239	1180212
福建	3331536	3084147	1006278	3270970	2089417
江西	1256779	1134060	443814	1016163	575246
山东	6727318	5992159	2219521	4238400	2227910
河南	4399061	3913230	1437431	4660798	3693472
湖北	4547033	4240094	1775164	2760955	1577362
湖南	1967111	1801721	681109	1237486	728153
广东	16676403	15036942	5160195	9163292	3911306
广西	702029	646106	214288	486887	338054
海南	187556	134282	31645	127393	92500
重庆	3855638	3694770	1379599	1720426	907654
四川	4381671	4055592	1461282	2317988	1320043
贵州	1168592	1112390	361439	431705	287206
云南	1918851	1795562	549718	1353361	892217
西藏	32492	30126	6583	24778	20417
陕西	2612435	2526637	1062804	1254876	829974
甘肃	855720	751805	307523	649031	420168
青海	202477	174167	87701	153790	113132
宁夏	264154	256928	122644	271407	174766
新疆	1051612	1005488	477452	592114	435487

4-46 各地区专业承包建筑业企业实收资本

单位：万元

地区	合计	国家资本	集体资本	法人资本	个人资本	港澳台资本	外商资本
全国总计	**46510093**	**3822348**	**2175949**	**14743760**	**24985203**	**522631**	**260202**
北京	4025650	401830	42608	1402694	2065859	56110	56550
天津	2907785	340696	44184	409137	2096617	6643	10508
河北	998094	57391	56454	292217	588318	3315	400
山西	1345401	79139	37668	537898	690296		400
内蒙古	211665	25020	20176	56396	110073		
辽宁	2720297	229058	207862	769349	1274320	224765	14944
吉林	971834	51361	52187	276363	590493	1417	14
黑龙江	575985	59729	103635	157735	252078	1902	905
上海	2130118	193069	55545	876426	898129	73280	33669
江苏	5369301	221514	179227	1653048	3176676	34112	104724
浙江	3439269	84082	148024	1133323	2055725	13795	4321
安徽	1180212	133654	86581	324259	634217	1501	1
福建	2089417	163521	89967	541362	1276995	16708	864
江西	575246	46236	79009	190595	258139	1266	
山东	2227910	113047	217565	701023	1187270	2133	6872
河南	3693472	95403	147890	1694371	1754027	407	1375
湖北	1577362	299974	84290	302342	871176	19540	39
湖南	728153	101447	55611	180953	389412	729	
广东	3911306	365718	143644	1390565	1931295	61403	18682
广西	338054	47268	17778	113036	159973		
海南	92500	83	16560	26271	49586		
重庆	907654	82820	41930	325456	455499	639	1310
四川	1320043	179329	72650	346974	717525	1894	1672
贵州	287206	100454	24257	58510	103985		
云南	892217	76689	31271	333161	451096		
西藏	20417	612	917	10243	8645		
陕西	829974	140289	23071	306462	357043	614	2495
甘肃	420168	59591	32905	143045	183864	400	363
青海	113132	9389	12544	37199	54000		
宁夏	174766	23386		16148	135232		
新疆	435487	40550	49941	137201	207643	60	94

4-47 各地区专业承包建筑业企业收入情况

单位：万元

地区	主营业务收入	#主营业务成本	#主营业务税金及附加	其他业务收入	#其他业务成本	#其他业务利润
全国总计	**183740537**	**157554212**	**3418130**	**3487587**	**3850266**	**348291**
北京	16859474	14957103	207784	199577	137412	58790
天津	4708515	4056945	57162	230089	304550	12996
河北	3418202	2938028	73785	108179	122675	8101
山西	3269793	2823212	58681	87204	67296	6816
内蒙古	762485	634635	15466	16987	13166	1930
辽宁	7632525	6402894	135225	495779	365988	12289
吉林	2455073	1972668	56738	66246	116495	8135
黑龙江	1711750	1401760	34870	19211	30751	948
上海	11787071	10378434	162902	98938	95271	13647
江苏	25270556	21612514	559626	255248	229089	35302
浙江	15747921	13716863	253851	152758	117656	38015
安徽	5376950	4456892	115670	53283	143107	6741
福建	6600294	5668366	145102	73440	58230	7809
江西	3124734	2679976	102219	97277	125413	2187
山东	9544053	8038218	179584	143119	248066	16960
河南	8426511	6648348	263385	222774	244997	14433
湖北	7202147	6145129	151982	145875	144878	8720
湖南	4360028	3810258	108837	37031	28855	4146
广东	21793509	18787513	307051	296493	389780	37256
广西	1293080	1113597	26633	47118	48225	3218
海南	253755	217937	4190	4666	2214	1586
重庆	4480653	3897925	69251	297994	271833	13355
四川	6354380	5569306	126712	125429	161595	13738
贵州	1127655	976970	15145	19741	19619	1415
云南	2606104	2142139	48428	84623	119971	8434
西藏	31448	24868	512	1056	1000	56
陕西	4157626	3592430	82713	8399	103157	1663
甘肃	1156461	961001	25000	38495	47103	2060
青海	431334	384268	6394	14482	16519	902
宁夏	373880	329470	5921	16527	11432	3168
新疆	1422572	1214546	17312	29550	63924	3477

4-48 各地区专业承包建筑业企业费用情况

单位：万元

地区	管理费用	#税金	销售费用	财务费用	#利息收入	#利息支出
全国总计	**10861232**	**431927**	**1909457**	**1132961**	**144167**	**914715**
北京	1025577	14439	305462	60978	24466	72910
天津	371828	9824	46497	13115	5015	14975
河北	184826	7269	20491	23093	3061	16626
山西	239502	7221	37171	11916	2674	10220
内蒙古	65460	2777	2757	2975	-20	1333
辽宁	745694	37423	72523	75117	904	21451
吉林	189179	10609	14990	21948	589	6648
黑龙江	110923	4197	14728	6581	1011	7078
上海	748665	16498	124600	31662	7671	22773
江苏	1327985	55728	269472	140767	13142	108090
浙江	848335	36163	129422	153893	9386	191342
安徽	319561	13789	75663	31242	4802	17352
福建	423604	19876	71899	34524	7220	21568
江西	132483	16552	17700	11352	461	8099
山东	519124	25354	83552	71819	6002	50873
河南	502134	44189	110760	57030	2923	25155
湖北	389005	16881	77306	56389	5013	36989
湖南	222990	6768	26710	10685	1791	8374
广东	1160375	30117	214031	166217	17516	150595
广西	90033	2015	11931	6476	973	4277
海南	14194	1482	1016	1128	5	879
重庆	266220	17541	37564	36610	8284	28255
四川	296785	10603	51935	37313	12010	35041
贵州	61080	1604	2694	16345	3425	15932
云南	203515	7621	43068	28580	1220	16259
西藏	3444	71	110	60	2	4
陕西	184181	5440	21669	7643	2233	7203
甘肃	72347	3908	11477	7639	1013	5912
青海	25126	973	1773	1559	154	961
宁夏	28347	1130	2016	3383	67	2110
新疆	88712	3866	8470	4923	1155	5432

4-49 各地区专业承包建筑业企业利润及税金情况

单位：万元

地区	利润总额	#应交所得税	税金总额	主营业务税金及附加	管理费用中的税金	应交增值税
全国总计	**8575728**	**1836754**	**6234690**	**3418130**	**431927**	**2384633**
北京	383101	92586	508315	207784	14439	286092
天津	119442	33650	120922	57162	9824	53936
河北	228988	39642	120169	73785	7269	39114
山西	125292	28433	99876	58681	7221	33975
内蒙古	35610	9430	25121	15466	2777	6878
辽宁	351145	83067	262160	135225	37423	89512
吉林	157004	39570	96161	56738	10609	28813
黑龙江	129394	24150	54487	34870	4197	15421
上海	352146	76046	305582	162902	16498	126182
江苏	1351323	283403	904871	559626	55728	289518
浙江	667740	152696	480233	253851	36163	190219
安徽	305401	55120	210303	115670	13789	80845
福建	270723	73388	244295	145102	19876	79317
江西	145253	37672	157340	102219	16552	38569
山东	547370	114012	313117	179584	25354	108180
河南	798421	163949	425871	263385	44189	118298
湖北	385291	87510	266033	151982	16881	97170
湖南	189564	39972	160827	108837	6768	45221
广东	1056661	219429	660363	307051	30117	323194
广西	41953	10525	46338	26633	2015	17690
海南	16674	4979	10285	4190	1482	4613
重庆	218649	34511	167235	69251	17541	80443
四川	219718	49823	198408	126712	10603	61094
贵州	51213	5088	38006	15145	1604	21256
云南	113619	21293	91761	48428	7621	35712
西藏	2506	283	978	512	71	396
陕西	165993	26408	142051	82713	5440	53898
甘肃	68598	10636	46371	25000	3908	17462
青海	14109	1681	15004	6394	973	7637
宁夏	9340	6311	13701	5921	1130	6650
新疆	53491	11493	48508	17312	3866	27330

4-50 各地区专业承包建筑业企业应收工程款及企业亏损情况

地　区	应收工程款(万元)	企业个数(个)	#亏损企业个数	亏损企业的比重(%)
全国总计	**60001407**	**30994**	**5746**	**18.5**
北　京	5396252	1935	441	22.8
天　津	2042595	998	243	24.3
河　北	1134652	737	108	14.7
山　西	1462647	1250	308	24.6
内蒙古	301730	157	34	21.7
辽　宁	3100230	2898	672	23.2
吉　林	1089001	890	160	18.0
黑龙江	562210	500	139	27.8
上　海	3404056	1390	327	23.5
江　苏	9426868	3588	311	8.7
浙　江	4706870	2020	341	16.9
安　徽	1435496	898	120	13.4
福　建	1596744	1137	193	17.0
江　西	643714	310	47	15.2
山　东	2997001	1942	295	15.2
河　南	2153665	2247	318	14.2
湖　北	2142709	1163	198	17.0
湖　南	931727	474	67	14.1
广　东	7973667	1829	363	19.8
广　西	285472	271	53	19.6
海　南	94090	42	12	28.6
重　庆	1614255	901	167	18.5
四　川	1841962	1057	202	19.1
贵　州	225885	178	45	25.3
云　南	875363	815	225	27.6
西　藏	11427	17	4	23.5
陕　西	1256525	415	81	19.5
甘　肃	405314	377	100	26.5
青　海	127390	107	39	36.4
宁　夏	163518	138	47	34.1
新　疆	598373	313	86	27.5

4-51 各地区专业承包建筑业企业主要经济效益指标

地区	产值利润率(%)	产值利税率(%)	资本利润率(%)	资本利税率(%)	人均利润(元/人)	人均利税(元/人)	资产负债率(%)
全国总计	**4.8**	**8.3**	**18.4**	**31.8**	**15155**	**26173**	**60.5**
北京	2.9	6.8	9.5	22.1	12434	28931	71.6
天津	2.3	4.7	4.1	8.3	10743	21619	52.9
河北	7.2	11.0	22.9	35.0	22215	33872	53.8
山西	3.9	7.0	9.3	16.7	9478	17034	62.4
内蒙古	5.2	8.8	16.8	28.7	13511	23042	49.6
辽宁	4.8	8.3	12.9	22.5	13566	23694	59.8
吉林	6.5	10.5	16.2	26.1	15096	24341	52.0
黑龙江	6.0	8.5	22.5	31.9	16325	23199	47.8
上海	3.6	6.7	16.5	30.9	15048	28107	65.5
江苏	5.4	9.1	25.2	42.0	14199	23707	55.0
浙江	3.9	6.6	19.4	33.4	13424	23078	60.6
安徽	5.4	9.2	25.9	43.7	18947	31995	58.1
福建	4.0	7.6	13.0	24.6	10742	20435	50.4
江西	4.6	9.6	25.3	52.6	18821	39208	55.3
山东	5.8	9.1	24.6	38.6	17537	27569	61.3
河南	8.8	13.5	21.6	33.1	22848	35035	48.6
湖北	5.4	9.2	24.4	41.3	18549	31356	62.2
湖南	4.5	8.2	26.0	48.1	11795	21803	61.4
广东	5.4	8.7	27.0	43.9	21476	34898	64.5
广西	3.7	7.8	12.4	26.1	10278	21631	59.0
海南	7.1	11.5	18.0	29.1	36766	59446	59.6
重庆	4.9	8.6	24.1	42.5	11855	20922	69.1
四川	2.9	5.4	16.6	31.7	9399	17886	65.4
贵州	5.0	8.8	17.8	31.1	15787	27502	73.0
云南	3.8	6.9	12.7	23.0	9285	16784	58.6
西藏	9.2	12.8	12.3	17.1	13632	18953	56.7
陕西	3.9	7.2	20.0	37.1	15516	28794	67.6
甘肃	6.8	11.3	16.3	27.4	19521	32716	56.9
青海	3.9	8.1	12.5	25.7	7496	15468	56.8
宁夏	2.9	7.3	5.3	13.2	7931	19566	49.3
新疆	4.4	8.3	12.3	23.4	11339	21621	64.0

4-52 各地区按资质等级划分的专业承包建筑业企业单位数

单位：个

地区	合计			
		一级	二级	三级及以下
全国总计	**30994**	**3978**	**9396**	**17620**
北京	1935	374	536	1025
天津	998	120	254	624
河北	737	102	225	410
山西	1250	56	389	805
内蒙古	157	14	54	89
辽宁	2898	228	561	2109
吉林	890	69	211	610
黑龙江	500	73	215	212
上海	1390	225	367	798
江苏	3588	456	953	2179
浙江	2020	353	518	1149
安徽	898	94	290	514
福建	1137	152	490	495
江西	310	44	109	157
山东	1942	186	627	1129
河南	2247	265	892	1090
湖北	1163	169	448	546
湖南	474	58	112	304
广东	1829	336	481	1012
广西	271	39	76	156
海南	42	16	16	10
重庆	901	131	264	506
四川	1057	112	412	533
贵州	178	13	63	102
云南	815	75	297	443
西藏	17	1	10	6
陕西	415	138	155	122
甘肃	377	34	173	170
青海	107	3	39	65
宁夏	138	10	82	46
新疆	313	32	77	204

4-53 各地区按资质等级划分的专业承包建筑业企业从业人员

单位：人

地区	合计	一级	二级	三级及以下
全国总计	**5025435**	**1983857**	**1430754**	**1610824**
北京	179592	94158	35490	49944
天津	99131	31220	23029	44882
河北	98582	31814	26373	40395
山西	103205	21051	35994	46160
内蒙古	20652	3722	7471	9459
辽宁	245233	55768	66450	123015
吉林	75751	13292	20515	41944
黑龙江	49966	9178	22608	18180
上海	203161	99107	51272	52782
江苏	731582	343089	167292	221201
浙江	501913	294302	102304	105307
安徽	156371	48980	64759	42632
福建	247077	102072	69492	75513
江西	69636	20856	22230	26550
山东	273928	79346	93899	100683
河南	336205	121508	116210	98487
湖北	249876	52612	140408	56856
湖南	141107	33508	50685	56914
广东	480250	320069	68782	91399
广西	40339	10960	12306	17073
海南	4593	2556	1576	461
重庆	185289	42132	41834	101323
四川	211319	56817	77496	77006
贵州	32720	8905	12106	11709
云南	107107	28918	29119	49070
西藏	1642	8	1195	439
陕西	90185	36947	39963	13275
甘肃	34474	9353	11448	13673
青海	13300	1643	5630	6027
宁夏	7261	1629	3554	2078
新疆	33988	8337	9264	16387

4-54 各地区按资质等级划分的专业承包企业建筑业总产值

单位：万元

地　区	合计	一级	二级	三级及以下
全国总计	**178889758**	**90872899**	**42045328**	**45971531**
北　京	13094958	9045371	2109232	1940354
天　津	5139730	2340760	1289569	1509402
河　北	3172116	1383018	825770	963328
山　西	3232065	762230	1364469	1105366
内蒙古	690446	170140	248033	272273
辽　宁	7354141	2544067	1679028	3131046
吉　林	2408772	523535	728592	1156645
黑龙江	2152123	253865	1073403	824855
上　海	9791461	6037341	1779274	1974846
江　苏	24823596	13739781	5324989	5758827
浙　江	17305863	11147731	2787107	3371025
安　徽	5613496	2199388	1821490	1592618
福　建	6779683	2994349	1887838	1897497
江　西	3150588	1558520	1069540	522528
山　东	9431443	3594699	2717642	3119101
河　南	9052186	3520853	2703359	2827975
湖　北	7087676	3626462	1618460	1842754
湖　南	4251296	1377252	1335714	1538330
广　东	19636093	13723814	2642412	3269867
广　西	1125871	407630	352413	365828
海　南	233587	84117	130705	18765
重　庆	4480725	1795842	1127483	1557400
四　川	7681639	3232534	2114767	2334338
贵　州	1015855	348042	421927	245886
云　南	2961877	1149351	683665	1128861
西　藏	27319	11	23240	4068
陕　西	4282837	2342710	1283900	656226
甘　肃	1012973	339366	302842	370764
青　海	359180	140990	108819	109371
宁　夏	317643	94587	137485	85571
新　疆	1222524	394547	352160	475817

4-55 各地区按资质等级划分的专业承包建筑业企业签订合同额

单位：万元

地区	合计	一级	二级	三级及以下
全国总计	**252880274**	**139898595**	**54779823**	**58201856**
北京	18061059	12535837	3026453	2498770
天津	6466966	3067588	1575501	1823877
河北	4216448	2209604	1001966	1004879
山西	4677139	1737720	1739949	1199470
内蒙古	942140	270738	301000	370402
辽宁	10094292	4344287	2101494	3648510
吉林	2962368	656704	951940	1353724
黑龙江	2523534	437130	1220206	866198
上海	13637028	9036326	2097706	2502996
江苏	30070010	17892730	6162248	6015032
浙江	23113565	14885276	3685722	4542567
安徽	7282539	2959775	2357431	1965334
福建	10088759	4287826	2655455	3145478
江西	4223125	2530135	1078063	614926
山东	11564555	4706232	3489167	3369157
河南	11059876	4518420	3324119	3217336
湖北	11487072	5935393	2206096	3345584
湖南	6888327	2826584	1851047	2210696
广东	34687156	25188799	4298126	5200232
广西	1892078	823589	590435	478054
海南	288698	125128	124382	39188
重庆	7653212	3902420	1609910	2140882
四川	13202198	7515866	2941086	2745246
贵州	1494505	408006	719744	366756
云南	4100057	1670531	916455	1513071
西藏	42178	141	36102	5935
陕西	6184595	4095046	1493383	596165
甘肃	1317190	377455	409679	530056
青海	430815	141054	119824	169937
宁夏	404895	111211	171138	122546
新疆	1823896	701046	523997	598853

4-56 各地区按资质等级划分的专业承包建筑业企业竣工产值

单位：万元

地区	合计	一级	二级	三级及以下
全国总计	**104910013**	**48955435**	**26731312**	**29223266**
北京	6884681	4690581	1074549	1119552
天津	2547777	778355	829681	939741
河北	1944214	707210	679168	557836
山西	1668868	349092	542328	777448
内蒙古	420498	45168	226129	149201
辽宁	4160517	1143641	1079991	1936885
吉林	1885024	352146	604407	928471
黑龙江	1672403	176524	893071	602808
上海	5024637	2701880	971514	1351243
江苏	19602092	10755143	4258912	4588037
浙江	10235581	6177020	1733078	2325483
安徽	3260815	1197788	1089467	973560
福建	4052739	1596135	1230871	1225733
江西	1786756	869352	570019	347385
山东	5300501	1700181	1702355	1897966
河南	5803288	2459497	1780136	1563654
湖北	4262351	2166802	1188352	907198
湖南	2905947	879720	900985	1125243
广东	9198846	5913894	1518685	1766267
广西	673595	191779	255477	226339
海南	101661	57529	36298	7834
重庆	2135295	799323	561158	774815
四川	3778671	1081735	1261904	1435032
贵州	291571	30709	182436	78426
云南	1729602	571328	451118	707155
西藏	19343	11	16123	3210
陕西	1544748	1019938	287869	236941
甘肃	531814	196851	126568	208395
青海	136484	37254	29961	69268
宁夏	244978	81716	117202	46060
新疆	1104716	227135	531499	346083

4-57 各地区按资质等级划分的专业承包建筑业企业房屋施工面积

单位：万平方米

地 区	合计	一级	二级	三级及以下
全国总计	**14597.6**	**6003.7**	**4296.1**	**4297.8**
北 京	70.9	29.1	32.9	8.9
天 津	120.3	10.2	55.9	54.2
河 北	195.0	45.3	72.4	77.2
山 西	143.2	6.9	90.1	46.2
内蒙古	14.5		13.2	1.3
辽 宁	359.0	91.0	119.8	148.2
吉 林	533.4	0.0	94.7	438.8
黑龙江	40.0	2.0	31.3	6.7
上 海	336.3	233.8	65.3	37.2
江 苏	621.2	207.2	69.3	344.7
浙 江	3440.8	2493.6	548.0	399.2
安 徽	326.4	121.2	114.5	90.7
福 建	720.2	584.7	111.0	24.5
江 西	390.6	3.3	331.3	56.0
山 东	1442.3	468.2	531.8	442.3
河 南	1321.2	657.5	367.7	296.0
湖 北	777.9	270.4	262.6	244.9
湖 南	233.1	1.5	55.2	176.5
广 东	659.2	115.0	204.5	339.7
广 西	114.4	60.9	44.4	9.2
海 南	1.3	1.3		
重 庆	577.3	42.3	179.5	355.6
四 川	1022.2	311.4	326.4	384.3
贵 州	79.6	2.0	28.7	48.9
云 南	329.1	80.3	110.5	138.3
西 藏	3.0		2.5	0.5
陕 西	370.2	125.8	202.4	42.0
甘 肃	101.3	35.4	32.0	34.0
青 海	22.5		20.9	1.5
宁 夏	9.2			9.2
新 疆	222.1	3.5	177.4	41.2

4-58 各地区按资质等级划分的专业承包建筑业企业房屋竣工面积

单位：万平方米

地 区	合计	一级	二级	三级及以下
全国总计	**7928.0**	**3222.7**	**2438.2**	**2267.1**
北 京	39.7	2.2	33.3	4.1
天 津	49.0	5.9	9.2	33.8
河 北	170.6	80.4	51.7	38.5
山 西	55.4	1.1	21.1	33.2
内蒙古	40.3		39.0	1.3
辽 宁	192.7	27.3	34.1	131.4
吉 林	162.2	26.0	22.5	113.6
黑龙江	11.6		8.0	3.6
上 海	113.5	95.5	9.6	8.4
江 苏	269.0	68.8	50.7	149.4
浙 江	2241.2	1640.8	385.0	215.4
安 徽	247.6	96.6	85.0	66.0
福 建	296.1	219.5	64.1	12.5
江 西	194.2	3.3	150.2	40.7
山 东	789.4	322.5	225.5	241.4
河 南	566.3	117.1	247.3	201.9
湖 北	494.1	158.8	161.7	173.6
湖 南	119.7		35.5	84.2
广 东	153.2	13.8	55.5	84.0
广 西	72.7	36.6	29.3	6.9
海 南	0.1	0.1		
重 庆	315.4	24.7	72.6	218.0
四 川	549.1	102.9	228.0	218.1
贵 州	24.8		3.1	21.8
云 南	293.1	114.8	82.1	96.2
西 藏	2.4		2.4	
陕 西	149.3	26.1	102.9	20.3
甘 肃	71.8	34.4	12.2	25.1
青 海	7.8		6.6	1.2
宁 夏	60.3		57.3	3.0
新 疆	175.4	3.5	152.6	19.3

4-59 各地区按资质等级划分的专业承包建筑业企业实收资本

单位：万元

地区	合计	一级	二级	三级及以下
全国总计	**46510093**	**16733575**	**12858745**	**16917773**
北京	4025650	2149271	810853	1065527
天津	2907785	826015	407170	1674600
河北	998094	299174	290349	408571
山西	1345401	136332	453214	755855
内蒙古	211665	45239	80890	85536
辽宁	2720297	821509	630340	1268448
吉林	971834	250926	261438	459471
黑龙江	575985	107128	274175	194682
上海	2130118	916356	472912	740851
江苏	5369301	1912028	1408806	2048467
浙江	3439269	1632632	788930	1017707
安徽	1180212	380441	399119	400651
福建	2089417	505495	731901	852021
江西	575246	157775	240537	176934
山东	2227910	458086	798327	971497
河南	3693472	1762747	1064972	865753
湖北	1577362	558890	530539	487933
湖南	728153	147941	238967	341245
广东	3911306	1903777	905829	1101701
广西	338054	82376	132392	123287
海南	92500	36711	43189	12600
重庆	907654	318824	299774	289056
四川	1320043	358513	538118	423412
贵州	287206	114680	81292	91234
云南	892217	221434	277133	393650
西藏	20417	50	16312	4055
陕西	829974	428974	246089	154911
甘肃	420168	77445	186039	156684
青海	113132	7577	46261	59294
宁夏	174766	40711	84021	50034
新疆	435487	74523	118858	242107

4-60 各地区按资质等级划分的专业承包建筑业企业资产

单位：万元

地区	合计	一级	二级	三级及以下
全国总计	**208525836**	**98346942**	**52288643**	**57890251**
北京	19540608	12522246	3581771	3436592
天津	8428656	4022124	1573952	2832580
河北	4388040	1997823	1241109	1149108
山西	4893891	967898	1902884	2023109
内蒙古	1336235	469106	399653	467477
辽宁	12876648	4662865	3634521	4579263
吉林	3619353	989202	1087866	1542285
黑龙江	2267317	341150	1052012	874155
上海	11309470	6258755	2133559	2917156
江苏	25601019	12910146	5553245	7137629
浙江	16881905	10275056	2939864	3666985
安徽	5500816	2267783	1594538	1638495
福建	6610033	1984499	2325476	2300058
江西	2272942	894590	839482	538870
山东	10965718	3647907	3823914	3493898
河南	9060863	3489558	3078122	2493183
湖北	7307988	3647517	1844183	1816288
湖南	3205097	966895	1054922	1183280
广东	25841247	15682166	4347304	5811777
广西	1188917	320352	391141	477423
海南	314949	108102	138215	68631
重庆	5576064	2249230	1899327	1427508
四川	6700665	2824641	1953645	1922379
贵州	1600296	577646	444428	578223
云南	3272212	1045193	995050	1231969
西藏	57269	139	36328	20803
陕西	3867311	2278352	1030185	558774
甘肃	1504751	414087	525642	565022
青海	356266	41513	131035	183718
宁夏	535561	112365	268806	154391
新疆	1643725	378036	466468	799221

4-61 各地区按资质等级划分的专业承包建筑业企业所有者权益

单位：万元

地区	合计	一级	二级	三级及以下
全国总计	**82176859**	**34266603**	**21900623**	**26009634**
北京	5557783	3220041	1096018	1241724
天津	3969390	2266416	611579	1091395
河北	2029054	693083	711410	624561
山西	1837907	206433	649345	982130
内蒙古	673269	311721	167459	194089
辽宁	5108867	1653640	1311012	2144215
吉林	1737191	438284	522161	776746
黑龙江	1183253	160691	452248	570314
上海	3897313	1685923	841082	1370309
江苏	11500888	5126348	2677227	3697314
浙江	6652885	3905119	1277608	1470158
安徽	2297239	711381	840283	745575
福建	3270970	1001509	1085299	1184162
江西	1016163	366484	380587	269092
山东	4238400	1092202	1510692	1635506
河南	4660798	1698787	1730651	1231360
湖北	2760955	1168291	835320	757344
湖南	1237486	240579	420755	576152
广东	9163292	5555518	1432527	2175247
广西	486887	127556	186607	172725
海南	127393	40092	70431	16870
重庆	1720426	581046	676617	462764
四川	2317988	600944	842597	874446
贵州	431705	158363	119739	153603
云南	1353361	375056	388072	590233
西藏	24778	81	19353	5344
陕西	1254876	587357	441130	226389
甘肃	649031	117892	252000	279139
青海	153790	13835	57483	82472
宁夏	271407	48042	140172	83193
新疆	592114	113893	153162	325060

4-62 各地区按资质等级划分的专业承包建筑业企业负债

单位：万元

地　　区	合计	一级	二级	三级及以下
全国总计	**126244423**	**64057553**	**30369024**	**31817846**
北　　京	13982826	9302205	2485753	2194867
天　　津	4459156	1755708	962263	1741185
河　　北	2358986	1304740	529699	524547
山　　西	3055984	761466	1253539	1040980
内 蒙 古	662967	157385	232193	273388
辽　　宁	7706195	2996386	2317524	2392284
吉　　林	1882162	550918	565705	765539
黑 龙 江	1084064	180459	599765	303841
上　　海	7402166	4562963	1290865	1548337
江　　苏	14087930	7783798	2866796	3437336
浙　　江	10229019	6369937	1662256	2196826
安　　徽	3194500	1556402	753325	884774
福　　建	3331536	982990	1240177	1108369
江　　西	1256779	528107	458895	269778
山　　东	6727318	2555705	2313222	1858392
河　　南	4399061	1790771	1346441	1261850
湖　　北	4547033	2479226	1008862	1058945
湖　　南	1967111	726317	634167	606628
广　　东	16676403	10127578	2914671	3634154
广　　西	702029	192797	204534	304699
海　　南	187556	68011	67785	51761
重　　庆	3855638	1668184	1222710	964744
四　　川	4381671	2222687	1111048	1047937
贵　　州	1168592	419283	324689	424620
云　　南	1918851	670138	606979	641735
西　　藏	32492	58	16975	15459
陕　　西	2612435	1690995	589055	332385
甘　　肃	855720	296194	273642	285883
青　　海	202477	27679	73552	101246
宁　　夏	264154	64323	128634	71198
新　　疆	1051612	264144	313307	474161

4-63 各地区按资质等级划分的专业承包建筑业企业营业收入

单位：万元

地区	合计	一级	二级	三级及以下
全国总计	**187228124**	**95733270**	**43481355**	**48013499**
北京	17059051	11428978	2961722	2668350
天津	4938604	1896734	1224692	1817179
河北	3526380	1723663	873223	929495
山西	3356997	771076	1396873	1189049
内蒙古	779472	173691	306377	299405
辽宁	8128305	3161950	1773034	3193321
吉林	2521319	490146	794355	1236817
黑龙江	1730961	285903	890690	554368
上海	11886009	7141372	2159542	2585095
江苏	25525804	14123962	5152985	6248857
浙江	15900679	9611030	2864993	3424657
安徽	5430233	2055753	1758935	1615545
福建	6673734	2886189	1892452	1895093
江西	3222011	1750317	925684	546010
山东	9687172	4051316	2653512	2982344
河南	8649285	3323175	2668090	2658020
湖北	7348022	3740788	1719108	1888126
湖南	4397059	1336246	1394564	1666248
广东	22090001	15255700	3057914	3776388
广西	1340197	483226	410323	446648
海南	258421	105461	133329	19631
重庆	4778647	2057331	1417367	1303950
四川	6479809	2914650	1746873	1818286
贵州	1147396	364570	374839	407987
云南	2690727	1004818	674676	1011233
西藏	32504	8	25858	6639
陕西	4166025	2533429	1150855	481742
甘肃	1194955	407922	389892	397141
青海	445816	141030	132695	172091
宁夏	390407	111335	160758	118315
新疆	1452122	401503	395147	655472

4-64 各地区按资质等级划分的专业承包建筑业企业利税总额

单位：万元

地区	合计	一级	二级	三级及以下
全国总计	**14810418**	**6669718**	**3628473**	**4512227**
北京	891416	605433	162086	123897
天津	240364	51607	54700	134057
河北	349156	191947	71309	85900
山西	225168	49313	81339	94516
内蒙古	60731	8498	24506	27727
辽宁	613305	207565	141902	263838
吉林	253165	41545	68401	143218
黑龙江	183881	17780	97549	68552
上海	657728	340819	126871	190038
江苏	2256194	1189737	456555	609903
浙江	1147973	651053	239702	257218
安徽	515704	174428	176174	165103
福建	515019	234376	141566	139077
江西	302592	155478	96172	50942
山东	860487	282952	244611	332924
河南	1224292	326356	400601	497335
湖北	651324	333393	157853	160078
湖南	350391	69112	126194	155085
广东	1717024	1063577	262757	390689
广西	88290	29244	23809	35238
海南	26959	13921	11079	1959
重庆	385884	145288	100870	139726
四川	418126	142144	109852	166130
贵州	89219	30852	17935	40432
云南	205380	84062	48797	72521
西藏	3484	-35	2913	606
陕西	308044	150604	110708	46732
甘肃	114969	39422	31479	44069
青海	29113	9488	7101	12524
宁夏	23041	6895	8938	7208
新疆	101999	22864	24147	54988

4-65 各地区按资质等级划分的专业承包建筑业企业利润总额

单位：万元

地区	合计	一级	二级	三级及以下
全国总计	**8575728**	**3884796**	**2039020**	**2651913**
北京	383101	279993	72013	31094
天津	119442	16306	22550	80586
河北	228988	145329	37267	46392
山西	125292	27954	41112	56226
内蒙古	35610	5450	17342	12818
辽宁	351145	129471	77195	144479
吉林	157004	25247	34928	96830
黑龙江	129394	8990	69783	50621
上海	352146	171922	71874	108351
江苏	1351323	753191	252217	345915
浙江	667740	400471	131403	135867
安徽	305401	103095	102872	99434
福建	270723	127938	71038	71747
江西	145253	68667	47913	28673
山东	547370	170968	156488	219914
河南	798421	226518	248645	323257
湖北	385291	213933	86064	85295
湖南	189564	27299	76063	86203
广东	1056661	623889	166626	266146
广西	41953	16438	7469	18045
海南	16674	9160	6423	1091
重庆	218649	67768	66643	84238
四川	219718	76591	47161	95966
贵州	51213	16721	8599	25894
云南	113619	54945	23489	35185
西藏	2506	-35	2066	475
陕西	165993	77542	59143	29308
甘肃	68598	23046	18010	27543
青海	14109	2777	2620	8712
宁夏	9340	3370	2890	3081
新疆	53491	9844	11117	32530

4-66 各地区按资质等级划分的专业承包建筑业企业税金总额

单位：万元

地 区	合计	一级	二级	三级及以下
全国总计	**6234690**	**2784922**	**1589454**	**1860314**
北 京	508315	325440	90072	92802
天 津	120922	35302	32150	53471
河 北	120169	46618	34042	39508
山 西	99876	21359	40227	38291
内蒙古	25121	3048	7164	14909
辽 宁	262160	78094	64707	119359
吉 林	96161	16299	33474	46389
黑龙江	54487	8790	27766	17931
上 海	305582	168897	54997	81687
江 苏	904871	436546	204338	263988
浙 江	480233	250583	108299	121351
安 徽	210303	71333	73301	65669
福 建	244295	106438	70528	67329
江 西	157340	86812	48259	22268
山 东	313117	111985	88122	113010
河 南	425871	99837	151956	174078
湖 北	266033	119460	71789	74784
湖 南	160827	41813	50131	68883
广 东	660363	439688	96131	124543
广 西	46338	12806	16340	17192
海 南	10285	4761	4657	868
重 庆	167235	77520	34227	55488
四 川	198408	65553	62691	70164
贵 州	38006	14131	9336	14539
云 南	91761	29117	25308	37336
西 藏	978	1	847	131
陕 西	142051	73062	51565	17424
甘 肃	46371	16376	13469	16526
青 海	15004	6711	4481	3812
宁 夏	13701	3526	6048	4127
新 疆	48508	13020	13030	22458

4-67 各地区按资质等级划分的专业承包建筑业企业主营业务收入

单位：万元

地区	合计	一级	二级	三级及以下
全国总计	**183740537**	**94403004**	**42428903**	**46908630**
北京	16859474	11331838	2928079	2599558
天津	4708515	1832421	1162448	1713646
河北	3418202	1637415	860930	919857
山西	3269793	769296	1371788	1128709
内蒙古	762485	173484	297094	291907
辽宁	7632525	2918335	1662806	3051385
吉林	2455073	462877	781619	1210576
黑龙江	1711750	285540	884938	541272
上海	11787071	7108238	2133412	2545422
江苏	25270556	13992900	5106894	6170762
浙江	15747921	9535400	2844873	3367649
安徽	5376950	2049256	1742535	1585159
福建	6600294	2859707	1871186	1869401
江西	3124734	1732520	859904	532311
山东	9544053	4014174	2602676	2927203
河南	8426511	3298343	2552901	2575266
湖北	7202147	3686618	1651294	1864235
湖南	4360028	1331735	1378491	1649803
广东	21793509	15113748	2977226	3702535
广西	1293080	480168	373430	439482
海南	253755	102588	132855	18312
重庆	4480653	1905348	1301653	1273652
四川	6354380	2863875	1697314	1793191
贵州	1127655	355628	374085	397942
云南	2606104	998770	657331	950004
西藏	31448	8	24802	6639
陕西	4157626	2531451	1149758	476417
甘肃	1156461	383991	382544	389926
青海	431334	139271	132336	159727
宁夏	373880	110306	148036	115538
新疆	1422572	397760	383668	641145

4-68 各地区按资质等级划分的专业承包建筑业企业管理费用

单位：万元

地区	合计	一级	二级	三级及以下
全国总计	**10861232**	**4246181**	**2893077**	**3721974**
北京	1025577	514302	221709	289566
天津	371828	136240	78350	157238
河北	184826	81049	51283	52494
山西	239502	52975	85245	101282
内蒙古	65460	5780	28914	30766
辽宁	745694	275206	155910	314578
吉林	189179	36047	62657	90475
黑龙江	110923	16200	49225	45498
上海	748665	314215	176590	257861
江苏	1327985	554241	321027	452718
浙江	848335	398686	175780	273869
安徽	319561	99913	109679	109969
福建	423604	142186	154736	126682
江西	132483	61622	44947	25914
山东	519124	147904	165948	205271
河南	502134	150523	185466	166145
湖北	389005	168927	105774	114304
湖南	222990	55967	75555	91468
广东	1160375	589764	224361	346250
广西	90033	18289	31295	40450
海南	14194	5964	6011	2219
重庆	266220	106272	70072	89876
四川	296785	99793	100854	96138
贵州	61080	17139	20269	23672
云南	203515	51275	54682	97558
西藏	3444	38	2844	562
陕西	184181	90851	66516	26815
甘肃	72347	27768	20570	24009
青海	25126	3827	6739	14560
宁夏	28347	5038	14815	8494
新疆	88712	18181	25255	45276

4-69 各地区按资质等级划分的专业承包建筑业企业财务费用

单位：万元

地区	合计	一级	二级	三级及以下
全国总计	**1132961**	**594844**	**289137**	**248981**
北京	60978	46631	8108	6239
天津	13115	4268	5034	3813
河北	23093	9538	5391	8163
山西	11916	1792	4811	5313
内蒙古	2975	1306	631	1038
辽宁	75117	33699	26012	15406
吉林	21948	12078	4629	5241
黑龙江	6581	949	3722	1910
上海	31662	19333	7187	5142
江苏	140767	71874	35894	33000
浙江	153893	100756	26674	26464
安徽	31242	12060	9608	9574
福建	34524	15378	8163	10984
江西	11352	4868	4562	1922
山东	71819	18539	31729	21552
河南	57030	18411	18913	19705
湖北	56389	33817	11491	11082
湖南	10685	4080	1792	4814
广东	166217	122948	20615	22655
广西	6476	1647	2015	2814
海南	1128	718	373	37
重庆	36610	16052	19576	982
四川	37313	15210	14443	7660
贵州	16345	11637	2873	1835
云南	28580	8387	6807	13386
西藏	60		41	19
陕西	7643	3197	2583	1863
甘肃	7639	3937	2054	1648
青海	1559	783	495	282
宁夏	3383	69	1873	1441
新疆	4923	884	1042	2997

4-70 各地区按资质等级划分的专业承包建筑业企业应收工程款

单位：万元

地 区	合计	一级	二级	三级及以下
全国总计	**60001407**	**31713687**	**13682719**	**14605001**
北 京	5396252	3812725	880371	703156
天 津	2042595	698067	535800	808727
河 北	1134652	502083	280058	352510
山 西	1462647	259205	572072	631371
内 蒙 古	301730	75056	105384	121290
辽 宁	3100230	1292108	643088	1165034
吉 林	1089001	224729	363729	500544
黑 龙 江	562210	131890	273481	156839
上 海	3404056	2130360	640750	632946
江 苏	9426868	5558405	1710047	2158416
浙 江	4706870	3210952	671961	823957
安 徽	1435496	567309	441879	426308
福 建	1596744	638034	493710	465000
江 西	643714	276847	239267	127601
山 东	2997001	1107444	911859	977698
河 南	2153665	783688	785387	584590
湖 北	2142709	1035613	492801	614295
湖 南	931727	295167	337694	298866
广 东	7973667	5860441	986116	1127109
广 西	285472	82699	91939	110834
海 南	94090	41464	50445	2182
重 庆	1614255	571570	701678	341007
四 川	1841962	938155	470270	433537
贵 州	225885	42128	108140	75617
云 南	875363	383833	221242	270289
西 藏	11427		5914	5513
陕 西	1256525	898413	212320	145792
甘 肃	405314	111461	142641	151212
青 海	127390	14469	36257	76664
宁 夏	163518	31533	86122	45863
新 疆	598373	137840	190300	270233

4-71　各地区劳务分包建筑业企业生产经营情况

单位：万元

地　区	建筑业总产值	营业收入	主营业务税金及附加	利润总额
全国总计	**28673711**	**29570589**	**652434**	**336788**
北　京	1362877	1400495	23000	7673
天　津	1495078	1543428	27888	9445
河　北	312610	303629	7689	6104
山　西	478203	470018	3066	1201
内蒙古	35536	35551	1098	1775
辽　宁	163757	260130	3850	3170
吉　林	33681	34901	389	494
黑龙江	45047	45142	1022	2151
上　海	2295410	2693425	49029	12715
江　苏	2961062	2990104	76890	83286
浙　江	6645452	6791718	135639	23053
安　徽	1200295	1097945	34365	41583
福　建	4553327	4472351	98711	27608
江　西	10301	38402	1742	1138
山　东	450109	451473	9422	10166
河　南	1214351	1351961	37584	14170
湖　北	7125	7179	169	135
湖　南	822468	789131	30829	26146
广　东	1526866	1552696	29320	14665
广　西	542373	670228	14874	1010
海　南				
重　庆	774431	810887	24271	6033
四　川	844313	833687	25132	20674
贵　州	99600	97933	3340	-387
云　南	244804	231551	2970	8376
西　藏	478	910	41	89
陕　西	165670	189756	5082	11130
甘　肃	17790	30806	474	480
青　海	7512	7593	102	17
宁　夏	4850	3935	45	56
新　疆	358334	363625	4401	2632

4-72 各地区劳务分包建筑业企业个数和人员情况

地　区	企业个数（个）	从事主营业务活动的从业人员平均人数（人）	从业人员期末人数（人）	#工程技术人员	#现场施工工人
全国总计	**5991**	**3160750**	**3212987**	**171969**	**2477456**
北　京	135	154158	111828	7346	92342
天　津	362	130771	140214	4616	63486
河　北	142	35450	31881	3561	22302
山　西	137	29284	32688	2513	28580
内蒙古	49	4014	4480	543	3566
辽　宁	143	7093	7051	690	4215
吉　林	40	3287	3647	133	1625
黑龙江	55	4922	1328	276	609
上　海	303	211786	209269	12780	184915
江　苏	932	307458	314035	21925	245899
浙　江	428	663378	661048	31476	514507
安　徽	294	114804	119361	8853	88744
福　建	437	768741	836198	19920	729632
江　西	18	672	700	98	566
山　东	183	19543	20601	2443	16385
河　南	1038	131583	132449	14416	92749
湖　北	7	739	711	75	510
湖　南	353	98891	85700	10547	63667
广　东	187	149074	173291	6617	115150
广　西	42	51529	53289	992	38744
海　南					
重　庆	156	69368	68222	5905	42512
四　川	286	88463	87731	7540	66960
贵　州	25	30877	34827	606	255
云　南	79	40494	35447	1730	26172
西　藏	5	55	94		82
陕　西	38	15754	15481	1799	8036
甘　肃	22	1378	1118	83	903
青　海	16	978	1365	106	1043
宁　夏	13	449	179	26	58
新　疆	66	25757	28754	4354	23242

五、各行业建筑业企业

5-1 各行业建筑业企业签订合同情况

单位：万元

行业	签订合同额		
		上年结转合同额	本年新签合同额
总计	**3721583188**	**1606615204**	**2114967985**
房屋建筑业	2290480504	984111464	1306369040
土木工程建筑业	1139048072	528620148	610427924
铁路、道路、隧道和桥梁工程建筑	761344997	363495791	397849206
水利和内河港口工程建筑	187500938	91370820	96130118
海洋工程建筑	293504	151770	141734
工矿工程建筑	89142436	39638348	49504088
架线和管道工程建筑	59423481	18284412	41139069
其他土木工程建筑	41342716	15679006	25663710
建筑安装业	166763864	59171340	107592524
建筑装饰和其他建筑业	125290749	34712252	90578497

5-2 各行业建筑业企业承包工程完成情况

单位：万元

行业	直接从建设单位承揽工程完成的产值			从建设单位以外承揽工程完成的产值
		自行完成施工产值	分包出去工程的产值	
总计	**1912295458**	**1860406462**	**51888996**	**75261311**
房屋建筑业	1226003890	1201430666	24573225	33943295
土木工程建筑业	499543115	479712062	19831053	24946456
铁路、道路、隧道和桥梁工程建筑	329541835	318898777	10643058	14882607
水利和内河港口工程建筑	70019407	65607349	4412058	3246420
海洋工程建筑	170993	170993		16130
工矿工程建筑	38219428	35999398	2220030	2563393
架线和管道工程建筑	36963942	34793853	2170088	2565132
其他土木工程建筑	24627510	24241691	385819	1672776
建筑安装业	100527059	94993380	5533679	10185704
建筑装饰和其他建筑业	86221394	84270355	1951039	6185857

5-3 各行业建筑业总产值和竣工产值

单位：万元

行业	建筑业总产值	#装饰装修产值	#在外省完成的产值
总计	**1935667774**	**112951749**	**664436457**
房屋建筑业	1235373960	51004489	392235530
土木工程建筑业	504658518	3968854	213538282
铁路、道路、隧道和桥梁工程建筑	333781383	2505246	152497035
水利和内河港口工程建筑	68853769	323227	26179152
海洋工程建筑	187123		91361
工矿工程建筑	38562791	335361	20703475
架线和管道工程建筑	37358985	234946	8897055
其他土木工程建筑	25914467	570074	5170204
建筑安装业	105179084	3300183	31337134
建筑装饰和其他建筑业	90456212	54678223	27325512

5-3 续表

单位：万元

行业	按构成分组			竣工产值
	建筑工程产值	安装工程产值	其他产值	
总计	**1718642306**	**157750000**	**59275468**	**1128816393**
房屋建筑业	1150082527	54054358	31237075	799871041
土木工程建筑业	452243050	36970354	15445113	215217861
铁路、道路、隧道和桥梁工程建筑	320172409	5279933	8329042	133250426
水利和内河港口工程建筑	64809205	2129808	1914757	26132117
海洋工程建筑	170762	15240	1121	47684
工矿工程建筑	25851826	10501708	2209256	18080540
架线和管道工程建筑	18078570	17833654	1446762	22332374
其他土木工程建筑	23160278	1210012	1544176	15374720
建筑安装业	43150534	56085761	5942789	60363605
建筑装饰和其他建筑业	73166194	10639526	6650492	53363887

5-4 各行业建筑业企业房屋建筑面积

行业	房屋施工面积(万平方米)	#本年新开工	#实行投标承包面积	房屋竣工面积(万平方米)	房屋竣工率(%)
总计	**1264216**	**479554**	**961727**	**422382**	**33.4**
房屋建筑业	1189451	450475	910949	397433	33.4
土木工程建筑业	55324	20864	39061	16694	30.2
铁路、道路、隧道和桥梁工程建筑	29700	11615	21999	9747	32.8
水利和内河港口工程建筑	6153	2254	4749	1235	20.1
海洋工程建筑					
工矿工程建筑	8255	2436	7105	1886	22.8
架线和管道工程建筑	1244	522	943	458	36.8
其他土木工程建筑	9973	4036	4265	3368	33.8
建筑安装业	16232	6777	10462	6684	41.2
建筑装饰和其他建筑业	3209	1439	1255	1572	49

5-5 按主要用途分的各行业建筑业企业房屋竣工面积

单位：万平方米

行业	合计	住宅房屋	商业及服务用房屋	商厦房屋(批发和零售用房)	宾馆用房屋(住宿用房)	餐饮用房屋(餐饮用房)
总计	**422382**	**284029**	**30318**	**14254**	**3223**	**1052**
房屋建筑业	397433	270434	28850	13745	3022	988
土木工程建筑业	16694	9406	872	297	97	41
铁路、道路、隧道和桥梁工程建筑	9747	5256	569	157	73	29
水利和内河港口工程建筑	1235	719	91	49	6	3
海洋工程建筑						
工矿工程建筑	1886	805	80	56	10	5
架线和管道工程建筑	458	215	3	1	1	0
其他土木工程建筑	3368	2412	129	34	8	5
建筑安装业	6684	3539	457	180	84	13
建筑装饰和其他建筑业	1572	649	140	33	19	11

5-5 续表 1

单位：万平方米

行业	商务会展用房屋	其他商业及服务用房屋(居民服务业用房)	办公用房屋	科研、教育和医疗用房屋	科学研究用房屋	教育用房屋
总计	**1835**	**9955**	**23539**	**17692**	**1751**	**12162**
房屋建筑业	1776	9320	21895	16724	1671	11420
土木工程建筑业	38	399	1214	787	60	610
铁路、道路、隧道和桥梁工程建筑	28	282	930	541	51	409
水利和内河港口工程建筑	2	31	57	84	8	58
海洋工程建筑						
工矿工程建筑	3	7	74	58	1	50
架线和管道工程建筑	0	1	33	9	0	9
其他土木工程建筑	4	78	121	95	1	84
建筑安装业	8	172	366	153	14	119
建筑装饰和其他建筑业	13	65	63	28	5	13

5-5 续表 2

单位：万平方米

行业	医疗用房屋(卫生医疗用房)	文化、体育和娱乐用房屋	厂房及建筑物	#厂房	仓库	其他未列明的房屋建筑物
总计	**3780**	**4243**	**49928**	**33313**	**2805**	**9828**
房屋建筑业	3633	3876	44439	30169	2568	8647
土木工程建筑业	117	182	3412	1839	137	683
铁路、道路、隧道和桥梁工程建筑	81	112	1932	1098	89	318
水利和内河港口工程建筑	18	8	203	88	18	56
海洋工程建筑						
工矿工程建筑	7	14	799	415	7	51
架线和管道工程建筑	0	0	162	89	6	31
其他土木工程建筑	11	48	317	149	17	228
建筑安装业	20	138	1627	1119	76	328
建筑装饰和其他建筑业	10	47	450	187	25	170

5-6 按主要用途分的各行业建筑业企业房屋竣工价值

单位：万元

行业	合计	住宅房屋	商业及服务用房屋	商厦房屋(批发和零售用房)	宾馆用房屋(住宿用房)	餐饮用房屋(餐饮用房)
总　计	**694626644**	**461088439**	**55834692**	**25793065**	**6412416**	**1855837**
房屋建筑业	656491947	440147797	53323660	24901204	6093254	1768849
土木工程建筑业	27262106	15125861	1732233	629340	172008	57327
铁路、道路、隧道和桥梁工程建筑	15846745	8516387	1214622	349244	133754	38861
水利和内河港口工程建筑	2188565	1227850	146367	74272	8579	3677
海洋工程建筑						
工矿工程建筑	3399185	1463085	186281	148082	18252	6563
架线和管道工程建筑	691200	311121	6067	2398	1941	50
其他土木工程建筑	5136412	3607418	178896	55344	9482	8176
建筑安装业	8904424	4974178	613900	226136	120698	14559
建筑装饰和其他建筑业	1968167	840603	164899	36385	26457	15102

5-6 续表 1

单位：万元

行业	商务会展用房屋	其他商业及服务用房屋(居民服务业用房)	办公用房屋	科研、教育和医疗用房屋	科学研究用房屋	教育用房屋
总　计	**4777450**	**16995924**	**43736712**	**32784431**	**3745940**	**21370555**
房屋建筑业	4638065	15922288	40944872	31055908	3581156	20109035
土木工程建筑业	111101	762457	2220153	1409170	111444	1045649
铁路、道路、隧道和桥梁工程建筑	100068	592695	1680418	924395	84049	663358
水利和内河港口工程建筑	3539	56299	115155	148928	12636	97048
海洋工程建筑						
工矿工程建筑	3676	9708	154160	144993	1625	124496
架线和管道工程建筑	2	1676	56089	17093	35	17017
其他土木工程建筑	3815	102080	214330	173762	13099	143730
建筑安装业	11544	240963	498453	266192	38004	193511
建筑装饰和其他建筑业	16741	70215	73234	53162	15335	22360

5-6 续表 2

行业	医疗用房屋(卫生医疗用房)	文化、体育和娱乐用房屋	厂房及建筑物	#厂房	仓库	其他未列明的房屋建筑物
总计	**7667937**	**9221398**	**70528240**	**46755961**	**4186285**	**17246447**
房屋建筑业	7365716	8704679	62912177	42312827	3785366	15617489
土木工程建筑业	252077	362670	4995784	2944769	285285	1130951
铁路、道路、隧道和桥梁工程建筑	176988	219065	2557845	1472690	166016	567997
水利和内河港口工程建筑	39244	11113	412067	202873	69121	57964
海洋工程建筑						
工矿工程建筑	18872	40007	1311372	834612	8967	90320
架线和管道工程建筑	41	92	255836	186151	6206	38696
其他土木工程建筑	16933	92392	458664	248443	34976	375975
建筑安装业	34676	132812	1911196	1323879	94260	413434
建筑装饰和其他建筑业	15467	21238	709084	174487	21374	84572

5-7 各行业建筑业企业主要生产效益指标

地区	建筑业企业个数(个)	从事建筑业活动的平均人数(人)	按总产值计算的劳动生产率(元/人)	人均竣工产值(元/人)	人均施工面积(平方米/人)	人均竣工面积(平方米/人)
总计	**83017**	**57439726**	**336991**	**196522**	**220.1**	**73.5**
房屋建筑业	36815	40280120	306696	198577	295.3	98.7
土木工程建筑业	18546	11361064	444200	189435	48.7	14.7
铁路、道路、隧道和桥梁工程建筑	9810	7231255	461582	184270	41.1	13.5
水利和内河港口工程建筑	2413	1455035	473210	179598	42.3	8.5
海洋工程建筑	15	2026	923608	235359		
工矿工程建筑	1116	1008052	382548	179361	81.9	18.7
架线和管道工程建筑	2728	920359	405918	242649	13.5	5
其他土木工程建筑	2464	744337	348155	206556	134	45.2
建筑安装业	12398	2988369	351962	201995	54.3	22.4
建筑装饰和其他建筑业	15258	2810173	321888	189895	11.4	5.6

5-8 各行业建筑业企业资产构成

单位：万元

行业	资产合计	#流动资产合计	#存货	#非流动资产合计	#固定资产合计
总计	**1824820658**	**1444713557**	**292552750**	**380107101**	**136502394**
房屋建筑业	919063184	732713187	159477948	186349997	66563710
土木工程建筑业	682151928	530592331	101159289	151559597	51952183
铁路、道路、隧道和桥梁工程建筑	433649916	342655287	62860269	90994628	28899336
水利和内河港口工程建筑	111137130	76739572	14719614	34397559	11327563
海洋工程建筑	411455	350432	23838	61024	26913
工矿工程建筑	60527507	47355370	9123490	13172137	5237153
架线和管道工程建筑	47229571	39571100	9123101	7658471	4211282
其他土木工程建筑	29196349	23920571	5308978	5275778	2249936
建筑安装业	124309391	99783296	19360494	24526095	10269492
建筑装饰和其他建筑业	99296155	81624744	12555020	17671411	7717009

5-9 各行业建筑业企业固定资产情况

行业	固定资产合计	固定资产原价	固定资产折旧	#本年折旧	在建工程
总计	**136502394**	**189798367**	**83242742**	**11779841**	**16209124**
房屋建筑业	66563710	81151782	31488535	4709782	8994618
土木工程建筑业	51952183	83863080	40765214	5606576	4783712
铁路、道路、隧道和桥梁工程建筑	28899336	48186868	24274457	3462637	2602910
水利和内河港口工程建筑	11327563	16633538	7203292	922034	1253646
海洋工程建筑	26913	46266	23093	2525	3433
工矿工程建筑	5237153	8917003	4404160	555198	328816
架线和管道工程建筑	4211282	7067863	3556666	440355	325868
其他土木工程建筑	2249936	3011542	1303546	223827	269039
建筑安装业	10269492	14388316	6515730	905043	1394336
建筑装饰和其他建筑业	7717009	10395189	4473263	558440	1036459

5-10 各行业建筑业企业负债及所有者权益

单位：万元

行业	负债合计	#流动负债	#应付账款	所有者权益	#实收资本
总计	**1215052794**	**1096584781**	**423885338**	**609464379**	**326025048**
房屋建筑业	590936696	534174793	198621600	327940578	176485849
土木工程建筑业	485307258	432886351	174594012	196819407	104052146
铁路、道路、隧道和桥梁工程建筑	311536406	279572102	112575034	122104310	64622779
水利和内河港口工程建筑	77170437	64368287	25561933	33958916	17935383
海洋工程建筑	280450	249478	80481	131005	92128
工矿工程建筑	45327417	41379754	18657609	15199822	8023426
架线和管道工程建筑	32957269	31079078	11707766	14269022	7436757
其他土木工程建筑	18035279	16237652	6011189	11156331	5941674
建筑安装业	79270177	74091641	28476425	44984812	23896018
建筑装饰和其他建筑业	59538663	55431995	22193301	39719582	21591035

5-11 各行业建筑业企业实收资本

单位：万元

行业	合计	国家资本	集体资本	法人资本	个人资本	港澳台资本	外商资本
总计	**326025048**	**73672965**	**12223168**	**98641320**	**139872453**	**1055399**	**559743**
房屋建筑业	176485849	36031950	7234725	49147794	83705523	196746	169111
土木工程建筑业	104052146	33705090	2842571	33277279	34053358	95068	78782
铁路、道路、隧道和桥梁工程建筑	64622779	20682053	1076920	20960904	21814924	62361	25617
水利和内河港口工程建筑	17935383	7058447	333923	5871855	4663613	1463	6082
海洋工程建筑	92128	60500		7977	23651		
工矿工程建筑	8023426	3466961	125336	2831707	1560577	12223	26622
架线和管道工程建筑	7436757	1910167	1146984	2006196	2353988	9198	10223
其他土木工程建筑	5941674	526962	159409	1598639	3636605	9824	10237
建筑安装业	23896018	2769112	1604691	8736723	10288407	363115	133972
建筑装饰和其他建筑业	21591035	1166813	541182	7479524	11825166	400471	177879

5-12 各行业建筑业企业收入情况

单位：万元

行 业	主营业务收入	#主营业务成本	#主营业务税金及附加	其他业务收入	#其他业务成本	#其他业务利润
总 计	**1794213211**	**1600402782**	**38110030**	**23494293**	**39211037**	**1559750**
房屋建筑业	1074649140	961712360	26531979	13689990	25474047	639822
土木工程建筑业	518509810	464578594	7946765	5951369	9343626	546038
铁路、道路、隧道和桥梁工程建筑	333143170	300341055	5156995	2724528	5456919	219416
水利和内河港口工程建筑	76658877	68284039	1168126	988692	1453738	130142
海洋工程建筑	120206	109200	1212	25797	24609	468
工矿工程建筑	41970716	37975989	446098	718647	784895	63655
架线和管道工程建筑	41353222	35778530	656957	933784	1042771	100298
其他土木工程建筑	25263619	22089781	517378	559922	580694	32059
建筑安装业	108529699	93916839	1876388	2393899	2810157	245168
建筑装饰和其他建筑业	92524562	80194989	1754898	1459036	1583208	128723

5-13 各行业建筑业企业费用情况

单位：万元

行 业	管理费用	#税金	销售费用	财务费用	#利息收入	#利息支出
总 计	**56863408**	**2426763**	**6614668**	**11660453**	**3178395**	**11322141**
房屋建筑业	25123281	1368843	3367243	6850388	1298571	5658900
土木工程建筑业	20588719	630498	1448972	3716150	1654296	4671151
铁路、道路、隧道和桥梁工程建筑	11399656	352712	734030	2430547	1172968	2894985
水利和内河港口工程建筑	3285173	89611	235548	688426	242861	1016971
海洋工程建筑	10493	77	287	734	-149	568
工矿工程建筑	2002427	43610	104838	298227	152891	455744
架线和管道工程建筑	2819585	93928	223183	105775	52964	133305
其他土木工程建筑	1071384	50560	151086	192441	32761	169579
建筑安装业	6487575	232300	814113	466040	164285	491993
建筑装饰和其他建筑业	4663833	195122	984340	627875	61243	500098

5-14 各行业建筑业企业利润及税金情况

单位：万元

行业	利润总额	#应交所得税	税金总额	主营业务税金及附加	管理费用中的税金	应交增值税
总　计	**69860467**	**15128624**	**59774494**	**38110030**	**2426763**	**19237702**
房屋建筑业	41381803	9357767	38603632	26531979	1368843	10702809
土木工程建筑业	19396830	3808282	14592759	7946765	630498	6015497
铁路、道路、隧道和桥梁工程建筑	12222337	2265279	8924168	5156995	352712	3414462
水利和内河港口工程建筑	3167149	644484	2329185	1168126	89611	1071448
海洋工程建筑	-484	2610	2518	1212	77	1229
工矿工程建筑	976259	235852	1103282	446098	43610	613575
架线和管道工程建筑	1827882	394158	1384139	656957	93928	633253
其他土木工程建筑	1203688	265900	849467	517378	50560	281530
建筑安装业	4953165	1040729	3464566	1876388	232300	1355878
建筑装饰和其他建筑业	4128669	921846	3113537	1754898	195122	1163518

5-15 各行业总承包和专业承包企业应收工程款及企业亏损情况

行业	应收工程款（万元）	企业个数（个）	#亏损企业个数	亏损企业的比重（%）
总　计	**425049013**	**83017**	**12310**	**14.8**
房屋建筑业	220096646	36815	4654	12.6
土木工程建筑业	142703344	18546	2497	13.5
铁路、道路、隧道和桥梁工程建筑	90294588	9810	1243	12.7
水利和内河港口工程建筑	18290605	2413	267	11.1
海洋工程建筑	80193	15	6	40
工矿工程建筑	16455405	1116	214	19.2
架线和管道工程建筑	10859878	2728	372	13.6
其他土木工程建筑	6722674	2464	395	16
建筑安装业	31156850	12398	2204	17.8
建筑装饰和其他建筑业	31092173	15258	2955	19.4

5-16 各行业总承包和专业承包企业主要经济效益指标

行 业	产值利润率(%)	产值利税率(%)	资本利润率(%)	资本利税率(%)	人均利润(元/人)	人均利税(元/人)	资产负债率(%)
总 计	**3.6**	**6.7**	**21.4**	**39.8**	**12162**	**22569**	**66.6**
房屋建筑业	3.3	6.5	23.4	45.3	10274	19857	64.3
土木工程建筑业	3.8	6.7	18.6	32.7	17073	29918	71.1
铁路、道路、隧道和桥梁工程建筑	3.7	6.3	18.9	32.7	16902	29243	71.8
水利和内河港口工程建筑	4.6	8	17.7	30.6	21767	37775	69.4
海洋工程建筑	-0.3	1.1	-0.5	2.2	-2390	10036	68.2
工矿工程建筑	2.5	5.4	12.2	25.9	9685	20629	74.9
架线和管道工程建筑	4.9	8.6	24.6	43.2	19861	34900	69.8
其他土木工程建筑	4.6	7.9	20.3	34.6	16171	27584	61.8
建筑安装业	4.7	8	20.7	35.2	16575	28168	63.8
建筑装饰和其他建筑业	4.6	8	19.1	33.5	14692	25771	60